执政之基

——中央苏区国有资产管理

ZHI ZHENG ZHI JI

ZHONGYANGSUQU GUOYOUZICHANGUANLI

《执政之基》编写组·编

中国经济出版社
CHINA ECONOMIC PUBLISHING HOUSE
·北京·

图书在版编目（CIP）数据

执政之基：中央苏区国有资产管理/《执政之基》编写组编.
—北京：中国经济出版社，2020.1（2021.4 重印）
ISBN 978-7-5136-5881-2

Ⅰ.①执… Ⅱ.①执… Ⅲ.①中央苏区—国有资产
管理—研究 Ⅳ.①F812.96

中国版本图书馆 CIP 数据核字（2020）第 034890 号

责任编辑　李煜萍　李若雯
责任印制　巢新强

出版发行　中国经济出版社
印 刷 者　北京九州迅驰传媒文化有限公司
经 销 者　各地新华书店
开　　本　710mm×1000mm　1/16
印　　张　19.25
字　　数　300 千字
版　　次　2020 年 1 月第 1 版
印　　次　2021 年 4 月第 2 次
定　　价　68.00 元
广告经营许可证　京西工商广字第 8179 号

中国经济出版社　**网址** www.economyph.com　**社址** 北京市东城区安定门外大街 58 号　**邮编** 100011
本版图书如存在印装质量问题，请与本社销售中心联系调换（联系电话：010-57512564）

本书编委会

序言

88 年前的发端

——中央苏区的国有资产管理

马克思曾指出，无产阶级取得国家政权，必须“首先把生产资料变为国有财产”，“国家真正作为整个社会的代表所采取的第一个行为，即以社会的名义占有生产资料”。生产力归社会主义国家所有，即归社会主义国家所代表的全国人民和全体劳动者共同所有，“归那些真正使用生产资料和真正生产这些产品的人占有”。[①] 如何保证人民能够真正管理社会生产资料，就取决于科学的国有资产管理体制的建立。

中国共产党成立之后的一段时间，是没有资产可以管理的。当时，党的活动经费来源单一，主要靠党费收缴、国际援助和捐赠，寅吃卯粮，入不敷出。严格来说，中国共产党人代表国家管理国有资产始于中华苏维埃政权建立之时，一系列规章制度得以制定、完善和实施。

---

① 马克思、恩格斯:《马克思恩格斯选集(第 3 卷)》,中共中央马克思恩格斯列宁斯大林著作编译局译,人民出版社,1995,第 621、630、631 页。

经济学意义上的资产，就是能够带来某种经济收益的经济资源，而这种资源可以用货币加以计量并为特定的人或经济组织所控制。①而国有资产，是属于国家所有的一切财产和财产权利的总和。国有资产在概念上有广义和狭义之分。广义的国有资产是指根据国家有关法律规定，由国家拥有的财产。根据我国《国有资产法（草案)》的定义，国有资产是指“国家以各种形式投资及其收益、拨款、接受馈赠、凭借国家权力取得，或者依据法律认可的各种类型的财产或财产权利”。根据这一定义，广义的国有资产大致分为四类：一是国家以各种形式形成的对企业投资及其收益等经营性资产；二是国家向行政事业单位拨款形成的非经营性资产；三是国家依法拥有的土地、森林、河流、矿藏等资源性资产；四是接受馈赠、无主财产等依法认定形成的财产。狭义的国有资产特指经营性国有资产，即国家作为出资者在企业中依法拥有的资本及其收益。它包括三个部分：一是企业国有资产；二是行政事业单位占有、使用的非经营性资产通过各种形式为获取利润而转作经营的资产；三是国有资源中投入生产经营的部分。②

国有资产具有存在形态的多样性和分布范围的广泛性等特点，最常用的国有资产一般划分为三类：经营性国有资产、非经营性国有资产、资源性国有资产。

中国共产党人管理国有资产始于中国红色政权的建立，随后逐步探索、调整，最终形成了较为完善、合理有效的一整套国有资产管理体系。

---

① 邓子基、陈少晖：《国有资本财政研究》，中国财政经济出版社，2006。

② 陈少晖、廖添土等：《国有资产管理：制度变迁与改革模式》，社会科学文献出版社，2010，第36页。

一、走进中央苏区

1927 年蒋介石发动“四一二”反革命政变，大革命失败。随后，中国共产党先后领导了“八一”南昌起义、秋收起义，开始了独立建立新政权的武装斗争。中国共产党在赣南、闽西、鄂豫皖、湘鄂西等地先后建立了几个革命根据地（后称苏维埃区域，简称苏区），并进行了如火如荼的土地革命战争。

中央苏区的历史，可以从 1927 年的赣南、闽西农民武装暴动开始，到 1937 年抗日战争全面爆发后赣粤边、闽西等地红军三年游击战结束，前后存续时间达 10 年之久。中央苏区的形成，为中华苏维埃共和国的诞生奠定了基础。

早在 1930 年 6 月，共产国际致电中共中央，首次提出：“请在苏区成立有权威的中央局，……最大限度地集中和保证党对红军的领导。”9 月下旬，中共六届三中全会在上海召开。此时在全国十几块根据地中，毛泽东、朱德、彭德怀领导的红军实力最强，又地处各根据地的中心区域位置。为了贯彻共产国际的指示，1930 年 9—10 月，中共中央政治局根据全国苏维埃革命的发展形势，把全国十几个苏区划分为 9 个特区（后合并为 6 个特区)，认为“湘鄂赣三省是在全国革命高涨的形势下最有首先争取一省或几省胜利的可能区域”，因而“确定湘鄂赣联结到赣西南为一大区域，要巩固和发展它为苏区的中央根据地”。强调“在中央苏区立即设立中央局，目的在指导整个苏维埃区域之党的组织，同时，并在苏区成立军事委员会以统一各苏区的军事指挥”。这是中央文件中第一次出现“中央根据地”“中央苏区”概念。鉴于朱毛红军的迅速发展和中央苏区的发展构建，1931 年 1 月 15 日，中共苏区中央局和苏维埃中央军委在江西宁都县小布正式成立。

中共苏区中央局在发布《通告第一号——苏维埃区域中央局的成立及其任务》中，明确规定“赣西南特区与湘鄂赣边特区为苏维埃中心区，中央临时政府建立在此区”。中共苏区中央局和苏维埃中央军委的成立，表明中国革命的重心开始从城市向农村转移，并标志着中央苏区在组织形态上已正式确立。

1931 年 11 月 7 日，中华苏维埃第一次全国代表大会在江西瑞金召开，宣告中华苏维埃共和国成立。正如中共苏区第一次代表大会通过的《政治决议案》所指出的那样，“中央苏区是全国最大的苏区，是苏维埃政府所在地，是全国红军主力所在地，因此中央苏区的巩固与发展，在全国苏维埃运动中具有特别重要的地位，因此担负在中央苏区的任务也就特别重大”。

中央苏区存在的 10 年，大致可以划分为六个阶段①：(1) 1927 年 8 月至 1929 年 12 月为奠基开创阶段，由毛泽东、朱德等直接领导苏区军民在赣西南、闽西小块红色割据区域的基础上开辟、打造而成；(2) 1930 年 1—10 月为初步形成阶段，是在中共中央明确提出设立“中央苏区”和红军攻克吉安、江西省苏维埃政府成立之时；(3) 1930 年 11 月至 1931 年 11 月为正式建立阶段，以 1931 年 11 月 7 日“一苏大会”的召开和中华苏维埃共和国临时中央政府成立为标志；(4) 1931 年 12 月至 1933 年 8 月为鼎盛发展阶段，表现为中华苏维埃共和国临时中央政府成立后的巩固发展和第四次反“围剿”的胜利及其闽赣、粤赣省的成立；(5) 1933年 9 月至 1934 年 10 月为受挫转移阶段，表现为王明“左”倾错误的全面推行并导致红军第五次反“围剿”失败；(6) 1934 年 10 月至 1937 年 10 月为游击战争阶段，主要表现在

---

① 余伯流、凌步机：《中央苏区史》，江西人民出版社，2017，第 1－8 页。

主力红军长征后，根据地军民在陈毅、张鼎丞、邓子恢等人的领导下，继续开展三年艰苦卓绝的游击战争。

中央苏区主要由以瑞金为中心的赣西南、闽西两块苏维埃根据地组成，在不同的历史时期，其区域范围不尽相同。在鼎盛时期，其连成一片的范围扩展到最大，总面积是8.4万平方公里，总人口有453万，共设有江西、福建、闽赣、粤赣4个省60个行政县。

中央苏区所在的赣西南、闽西地区位于罗霄山脉、武夷山脉中段和南段之间，这一广阔的区域横跨赣、闽、湘、粤四省边界，境内多崇山峻岭和丘陵山地，溪流密布，小盆地众多，地形复杂、沟壑纵横、道路崎岖。这一险峻、优越的山川地貌为中国共产党领导开展武装斗争、建立中央苏区革命根据地，提供了天然屏障和发展空间。在气候方面，这一地区属中亚热带边缘，气候温和、雨量充沛、土壤肥沃、物产丰富、林木茂密，盛产稻谷、甘蔗、烟叶、白莲、木竹、茶油、香菇、土纸等产品，矿藏有钨、锡、煤、铁、稀土、石灰石等百余种，尤其是赣南的钨蕴藏量十分丰富，有“世界钨都”之称。这一地区较强的自给自足能力也为中国共产党实行工农武装割据、建立革命根据地提供了较为充足的经济条件和物质基础。不过，在当时的历史阶段，这一地区同全国其他地区一样，处于封建统治下封闭半封闭的经济发展状态，发展迟缓的经济、文化状况长期得不到有效改善。自然环境的先天不足造成了农业生产条件的恶劣，生产力水平发展低下，农作物产量很低。而土地兼并现象严重，大量的土地集中在少数地主、富农手里。1930年毛泽东所做的寻乌、兴国调查显示：寻乌县占人口总数88%以上的贫农、中农占有全县30%的土地，占人口总数7.4%的地主、富农却占有全县70%的土地。兴国第十区占人口总数6%的地主、富农占有全区80%的土地，占人口总数80%的中农、贫农只占有全区20%的土地。[①] 其他地区情况基本相似。地主、富农对农民的地租剥削（包括实物地租和劳役地租）十分严苛，沉重的地租逼得贫苦农民“禾头根下毛（没有）饭吃”，农民刚打下禾交过租就没有饭吃了，这种情形寻乌竟然占40%。地主、富农对贫苦农民的另一种苛刻的剥削形式是高利贷，名目繁多，借了基本就难以还清，家破人亡的悲惨窘境时有发生。工业方面的发展情况：一方面由于外国资本主义的侵蚀和外国商品的输入，赣西南、闽西原先自给自足的自然经济受到破坏，传统手工业破产；另一方面，这一地区的商品经济逐渐发展起来，资本主义的生产关系也在萌芽，一些城镇如赣州、吉安、龙岩、汀州等地也办起了一些机器生产的小工厂，如碾米厂、纺织厂、发电厂等，赣南的西华山、仁风山、丰田等地的钨矿也被大量开采，出现了一些雇佣工人和手工业作坊工人。据赣州总工会1926年底统计，仅赣州城和郊区，雇佣工人和手工业作坊工人就达18000余人。赣南几个钨矿采矿民工总数约达万人。这些工厂和作坊大多规模小，机器落后。在20世纪初此地仍未产生代表先进生产力的现代产业工人。但这些雇佣工人和手工业者同样受到帝国主义、封建主义和官僚资本主义的残酷剥削和压迫，收入微薄（最低的每月只有30斤大米，多的也不过1石左右），劳动条件极差，每天工作12～16个小时，根本无法养家糊口。由于资源物产丰富加之水运便利，这一地区的商业在明清时期还算活跃，但是在20世纪20年代这一地区的商品流通基本被豪绅地主资本家控制。另外，这一地区的苛捐杂税也多如牛毛，逼得贫困百姓负担沉重，

① 毛泽东：《毛泽东农村调查文集》，人民出版社，1982，第105、199－200页。

百业萧条、民怨沸腾。经济状况如此，文化教育落后就是必然了。这一地区的民众90%以上都是文盲，至于科学技术的普及和使用更是无从谈起。落后的生产力和生产关系为这一地区提供了革命的火种，而代表广大劳动人民利益的中国共产党领导的土地革命因此就有了雄厚的发展基础，为中华苏维埃政府的成立提供了重要的客观条件。

二、中华苏维埃政权的执政基础

苏区初创之时，财政收入主要靠打土豪筹款和战争缴获，即取之于敌。取之于敌不仅能很快地筹措革命经费，解决红军的给养问题，而且是推翻豪绅地主阶级统治的政治任务所需要的。1933年3月，共产国际执委会曾致电中共中央，指出“你们应该把很大的注意力放到苏区的经济政策上”，并明确提出一些修订经济政策、发展和鼓励生产、活跃市场关系和加快商品流转方面的专门措施。共产国际东方区负责人米夫就曾认为，由于国民党军队长期不断向苏区进攻，实行经济封锁，苏维埃政府“不能进行建设工作，不容许地方苏维埃开展常态的经济活动……这影响到革命的胜利”。为了奠定苏维埃政府财政来源的稳固基础，在苏区初步形成以后，中国共产党迅速建立税收制度，作为政府财政收入的经常性来源。苏维埃政府的财政来源主要有三个渠道：没收剥削者的财产，征发、税收以及投资国民经济事业所产生的收益。对于苏区政府来说，财政收入渠道多了，资产经费随之增多，如何加强管理、统一财政问题便被提到议事日程上来。

随着中华苏维埃共和国的成立，孕育于井冈山时期的公营企事业在中央苏区时期就顺理成章地成长为国有企事业；紧接着，在中央革命根据地的红色政权中第一次设立了国有资产管理机构；

以临时中央政府的名义第一次颁布国资监管的相关法规；在中国共产党领导下的人民政府也第一次建构了国有资产监督管理体系。从当时的经济成分来看，中华苏维埃共和国的经济是国有经济、合作社经济和私人经济等多种经济成分并存的经济。从资产构成层面来看，应该说，中华苏维埃的国有资产，主要是依据红色政权法规，属于中华苏维埃共和国临时中央政府所有，产权明晰，分级和分部门支配、监管的经营性资产、非经营性资产与资源性资产等资产的总和。更为具体一些的划分，中华苏维埃共和国的国有资产，从来源层面看主要有以下几类。

1. 依法收归国有的资源性财产

苏维埃政府规定，革命根据地范围内的矿山、森林、河流等自然资源归国家所有。分别在1931年11月通过、1934年1月修订通过的《中华苏维埃共和国宪法大纲》规定：在苏维埃区域内“帝国主义手中的银行，海关，铁路，商业，矿山，工厂等，一律收归国有”；1930年2月23日，《中共闽西特委关于山林水利问题决议案》规定：在苏维埃区域内所有山林树木一律归苏维埃所有；1932年8月，中央财政部《关于矿产开采出租办法》规定：“一切矿产的所有权与开采权都属于国家。”

2. 依法剥夺统治者、剥削者、反动军阀、外国侵略者的财产

1932年8月财政人民委员部发布的《店房没收和租借条例》规定：“凡属军阀、官僚、豪绅地主、反动派、祠堂、庙宇、福会、公产及一切反动机关团体等所有的店房、作坊、摊寮，一律没收为苏维埃所有。”同时，红军作战时规定的纪律是“一切缴获要归公”，没收品和战利品也是国有财产的一大组成部分。

3. 苏维埃政府创办的国有企业及其收益

一是国有工业。主要是军需工业和矿产开采业。如1931年底

中革军委将平安寨修械处、白石修械厂、红三军团修械厂与东固养军山修械处合并创办了中央兵工厂；1932年在瑞金县七堡村成立红军被服总厂，另外又在长汀县城东门周祠和新万寿宫设立红军第二被服厂，在宁都县城设红军第三被服厂，在上杭县设立福建军区被服厂；1932年2月成立中华钨矿公司。二是国有商业。主要有对外贸易局、粮食调剂局、消费合作社、中华贸易公司、中华商业公司、中华（博生）纸业公司、兴国樟脑公司及国家药店等。

4. 苏维埃政府的财政金融资产

苏维埃政府的财政金融资产包括财政部直接管理的财政收入和国家银行的所有金融资产。

苏维埃财政收入主要靠税收和发展经济来解决。当时苏维埃征收税率较轻的商业税、农业税和工业税。1932年8月，临时中央政府财政部先后颁布《矿产开采出租办法》和《店房没收和租借条例》，规定矿产出租采用招标办法确定租金。没收反动资本家的店房出租，由苏维埃国产管理机构收取租金。1932年2月1日，苏维埃政府国家银行在瑞金叶坪成立。创办之初的100万元资本金筹措于国库预算拨付和攻占漳州战役时的战斗缴获。1933年7月，为筹措经济建设资金，中央政府在中央苏区发行经济建设公债300万元，其中200万元作为用于发展经济的资本金。

5. 苏维埃区域内的党、政、军机构中由苏维埃政府自建的办公用房和自行购置的办公设备、设施、器械、军需品等财产

中国共产党和苏维埃政府高度重视对国有资产的监管，成立了专门的国有资产监管机构，制定了相关规章制度，明确了职责权限，以确保有限的国有资产发挥最大效益。中华苏维埃共和国时期国有资产监管机构，主要有财政人民委员会及其国产管理局

（1931年11月至1934年10月），国民经济人民委员部及其国有企业管理局（1933年4月至1934年10月），此外，还有中华苏维埃共和国中央革命军事委员会总供给部及其军事工业管理局（1932年9月至1934年12月）。

中华苏维埃共和国国有资产的主要监管方式：（1）国有资产的清理登记；（2）国有山林和矿产资源监管；（3）国有资产的租赁借贷监管；（4）国有企业的管理。

中华苏维埃共和国国有资产监督管理工作，是中国共产党人在土地革命战争时期进行治国安邦、局部执政的重要工作，是维系革命战争、巩固苏维埃红色政权物质支撑的重要保障。在当时反"围剿"的环境下，对支持革命战争、缓解苏区经济困难、改善苏区人民生活发挥了重大作用，主要表现在以下方面：（1）中央苏区国有资产监管工作，支援了革命战争，打破了敌人的经济封锁，巩固了红色政权。中央苏区的反"围剿"战争长达数年，苏区内10余万红军部队的日常供给和大量的战争物资保障，都有赖于苏区人民的支持和苏区经济建设的开展而得到较好的解决。苏维埃政权建立伊始，国民党政府就在加紧军事进攻的同时，对苏区实行严密的经济封锁，企图饿死、困死苏区军民。正是由于苏区的经济建设特别是国有企业的发展，才创造了苏区雄厚、持久的物质基础，打破了严密的经济封锁，使苏区军民顺利地渡过一个又一个难关，才使得苏维埃政权有了稳定的财政收入，保证了从中央到地方的各级政府的相关行政费用和政府工作人员的供给，苏维埃中央政府才得以与国民党反动政权抗衡数年之久。（2）苏区国有资产监管工作，为党造就了一大批国有资产监管工作的优秀人才。毛泽东、张闻天、刘少奇、陈云、邓小平等老一辈无产阶级革命家和领袖人物，高瞻远瞩，培养了一大批从事经济工作的领导干部，比如阮啸仙、邓子恢、林伯渠、吴亮平、毛泽民、陈潭秋、李六如、钱之光等战斗在经济工作第一线的重要领导人以及唐义贞、曹菊如、毛钟鸣、吴汉杰、严朴、钱希钧等一大批苏维埃国有企业的杰出管理者。在烽火连天的战斗岁月，中国共产党和苏维埃政府一方面需要应对紧张困难的军事斗争，另一方面还十分重视经济建设人才的培养，通过在中央党校、苏维埃大学和红军大学开设有关经济专业的培训班、举办短训班、开办有关经济建设方面的专门学校等措施，为苏区的经济建设包括国有企业管理培养和造就了一批经济管理人才。同时大胆启用、聘请了一批知识分子和专门人才，为中央苏区经济建设的开展提供了人才保障。(3) 苏区国有资产监管工作，丰富了毛泽东关于中国共产党和苏维埃政府怎样领导经济建设的思想。中华苏维埃共和国时期国有企业的发展和国有资产监管的实践，也丰富了毛泽东关于领导经济建设的思想。毛泽东在主持苏维埃中央政府的工作中，以极大精力领导和推动了中央苏区的经济建设。当年毛泽东在中央革命根据地南部 17 县经济建设大会的报告，如今言犹在耳。特别是关于苏维埃政府必须高度重视经济建设，辩证认识和正确处理经济建设与发展革命战争和其他工作的关系，必须坚持自力更生，有计划地恢复和发展根据地工业，必须坚持发展国营经济、合作社经济和私人经济“同时并进”，要坚持通过发展经济来增加财政收入和坚持节省的原则安排财政支出的方针等，是以毛泽东为代表的中国共产党人，把马克思主义经济学原理与中国革命根据地经济建设实际紧密结合的光辉结晶，不仅符合中国革命根据地的斗争实际，而且具有普遍的指导意义。

三、历史的回望

如果从 1931 年成立中华苏维埃共和国开始算起，我们管理国有资产的探索和实践已经走过了88年的曲折岁月；如果从1949年中华人民共和国正式成立算起，我们开展国有资产管理的经验和成就也已经走过了70年的光辉历史。中国共产党及其领导的人民政府，在探索国有资产管理的征途上坚忍不拔、努力奋进，取得了一系列成功的经验，具有中国特色的国有资产管理体系和制度建设的完善，为中华民族的伟大复兴提供了丰富的营养，为中国特色社会主义经济发展和理论建设打下了坚实的基础。

应该说，中华苏维埃共和国时期的国有资产监管工作，探索了国有资产监管的规律，积累了宝贵的历史经验。从事国有资产监管和国企管理的老一辈革命家在斗争实践中总结出一系列成功的经验和做法：比如把发展革命战争与进行经济建设、国有资产监管紧密结合起来的方法；从实际出发，制定实施符合根据地实际的国有资产监管法规章程的方法；依靠法规和人民群众共同做好国有资产监管的方法；以及在艰苦斗争环境中培养形成的求真务实、依法监管、客观公正、认真负责、自力更生、艰苦奋斗、大公无私、勇于开拓的优良传统和作风；等等。这些宝贵的精神财富和成功实践值得永远发扬光大。

中国特色社会主义进入新时代以来，以习近平同志为核心的党中央十分重视国有经济和国有企业的建设和发展，其发展国有经济的相关论述逐渐形成了中国特色社会主义政治经济学的核心理论，成为习近平治国理政思想的重要组成部分，是新常态下中国经济改革和发展的重要指导思想。

2013年11月，习近平总书记在中国共产党十八届三中全会决定说明中重申："必须毫不动摇巩固和发展公有制经济，坚持公有制主体地位，发挥国有经济主导作用，不断增强国有经济活力、控制力、影响力。"2014年8月，习近平总书记在中央深化改革领导小组第四次会议上深刻指出：我国国企“是国民经济的重要支柱，在我们党执政和我国社会主义国家政权的经济基础中也是起支柱作用的，必须搞好”。2014年间，习近平总书记在有关国企改革的批示中，用“命门”一词比喻国企对于党和国家的重要性；2015年7月在同吉林省国企职工座谈时又指出，“国有企业是国民经济发展的中坚力量”，“我们要向全社会发出明确信息：搞好经济、搞好企业、搞好国有企业，把实体经济抓上去”。2016年10月，习近平总书记在全国国有企业党的建设工作会议上强调，要通过加强和完善党对国有企业的领导、加强和改进国有企业党的建设，使国有企业成为党和国家最可信赖的依靠力量，成为坚决贯彻执行党中央决策部署的重要力量，成为贯彻新发展理念、全面深化改革的重要力量，成为实施“走出去”战略、“一带一路”建设等重大战略的重要力量，成为壮大综合国力、促进经济社会发展、保障和改善民生的重要力量，成为我们党赢得具有许多新的历史特点的伟大斗争胜利的重要力量。要坚持有利于国有资产保值增值、有利于提高国有经济竞争力、有利于放大国有资本功能的方针，推动国有企业深化改革、提高经营管理水平，加强国有资产监管，坚定不移把国有企业做强做优做大。

目前来看，对中央苏区国有资产管理的研究，是党史研究中相对薄弱的领域。许多未知的史实宝库有待深入发掘，本书就试图以中国共产党对中央苏区国有资产的管理与实践为主线，研究中国共产党自诞生以来，特别是在中华苏维埃政府成立前后，中国共产党及其领导的人民政府是如何认识和管理国有资产的，是如何通过对国有资产的管理来加强中国共产党的执政能力建设的，是如何通过立足实际、灵活机动地发展壮大国有资产的，以及是如何与其他各种所有制经济紧密合作促进苏区经济建设、支援革命事业的。根据本书的研究主题的需要，全书主要研究中央苏区的国有资产管理，重点考察早期中国共产党对国有资产管理的经验和做法。本书希望通过历史的梳理和现实的观照，对我国国有资产的来源、形成有一个更加清晰的认识，对管理国有资产的相关制度建设和完善也有一个更加深刻的理解。

值此新中国成立70周年之际，本书的出版显然对于我们不忘初心、牢记使命，坚守理想信念、传承红色基因大有裨益。本书的出版，也有利于广大国有经济的从业者和管理者，高举习近平新时代中国特色社会主义思想的伟大旗帜，守正创新，增强做强做优做大国有资产的历史使命感和责任感，为推动我国经济社会的全面进步，实现中华民族伟大复兴的中国梦作出新的更大贡献。

目录

第一章　中央苏区国有资产管理的萌芽

一、井冈火种

（一）建立政权

1927 年秋收起义后，1928 年 4 月 28 日毛泽东领导的这支部队与朱德率领的南昌起义军余部会师，5 月 4 日成立红四军。经过一年多的斗争，部队已经成长为下辖 3 个师 9 个团共 1 万余人的规模（后缩编为 4 个主力团，计 6000 余人）。井冈山会师汇集了湘赣边界革命武装力量，红四军成为中国共产党直接领导的规模最大、兵员最多、影响最深、战斗力最强的一支革命武装队伍。井冈山业已成为中国革命武装力量的汇合点、中国革命的立足点和中国胜利的出发点。毛泽东引兵井冈山，建立革命根据地，开始了党的工作重心由城市到农村的转移，开辟了农村包围城市、武装夺取政权的中国革命的正确道路，实现了马克思主义中国化的伟大开篇。

湘赣边界井冈山革命根据地的建立和发展，震惊了国民党当局，蒋介石先后于 7 月和 8 月调湘赣两省重兵“会剿”井冈山。在反“会剿”战斗中，红军连战连捷，粉碎了敌军的“会剿”，边界斗争进入全盛时期。井冈山革命根据地横跨“六县一山”，面积达 7200 余平方公里，人口 50 万，成立了湘赣边界工农兵苏维埃政府。毛泽东在报告中写道：“边界的斗争，完全是军事的斗争，党和群众不得不一齐军事化。怎样对付敌人，怎样作战，成了日常生活的中心问题，所谓割据，必须是武装的。”武装割据、建立政权的重要条件是必须解决好军民给养问题和兴办军事斗争必不可少的军需工业。然而湘赣边界生产力低下，商品经济极不发达，只有县城和圩镇上有些专业性的手工业和少数的手工作坊，所谓的工业实际上处于家庭手工操作的落后状态。“边界的经济，是农业经济，有些地方还停留在杵臼时代”，“六县一山”中的军事根据地井冈山，“人口不满两千，产谷不满万担，军粮全靠宁冈、永新、遂川三县输送”，“山上要隘，都筑了工事。医院、被服厂、军械处、各团留守处，均在这里。现在正从宁冈搬运粮食上山。若有充足的给养，敌人是打不进来的”。写到士兵的物质生活，“红军至今没有什么正规的薪饷制，只发粮食、油盐柴菜钱和少数的零用钱”，“除粮食外，每天每人只有五分大洋的油盐柴菜钱，还是难乎为继。仅仅发油盐柴菜钱，每月也需现洋万元以上，全靠打土豪供给。现在全军五千人的冬衣，有了棉花，还缺少布。这样冷了，许多士兵还是穿两层单衣”。由于敌人的严密封锁，两区几乎完全断绝贸易，“食盐、布匹、药材等项日常必需品的缺乏和昂贵，木材、茶油等农产品不能输出，农民断绝进款，影响及于一般人民。全国革命形势若不是向前发展，则小块地区的红色割据，在经济上将受到极大的压迫，割据的长期存在将成问题。因为这种经济压迫，不但中等阶级忍不住，工人、贫农和红军亦恐将有耐不住之时。永新、宁冈两县没有盐吃，布匹、药材完全断绝，其他更不必说”。①

1929 年 1 月，毛泽东、朱德率领红军第四军主力，自井冈山出发，向江西南部、福建西部进军，开辟赣南、闽西两大革命根据地。起初红四军进军赣南的主要目的是牵制并调动敌人兵力，筹措给养，并为井冈山解围。但是这个战略意图没有实现。下山之后，红四军遭

---

① 毛泽东:《井冈山的斗争》。这是毛泽东同志写给中共中央的报告，作于 1928 年 11 月 25 日。

国民党军队的强势围追堵截。危急关头，毛泽东、朱德指挥红军在瑞金大柏地猛揍尾随的国民党刘士毅部，取得大捷，从而彻底摆脱了被动。此后，红军顺利到达东固革命根据地，经短暂休整，2 月下旬转战闽西。3 月 14 日，红军兵分三路向长汀县的长岭寨发起总攻，击垮敌第二混成旅，击毙旅长郭凤鸣，歼敌2000 余人，缴获枪1000 余支、子弹数百箱。下午红军乘胜占领长汀县城，没收了郭凤鸣设在长汀的军需工厂，筹得大批军饷。

当时长汀人口约2 万人，物产丰富，富商云集，手工作坊遍布城乡，有较好的经济基础。解放长汀后，红四军没收了十余家反动豪绅的财产，向资本千元以上的商人筹措军饷，共筹得银圆 5 万余元。红四军前委考虑到红四军自创建以来，“军装”各式各样，相当破旧，急需更换，决定利用这些军饷和长汀良好的缝纫、印染条件，赶制4000 套军装。长汀秘密工会协助红四军后勤供给部购置布匹。当时商店没有灰布，后勤供给部就与染布坊联系，帮助把布匹染成灰色，然后将个体分散的裁缝工人和一家专做军装的裁缝厂组织起来，在南门街郑屋成立了红军临时被服厂（后来发展成为中华苏维埃被服厂）。当时共有裁缝师傅20 多人，但缝纫机却只有 12 台。由于时间紧、数量多、工人少、机器不够用，临时被服厂实行两班轮流加工，每班 8 小时，日夜加班为红军赶制军装。

新军服的样式由朱德、陈毅亲自审定。灰蓝色、布质，上衣为中山装式，两个上贴袋，领口缀红领章，领子上绣一圈黑边；裤子为普通样式，配绑腿；军帽为八角形，缀红五星帽徽。陈毅同志对军服的颜色作了说明：“灰蓝色代表天空、海洋、青黛的群山和辽阔的大地。”这是红四军创建以来，第一次统一着装。身穿新军装，头戴红星帽，打着新裹腿，背上新斗笠，每人还发了 4 元零用钱。红军官兵上街理发、洗澡，浑身上下焕然一新，士气振奋。在南寨广场举行的阅兵典礼上，将士们以整齐威武的军容，接受领导检阅。

朱德总司令后来回忆说："我们现在终于有了红军第一批正规化军装。……新军装颜色是灰蓝，每一套有一副裹腿和一顶带有红星的军帽。它们没有外国军队那么好，但对于我们来说，可真是奇妙无比了。"

那时花开，漫山红遍。长汀、闽西重镇，与赣南瑞金、石城等县山水相连。"辛耕别墅"就坐落在长汀县城一条繁华的街道上。这座建筑占地523平方米、坐西朝东，是土木结构的厅堂式三合院，原系长汀商会会长卢泽林的住宅，结构精巧雅致，与其外围诗画般的客家风情交相辉映。别墅门前是金沙河，东边有一座跨过潺潺碧水的小桥，由外而内依次为大门、庭院、门楼、天井、大厅、后厅和天井。跨出大门，两边是鳞次栉比的商铺。各种手工产品充盈货栈，叫卖声不绝于耳。红军攻占长汀后，红四军司令部和政治部就设于此。毛泽东、朱德分别住在大厅左右房间。16日，毛泽东在辛耕别墅大厅主持召开了有老佃农、老裁缝工人、老教书先生、老钱粮师爷、老衙役等人参加的调查会，深入了解了长汀的社会、政治、经济情况，为红四军在长汀"打土豪、筹军饷"和开展工作打下了基础。20日，入驻长汀一个星期的毛泽东、朱德、陈毅等在此召开了一个在历史上占有重要地位的会议——红四军前委扩大会。

会议总结了离开井冈山向赣南闽西进军、开展游击斗争的经验。经过充分讨论，会议同意毛泽东对赣、闽、浙等南方各省政治经济状况和革命主客观形势的分析，研究了在蒋桂军阀混战的有利形势下红军的行动方针，制定了在赣南、闽西实行苏维埃政权割据的重大战略决策：

在国民党混战的初期，以赣南闽西二十余县为范围，从游击战术，从发动群众以至于公开苏维埃政权割据，由此割据区域，以与湘赣边界之割据区域相连接。

确定此后的红四军、红五军以及江西红二、四团皆应以此为行动方针。并强调“这一计划是必须确立，无论如何，不能放弃，因为这是前进的基础”。红四军前委扩大会上所作决策，是井冈山正确革命道路的继续和发展，为创建中央革命根据地绘制了最初的宏伟蓝图，对于全国各地的工农武装割据斗争有着重要的指导作用和深远意义。会后，红四军回师赣南，分兵发动群众，帮助群众打土豪、分田地，推翻反动统治，建立革命政权。继长汀之后，当年在于都、兴国、宁都、永定、龙岩、上杭、武平、吉水、乐安、连城等县均先后成立了县级红色政权——革命委员会，在赣西南和闽西开辟了武装割据的崭新局面。

从1929年春到1931年秋，毛泽东、朱德领导苏区军民，在赣南、闽西的广阔区域内，广泛发动群众，开展武装斗争，实行土地革命，建立红色政权。中央红军连续取得三次反“围剿”战争的胜利，使赣南、闽西连成一片，成为全国最大的苏区——中央苏区。

在此基础上中华苏维埃共和国临时中央政府在瑞金宣告成立，诞生了中国历史上第一个实行工农民主专政的国家政权。这个新生的国家政权，雄踞在中国南部的红土地上，并经历了一个不断巩固和稳定发展的阶段，从而为中央苏区开展经济建设提供了客观条件和实际可能。从此，在中国共产党领导下，人民拥有了虽然还很弱小但却是完整意义上的国有企业、国有资产，同时催生了国有资产管理体系。

（二）创办“红”字号企业

1. 红军被服厂

1928年1月，毛泽东率部攻克遂川县城，缴获数十担土白布。5月攻克永新县城，又缴获了大量军械物资，其中有6架缝纫机和许多布匹、棉花。毛泽东派工农革命军第四军第一师副师长余贲民负责，选址在桃寮村的张氏宗祠，建立起了工农革命军的被服厂。不久，毛泽东、朱德又根据中共中央6月4日关于取消全国“工农革命军”名义、改称“红军”的指示，正式将工农革命军第四军改称为中国工农红军第四军，被服厂也就改称为红军被服厂。

此前，部队也曾采取请民间裁缝师傅上山把布分发给各家各户缝制的办法，先后在坝上、洋桥湖和牛亚陂一带进行被服加工。红军被服厂便是在这些加工点的基础上发展起来的。

红军被服厂成立后，利用祠堂作厂房，旧门板作工作台，手纺棉线代替机制线，没有机器就用手工缝。起初有缝工30余人，主要生产单衣、帽子、米袋、绑腿、子弹袋等。

被服厂缝衣的布料都是白漂布，但白衣服打起仗来容易暴露目标，被服厂就专门抽调几个人土法上马，就地取材，办起了一个小染房。大家用茶籽壳和野生植物黄栀子、牛眼籽做原料，把白布染成灰色，或者用墨烟染成黑色。战士们给用墨烟染的布取了个大名，叫“井冈山墨青”。由于墨烟染的布易褪色，余贲民又深入各村收购群众种的植物加工“靛蓝”染布，后来灰色居然也染得很好。服装式样由红军前敌委员会决定。虽然那时制作的军服，其实更像是便衣，但结实耐用：上衣钉4个不带盖的口袋，5个布结纽扣；裤子前面没有扣子，为不开前口的桶形裤，战士们称其为“桶子裤”；军帽则为列宁式的八角帽。

毛泽东同志非常关心红军被服厂的建立，亲自为被服厂题写了厂名。他时常到这里，鼓励大家努力生产，支援前线打仗。在毛泽东同志的关心以及余贲民和杨立三等同志的具体指导下，红军被服厂建立了党的组织，且很快从手工制作步入到部分机器生产。每台机器每天至少生产2套，手工每人缝制1套。为加快速度，从部队选派了几名会使用机器的同志参加被服厂工作，全厂人员增至130余人，分成了13个组，每组5~9人，任命林善宾担任厂长。

红军被服厂的开办，有效地解决了全军5000人的穿衣问题，支援了井冈山的革命斗争。8月，由于湘赣敌人“会剿”，被服厂撤出桃寮村，搬到茨坪李家祠专门缝制棉衣。

1929 年 1 月，红四军主力撤离井冈山挺进赣南，被服厂解散。

2. 红四军军械处

遵照毛泽东关于武装群众的指示，各地纷纷成立赤卫队和暴动队。地方武装迅速发展迫切需要增加武器。

1927 年 10 月毛泽东曾经抽调几名战士，在宁冈茅坪的步云山白云寺里，对原地方武装袁文才的修械所进行了扩充，并改称为“工农革命军第一师修械所”。起初那里有七八个人，后来发展到十多人。永新赤卫队在塘边办了修械所，莲花赤卫队以“三匠”（铁匠、铜匠和银匠）起家，也办起了上西区修械所。

1928 年 6 月龙源口大捷后，湘赣边界根据地建设进入鼎盛时期。红军和地方武装人多枪多，要求军需工业相应有所发展。7 月，毛泽东提议将工农革命军军械所从步云山迁至井冈山茨坪，创建了红四军军械处。工人出身的军部特务营营长宋乔生担任处长。

红军的枪支弹药，主要靠在战场上从敌人手中夺取；暴动队、赤卫队的武器绝大多数是梭镖、大刀、鸟铳和单响枪，且完全靠根据地制造。在频繁的战斗中，许多枪械因损坏而无法使用。开始军械处只能打造大刀、梭镖，或者把各种坏枪的好零件拆下来，修旧利废，重新组装成一支完整的好枪，或把一些断了枪托的枪支改制成马枪装备部队。同时军械处也为井冈山的百姓打造一些菜刀、柴刀和农具。

创建军械处基本上是白手起家，并非易事。没有修械设备，技术手段严重不足。面对一无工具、二无材料、三无厂房、四不懂技术的困难，战士和工人们利用旧厅堂当厂房，中厅修造武器，两厢作为武器弹药的库房；用块石砌成煅烧炉，所用的木炭也是大家从山上砍柴烧制的；主要工具是铁锤、榔头、钳子，后来才从湘南缴获了一把台钳和一台简易铇床。为增加技术力量，从部队抽调了一些工人出身的战士到军械处，同时组织大家互教互学，逐步摸索。

军械处为了制造单响枪，曾自制了一台专门用来车枪筒的钻机。中厅放一个架子，人站在架子上车枪管。造这样一支单响枪当时需三四天时间，造好以后的新枪再拿到后山架在树上验枪。

军械处的同志们群策群力，曾经修复了一门第二十八团缴获的迫击炮。这门炮在黄洋界保卫战中发挥了威力。毛泽东“黄洋界上炮声隆，报道敌军宵遁”赋词中所指的“炮声”，正是从军械处修复后抬上黄洋界的这门迫击炮发出的。这一炮直打得敌军屁滚尿流，逃之夭夭。陈毅诙谐地说：“此敌之起身炮也，我之送行炮也。”

3. 红军造币厂

打土豪筹款子是红军“三大任务”之一，具有重要的政治、经济和财政意义。井冈山斗争时期，边界党组织对打土豪筹款子制定了正确的政策，波浪式地推进。一是通过调查摸底区别不同剥削者，确定土豪劣绅为财产没收对象；二是对土豪和一般工商业者严格区别对待，只没收封建剥削部分且必须经过领导机关批准；三是通过政策攻心分化瓦解，筹款分罚款和捐款两种形式，对地主、土豪劣绅实行“剥夺剥夺者”，予以罚款或没收财产，对富农和商人则实行劝其捐款；四是严格执行“打土豪要归公”纪律；五是必须造册登记、集中保管物资和款项。打土豪所得粮食的大部分和衣被、鸡鸭猪、农具等，一般是分给穷苦群众，一部分粮、油和银圆，留乡、区、县苏维埃政府的赤卫队、暴动队作给养经费，金银和另一部分银圆及布匹、食盐、药材等物资则归红军部队使用。

当年红军从战场上缴获的银圆尚可作货币流通，但打土豪所得的首饰与银器具则无法使用。随着红军队伍的不断扩大，经费开支也越来越大，加上湘赣两省敌军对井冈山实行频繁的军事“会剿”和严密的经济封锁，根据地军民面临着严重的给养困难，特别是严重匮乏商品交易所需的现金。

1928 年 5 月，在王佐的建议下，运用原谢氏花边厂的铸造技术，请谢氏兄弟为师傅，在上井村借用民房创办了红军造币厂，并先后在上井的牛路坑、大井的铁坑、茨坪和金狮面的红军洞等地设立了造币厂的粗坯车间和冲压车间。红军造币厂归湘赣边界工农苏维埃政府防务委员会领导，王佐是主要负责人。

工厂设备简陋，只有火炉、风箱、铁钳、花边模、压模等。原料主要是银器具，将打土豪缴来的银、银质首饰、银质器具进行熔化加工，仿制墨西哥银圆。造币厂开始只有几个人，后来增加到十多人。为防止敌人进攻危及造币厂安全，银坯的翻制与印花工序大部分设立在原始森林的山洞里，也就是今天井冈山龙潭风景区里的红军洞。而“煤洗”“凿字”“开响”等工序，设在今天井冈山“红军造币厂”的旧址上。由于没有经验，早期出的银币不响，表面粗糙。后来经反复试验，改进了提炼和压模技术：选用纯银作原料，同时将没收的铜板、铜钱集中起来，熔铸成铜模，压铸时在铜模内壁再涂上适量的茶油。改钢模铸造为铜模铸造以后，造出来的银币完全符合规格。开炉一次，可压铸400～500枚银坯，平均每天造银币的数量从开始的10余枚增加到70余枚。当年红军造币厂共耗银料1000公斤，铸造银币1万多枚。

红军造币厂铸造的银币上凿有标志湘赣边界工农兵苏维埃政府发行流通的“工”字印记，又称“工字银圆”。版面为“墨西哥版”，一面中间为矿石状，四周有旭光（老人称“日头旭”），一面是老鹰（当地群众称“雕子”）。红军造币厂制造的银币主要在井冈山根据地内使用，没有发行到其他根据地去。

“工字银圆”是中国共产党领导下的红色政权最早在革命根据地内发行流通的第一批纯银质金属铸币。1928年5月下旬，毛泽东、朱德、陈毅三人策马陪同中共湖南省委巡视员杜修经视察上井红军造币厂，鼓励工人积极生产，提高银币质量。毛泽东指示，“花边”（即银圆）不要掺假，一定要纯银的，重量也不能少于七钱二分。为提高

"工字银圆"信誉，边界工农兵苏维埃政府在各地设有兑换处，"工字银圆"可以兑换"袁大头"。同时还规定，凡是持"工字银圆"到苏维埃的公卖处或商店购买商品，价格优惠。例如大陇区苏维埃政府就是这样做的。由于"工字银圆"质量和信誉度高，群众非常乐意使用这种货币。①

红军造币厂存续了半年多时间。1929 年 1 月底，湘赣两省敌军调集十八个团的兵力，兵分五路，第三次进犯井冈山。上井红军造币厂厂房被敌人全部烧毁，造币设备也被破坏。1998 年 12 月，在按原址原貌修复红军造币厂时，曾出土过当年造币时使用过的一些工具、原料以及银币等，成为研究红军造币厂的珍贵文物。

红军造币厂的建立和"工字银圆"的发行流通，为扩大红色政权的影响、沟通红色区域内外的货币流通、发展根据地的商品交换、繁荣红色区域的市场经济、解决井冈山军民的给养困难找到了一条正确的途径。在敌人实行经济封锁的情况下，根据地的货币不能在白区使用，但是边界政府却可以利用自己的货币在市场流通中换取白区使用的货币，然后到白区购买根据地军民需要的物资。红军和边界政府运用自己造的货币，同国民党反动派开展金融斗争。红军造币厂的创办，成功地帮助井冈山革命根据地军民度过了艰难的岁月。红军和边界苏维埃政府制造的货币，同建立的革命根据地一样，从诞生的第一天起，就具有崭新的内容，代表着光明的未来和希望，显示了红色政权强大的经济生命力，也为以后的湘赣革命根据地造币厂和中央苏区造币厂的建立积累了经验，在红色政权国有资产管理史上占有重要地位。

4. 红军印刷厂

坐落在井冈山茅坪的象山庵，四周苍松翠柏，环境幽静。这是清

① 边界政府规定发行"工字银圆"为根据地内流通主币，以示与其他的银圆相区别，但可以向白区流通；确定银毫、铜板、钢币为根据地内流通的辅币，仍保持与白区一样能用；主辅币间的换算关系因地而异，根据地内每枚"工字银圆"等于 10 枚单毫或 5 枚双毫，10 进位到 1 元。

康熙年间的古建筑群，湘赣边界的名庵。当年的红军印刷厂，即湘赣边界特委机关印刷厂就设在这里。

在井冈山革命斗争时期，毛泽东曾在这里居住过。象山庵也是红军活动的重要场所。1927 年 10 月上旬建立、由余贲民负责的工农革命军（后改为红四军）后方留守处，红四军机炮连均设于此。留守处主要从事医院、被服厂、修械所等设施的筹建及管理。永新、宁冈、莲花三县党的组织联席会议和湘赣边界第一期党团训练班，毛泽东与贺子珍同志简朴的婚礼都曾在此举办。在根据地人民的支持下，后方工作进行得非常出色，为井冈山革命根据地的创立和发展作出了很大贡献。

1928 年 5 月红军攻占永新，在缴获的大批物资中有一台石印机。战士们把它拆卸下来，抬到了象山庵。缴来的石印机没有人会用，在象山庵放了两三个月也没人理会它。那时正是根据地不断扩大时期，红四军军部有许多文件、布告和宣传品急需印发，大家眼瞪着这台机器发急。宁冈县委宣传部的刘辉霄是学生出身，见过印刷。于是他便邀来几个安源工人出身的战士边摆弄边摸索。慢慢地这台机器居然开始听使唤了。

机器会动了，但没有油墨。大家翻遍缴获物资也没有找到可替代的物品。刘辉霄只好试着自己做。他搞来一些煤油，扫来些火烟灰拌和，可是搅拌了老半天烟灰与煤油也融合不到一起。试了几次都失败了。一天，炊事员对刘辉霄说：“刘部长，用点猪油也许行。”掺进猪油一试，果然效果不错。

就这样，同志们边试边印，后来印得越来越清晰。1929 年 1 月，在红四军出击赣南前夕，曾用这台石印机印制了著名的《红军第四军司令部布告》。这张红军大布告张贴出去后，震惊了国民党军队，他们惊呼“不好，红军越闹越大了”。

5. 红军公卖处、公营商店与合作社

毛泽东和湘赣边界政府通过制定正确的保护中小商人的政策，改造了草林圩场、建立大陇红色圩场，还通过设立公卖处、兴办公营商店、药店，组织合作社，创办和发展了根据地以公营为主导的多种商业形式。

设立公卖处。井冈山最早的公卖处，是1928年夏由新（永新）遂（遂川）边陲特别区工农兵苏维埃政府在茨坪兴办的。当时在井冈山设有5个公卖处，即茨坪公卖处、小井公卖处、大井公卖处、下庄公卖处和白银湖乡公卖处。公卖处人员虽少，但经营项目却很多，不但出售食盐、布匹、药品等，还酿酒、杀猪、磨豆腐。凡是群众生活的必需品，都尽可能地去经营。有段时间塘边村食盐特别紧张，许多群众家里没有盐吃，乡苏政府便组织公卖处工作人员和驻扎在那里的红军一道，到酃县的沔渡购买了一批食盐放在公卖处出售，全村每人分得四两。群众感激地说：“共产党红军真好，什么都替我们想到了。”当时的公卖处有两种形式：一种是以政府经营形式存在，如茨坪公卖处就是由新遂边陲特别区政府用打土豪筹集的款子和战争缴获的物资创办，这种公卖处具有典型的公营经济性质；另一种是以集股形式存在，如大井、下庄等地的公卖处，资金全由群众自愿入股筹集。通过公卖处到白区或圩场、群众家里零星采购货物，再卖给边界军民，年终按股分红，这种公卖处则具有集体经济的性质。公卖处以方便群众、给群众谋利益为目的，微利经营。各网点销售的食盐、布匹、药品、酒类等商品，货真价实，贴近百姓。

兴办公营商店、药店。1928年初，宁冈县工农兵苏维埃政府在茅坪滩头村设立了一个药店。这个药店除了向红军医院提供药材外，群众有病也可以到那里买药，生活特别困难的农民还可免费，极大地方便了群众。

7月，边界党和政府在大陇建立红色圩场，创办了一个公营商店。

公营商店的经营范围比公卖处更大。凡是到大陇圩赶集的人，无论是红色区域的农民还是来自湖南、广东白区的商贩，都可以到大陇公营商店购物。公营商店不单纯做买卖，还兼有平抑物价、稳定金融的任务。凡使用边界工农兵苏维埃政府铸造的银币在这个商店购物，一律优先供应，且价格上给予优惠。类似这种商店，后来在江西、闽浙赣、福建等省苏区都曾设立，那时办的药店叫工农药店，到 1933 年，闽浙赣苏区国家药店达 30 多家。

建立合作社商业。湘赣边界在开办公卖处和公营商店的同时，还大力鼓励建立、发展合作社商业，以活跃根据地经济。合作社商业主要有三种形式：消费合作社、贩卖合作社和信用合作社。它们通过收购、销售和低利无抵押借款三方面的活动，使群众得到实惠。1928 年 1 月，《遂川县工农县政府临时政纲》中第 21 条规定："开办消费合作社，使工农贫民得到廉价的货物，免除商人的剥削。开办贩卖合作社，使农民及工业小生产者的出口得到适宜的价钱，免除行栈等奸商的操纵。开办信用合作社，使工农平民得到低利无抵押的借款，免除资本家地主的重利盘剥。"①

在开展赤白贸易的斗争中，出现了许多动人的事迹。1928 年初，莲花县党组织派出从事贸易工作的老蓝同志，在萍乡通过各种关系争取了 2 家药店和 3 家杂货店为根据地提供药材和日用品；他还在大田、桐田等地组织了几个转运站，负责把白区购得的物资运往根据地。老蓝装扮成肩挑小贩，穿山路、越长岭，长年累月往返于根据地和白区之间，和敌人进行着悄无声息的战斗。后来在执行任务时被敌人发现，惨遭毒打，身负重伤，最终这位畲族汉子壮烈牺牲。1928 年冬，从事外贸工作的老谢奉县苏维埃指示，到萍乡明济药店提取一批根据地急需的西药。老谢日夜兼程赶到萍乡，但敌人实行全

① 张泰城、刘家柱:《井冈山革命根据地经济建设史》,江西人民出版社,2007,第 143 - 234 页。

城戒严，随时有被查获的危险。他急中生智，在城里找了两个熟人，扮成巨商，雇了一顶轿子，把药品用毯子包好当作轿垫。第二天一早，老谢一行巧妙地骗过敌岗哨，大模大样出了城，把药品及时地运到了根据地。

二、根据地经济建设与国有资产管理

（一）毛泽东对根据地经济建设的探索

在毛泽东向中共中央报告井冈山情况的前一个月，他在为中共湘赣边界第二次代表大会写的决议中，就关于创造“足够给养的经济力”告诫大家：“边界党如不能对经济问题有一个适当的办法，在敌人势力的稳定还有一个比较长的期间的条件下，割据将要遇到很大的困难。这个经济问题的相当的解决，实在值得每个党员注意。”从1927年创建井冈山根据地起，中国共产党和湘赣边界苏维埃就把增加生产，进行可能而必需的经济建设，以建立足够给养的经济力，作为建设巩固的根据地的基本环节。

如何在根据地开展经济建设？长久以来，毛泽东进行了认真而细致的思索。戎马倥偬，毛泽东不忘调查研究。毛泽东之所以能够成为伟大的马克思主义者，与他历来重视调查研究密不可分。无论是作为红军统帅，还是作为主政中华苏维埃共和国临时中央政府的主席，毛泽东的“神机妙算”常常令人叹为观止。然而正确的决策并非偶然，谜底也不复杂。他曾说过，共产党人不是算命先生。坚持以辩证唯物主义和历史唯物主义的科学态度，深入做艰苦细致的调查研究工作，是他多谋善断并作出决策的前提与基础。在领导中央苏区的革命实践中，无论是在反“围剿”的战场，还是在经济建设的根据地，以毛泽东为代表的中国共产党人都深刻认识到，必须坚持马克思主义基本原理同中国具体实际相结合，在实践中坚持、丰富和发展马克思主义。

在这条思想路线指引下，立足中国大地，通过多年的调查研究和积累思考，逐渐探索出了一条符合中国国情实际的革命道路，指导中国革命一步步走向胜利。

1. 反对教条主义

从1930年开始，党内“左”倾冒险主义逐渐占据领导地位，制定出许多脱离实际的方针政策。如集中红军攻打中心城市、“土地国有”、“消灭富农”、“集体农场”、“八小时工作制”等。在根据地从事实际工作的毛泽东和他的战友们，对这些来自中央的脱离实际的方针政策十分不满，却又不得不贯彻执行，常常使革命受到不应有的损失。而在红军队伍中，“左”倾教条主义思想也很严重，经常有人罔顾实际情况，开口闭口“拿本本来”，以为上级的指示、决议就一定是正确的，一味盲目执行，结果出现许多错误，妨碍根据地的斗争与建设，妨碍中国革命。

毛泽东对这种上上下下都严重存在的“左”倾教条主义思潮，深恶痛绝，十分担忧：

不根据实际情况进行讨论和审察，一味盲目执行，这种单纯建立在“上级”观念上的形式主义的态度是很不对的。为什么党的策略路线总是不能深入群众，就是这种形式主义在那里作怪。盲目地表面上完全无异议地执行上级的指示，这不是真正在执行上级的指示，这是反对上级指示或者对上级指示怠工的最妙方法。

为了使大家对教条主义思想危害有深刻认识，毛泽东身体力行，倡导树立深入实际、调查研究的新风尚。在他的领导下，红四军的调查工作迅速开展起来。他把进行社会调查规定作为工作制度，红军政治部制订了详细的调查表，包括群众斗争状况、反动派状况、经济生活情况和农村各阶级占有土地的情况等项目。红军每到一个地方，都首先要弄清楚当地的阶级关系状况，然后再提出切合群众需要的口号。

在毛泽东的倡导和影响下，从1929年到1932年春，中央苏区红军和地方各级党政干部，兴起了一股调查研究热潮。尤其是红军中各级政治机关，更是把调查苏区社会政治经济状况当作一项重要任务去完成。朱德、周恩来、刘少奇、陈云、邓小平、邓子恢、曾山、张鼎丞、罗明等一大批同志，都像毛泽东那样，注重调查研究。

回顾毛泽东在中央苏区的峥嵘岁月，我们能够撷取其密集开展调查工作的一段段足迹：

——1930年3月16日，毛泽东在长汀县城的辛耕别墅召开了有“五老”等各界人士参加的社会调查会。

——1930年4月22日，毛泽东在会昌县城听取了关于盘古山（即仁风山）钨矿及其周边情况的报告，同时向盘古山特委书记以及一同前来的矿工、农民、教师和农会委员等7人做了为期两天半的详细调查，整理出了近万字的调查报告《仁风山及其附近》。该报告6月4日由中共赣西南特委翻印。可以肯定，《仁风山及其附近》，既是当年中华苏维埃共和国临时中央政府创办国有企业“中华钨矿公司”、指导安于会赣边界特区斗争取得胜利的重要依据，也是目前为止帮助人们认识和了解土地革命时期赣南钨矿开采历史，矿工与美英资本家及其买办、豪绅、矿霸作斗争的最鲜活史料。

——1930年5月2日，红四军攻克寻乌。毛泽东在县委书记古柏的协助下，主持召开了有寻乌社会各界代表共11个人参加的调查会。调查会开了10多天，毛泽东亲自作记录，并于次年2月2日在宁都小布整理成5章39节共8万多字的《寻乌调查》。1930年5月，毛泽东在寻乌县城的马蹄岗还写下了《调查工作》（即《反对本本主义》）一文。这是一篇处处闪耀着马列主义光辉的伟大著作。毛泽东在文中强调：

没有调查，没有发言权。调查就像“十月怀胎”，解决问题就像“一朝分娩”。调查就是解决问题。

中国革命的胜利要靠中国同志了解中国情况。马克思主义的“本本”是要学习的，但是必须同我国的实际情况相结合。我们需要“本本”，但是一定要纠正脱离实际情况的本本主义。

毛泽东在文中还明确提出了中国共产党理论联系实际、实事求是，一切从实际出发这一思想路线的基本思想。《调查工作》这篇文章一度散失，1961 年被重新找到。毛泽东看到文稿后兴奋之情溢于言表，高兴地说像找到失散多年的亲生儿子一样亲切。毛泽东在对文章略作修改后将题目改为《反对本本主义》，在打印分发给中央有关领导同志内部传阅时，写下了如下一段话：

这是一篇老文章，是为了反对当时红军中的教条主义思想而写的。那时没有用“教条主义”这个名称，我们叫它做“本本主义”。写作时间大约在一九三〇年春季，已经三十年不见了。一九六一年一月，忽然从中央革命博物馆里找到，而中央革命博物馆是从龙岩地委找到的。看来还有些用处，印若干份供同志们参考。

——1930 年 11 月初，毛泽东在新余县罗坊镇彭家洲找了 8 名兴国籍红军战士开座谈会，与他们交朋友，了解土地革命真实情况，写成了著名的《兴国调查》。

——1930 年 11 月上旬，毛泽东从新余向吉安、东固行进的过程中，利用行军休息机会，进行了东塘、木口等地调查。

——1931 年 4 月 2 日，毛泽东在宁都县青塘乡河背村以“中央革命军事委员会总政治部主任”名义起草并签发《总政治部关于调查人口和土地状况的通知》，要求红军和政府中每个负责人随时随地调查和统计。

——1933年秋，毛泽东带领工作人员前往兴国县长冈乡和上杭县才溪乡调查研究，总结这两个模范乡的工作经验。在12月15日成文的《长冈乡调查》中，毛泽东还记录了乡苏维埃政府“国有财产委员会”的人员与所从事的工作等内容。1934年1月，《乡苏工作的模范长冈乡》和《乡苏工作的模范才溪乡》印发给了参加“二苏大会”的代表。

毛委员亲自来调查，一盏明灯前厅挂，
口问手写微微笑，把俺的话儿全记下。

——苏区歌谣

2. 工矿业调查——《仁风山及其附近》

毛泽东所做过的大多为农村调查。而对仁风山钨矿及其附近的调查，是迄今看到的毛泽东在中央苏区所做的唯一一次对工矿业的调查，是对后来构建临时中央政府国有资产体系具有积极影响意义的一次调查。

仁风山，即盘古山，中国著名的钨矿之一。当年由中共赣西南特委用苏区自产毛边纸油印的调查报告《仁风山及其附近》，全文约9800字，共分7个部分：（1）仁风山及其附近；（2）矿工和我们的斗争；（3）四周反动势力和他同革命群众的斗争；（4）旧的田地分配状况；（5）农村人口成分；（6）剥削状况；（7）党及党所领导的斗争。调查报告用较大篇幅记录了仁风山钨矿的开采历史、开采技术、采矿组织、矿工成分结构、外国资本对中国钨矿资源的掠夺与竞争，钨矿工人的自发斗争等内容。为红军了解当时矿山和工人的情况、研究革命斗争中存在的突出问题、制定正确的方针政策提供了内容翔实的第一手材料和重要依据。把仁风山调查与十多天后毛泽东所作的寻乌调查联系起来作比较，可以发现，其调查研究的指导思想、方式方法、虚心求教甘当小学生的态度，实属一脉相承。

调查报告署名调查者为毛泽东。开篇如下：

有名钨矿的仁风山，在安远、于都、会昌、赣州四县之交，经天心、重石去安远县城一百八十里，经黎邦桥（即禾丰）去于都县城一百二十里。另经小溪去于都城（小路）一百一十里，经庄埠去会昌城一百里，经马岭牛岭小坌王母渡去赣州一百八十里，经小坌去信丰一百二十里，另经塘村龙布去信丰（大路）一百五十里。特区辖境，跨四县之交，工作发展所及，将要南至重石（八十里），北至禾丰（即黎邦桥）、小溪（约七十里），东到庄埠（六十里），西到小坌（七十里），南北百五十里，东北百三十里。这一区域的工作发展了，粤赣的红色联系才可以实现。这一区域内有全世界特产，帝国主义激烈竞争的军用原料钨矿，有最受压迫的最革命的矿工数千。这些工人将是赣南斗争的领导者，所以特区党的任务是很大。我们对于这一区是要比赣南其他的农业区域多加一些注意。

调查报告第二部分的内容，没有局限对一个矿区的具体描述，而是通过解剖仁风山钨矿这只“麻雀”，对整个赣南的钨矿资源赋存与经营状态进行了相对全面的表述。调查报告这样记叙素有“世界钨都”之称的赣南：

世界特产的钨矿“钨”是帝国主义国家和枪炮资本家的必要品，用处是掺到铁里面去减少传热。听说只赣南独产。赣南出产钨矿最大的是大庾（余）、崇义之交的西华山及洪水寨，有矿工约一万。第二是安、于、会、赣四县之交的仁风山及丰田山，矿苗宽得很。现开采的不过靠近安远、会昌两县的一部分，工人经常二千多，冬天矿干旱采时候有六千多。第三是定南之龟尾山及龙南之袁屋山，龟尾有工人二三千，袁屋有工人一千多。

调查报告所述情况完全与实际相符。赣南钨矿最早于 1907 年在大余西华山被发现开采。文中“西华山”与现今称谓一致，“仁风山”即盘古山，“龟尾山”即岿美山，“丰田山”即黄沙，“袁屋山”与岿美山实为共一矿区，“洪水寨”即荡坪钨矿。

1952 年周恩来总理率中国政府代表团出访苏联谈判时，所达成的苏联对华援建 156 项工程计划中，有 6 项涉钨工程，赣南的西华山、大吉山、岿美山黑钨矿床以及与之配套的上犹江陡水电厂列入了国家第一个五年计划重点建设项目，这四个国有中央直属企业加上后来国家在赣南陆续扩大建设的铁山垅、画眉坳、荡坪、漂塘、下垄等国有钨矿，为新中国建设作出了杰出贡献。1964 年，当中国还清苏联全部债务时，出口钨砂在还债物资中排名第一，赣南承担了其中的绝大部分。

《仁风山及其附近》还记述了帝国主义及其买办、豪绅相互倾轧，国民党政府腐败无能的情况，并详细描述了赣南钨砂的输出走向。

西华仁风两山，均美国公司向国民党政府取得包办权，年共出税十五万元。英国商人同他竞争很厉害，阻碍于包办权，只能在美国公司不能来的时候上山收买些砂子。美国公司什么原因有时候不能来呢？一是红军阻断了赣河的交通，这是最近的原因。二是赣南买办与非赣南买办发生冲突，这是历年来的原因。钨矿之开采是外地买办创始的（西华山是民七，仁风山是民十一，丰田山是民十二），但一到赚钱多了，赣南各县的豪绅就联合起来和外地买办竞争包办权，口号是抵制利权外溢，收归地方自办。官司打到南京，至今没有解决。但是豪绅们每为争矿开会一次，公司就出钱去收买豪绅之一部分，因此瓦解了豪绅们的团结，虽豪绅时复开会，公司都时复拿钱，以至相争至今毫无结果。美国公司设在上海，九江、赣州设分公司，派到矿上来的是些小买办。英国公司设在香港，和平、平远设分公司，各派小买办上山收砂。仁风山砂从鱼公埠下河，丰田砂从白莪下河，船从于都去赣州，这是美商的。英商买砂，仁风山经重石、安远城往和平，近因安远红军扰乱，不敢走安远城了，改自重石走信丰边境出定南往和平。丰田山砂一部分经门岭出平远，一部分经重石到和平。

仁风山调查，无疑使后来的中华苏维埃共和国临时中央政府和中央红军发现了赣南的这座“金矿”。从特定角度观察，《仁风山及其附近》，也可看作成立红色中华钨矿公司的第一个项目预可行性报告。为了聚集资本、充实苏维埃家底，毛泽东曾亲手将小册子《仁风山及其附近》送给时任国家银行行长的毛泽民。并告诉他，苏区有铁山垅、仁风山两处钨矿，要尽早成立钨矿公司并划归国家银行主管。

1930 年底，红三军团一部进驻仁风山附近的铁山垅矿区，开始采集地表钨矿并以此筹集给养；1931 年初成立了首家公营的铁山垅钨矿，组织了 5 个中队 15 个分队，分别在大窝里、分水坳和杨坑山等矿场采矿作业；同年 7—8 月，矿区在反“围剿”的拉锯战中，敌我易手，1000 多个工棚被敌焚毁。

1932 年 2 月 12 日，临时中央政府组织恢复生产，在铁山垅矿区正式成立中华钨矿公司。秋末冬初，中华苏维埃国家银行行长、毛泽东的胞弟毛泽民同志临危受命，临时中央政府决定由其兼任总经理。

毛泽民不负众望，开创了钨矿生产经营的新局面。到 1934 年 10 月中央红军撤离中央苏区为止，中华钨矿公司共组织产销钨砂 4193 吨，获得了 450 多万银圆的现金收入，中央苏区采取以货易货方式用钨砂换取了大量药品、食盐、武器等军需民用的紧缺物资。“用一块乌黑的石头，砸破了国民党反动派经济封锁的水缸”，史学家们如是评说。

中华钨矿公司的成立标志着红色钨业的正式诞生，它成为中华苏维埃共和国国有资产的重要组成部分，支撑起了中央苏区财政收入的半壁江山。新中国成立后，盘古山钨矿、铁山垅钨矿浸润着红色基因，又回到了人民手中。

3. 毛泽东与盘古山工农赤卫队

1929 年 6 月，中共赣南特委为了加强以盘古山为中心的于南边区工农运动领导，决定成立中共盘古山特委。8 月，指派原在上海参加过工人运动的刘义顺担任盘古山特委书记，陈奇任副书记。① 赣南特委书记丛允中要求他们利用英美两家公司在收售钨砂、操纵和垄断价格上存在摩擦，工人受到残酷盘剥与压迫，各方面矛盾尖锐的情势下开展工运工作。特委还介绍了盘古山其他 4 名党员，并且发了 30 块银圆作为先期活动经费，以后的经费要求自行解决。

刘义顺等同志到盘古山矿区后，遵照特委指示，一是深入矿工和农民中间，宣传发动群众；二是发展工会会员，成立秘密工会；三是一面挖钨砂一面做些小生意，解决经费困难问题。他们把矿工的苦难生活编成民谣，唤醒大家起来斗争：

进窿不知秋，矿工似马牛。成天地狱转，常把生命丢。野菜充饥寒，破衣难遮羞。杉皮破草棚，难度寒三九。山霸比狼恶，皮鞭吃人肉。矿工受尽苦，苦水像河流。

山上的矿工和山下的农民斗争觉悟与革命热情逐渐高涨。年底盘古山特委共建立了 3 个党支部，秘密成立了“仁风钨矿工会”。到次

① 刘义顺，江西赣县里观人，上海南方大学毕业。1927 年 5 月在上海加入中国共产党。真名徐复祖，由于这个名字在上海被反动派通缉过，所以经赣南特委同意化名刘义顺。

年正月时，工会共有会员200多名。3月，特委即组织成立盘古山工农赤卫队，得到了广大矿工和农民的拥护，一开始就有700多人报名参加。几天后，特委将工农赤卫队编成了3个大队，部署实行仁风山暴动。但暴动计划被乱石农民攻打黄沙（丰田山）的战斗岔断。虽然黄沙之战在工农赤卫队的全力支持下取得了胜利，但第二天就迅速遭到来自小溪的1000多名靖卫团的反扑。靖卫团凭借有130多条枪，大肆烧杀抢掠。上千间房子被烧毁，数十名群众被杀害。敌强我弱，刚成立的赤卫队寡不敌众，只好暂时分散隐蔽。

此时，从闽西回师赣南的红四军，数战告捷，而且进占了会昌县城。刚遭受挫折的盘古山工农赤卫队闻之士气大振。4月17日，盘古山特委通知工农赤卫队在靖石集结，当晚即由特委书记刘义顺和谢海波、钟元璋等暴动领导人带领300多名工农赤卫队员，赶赴邻近的会昌县城寻找红四军。

1930年4月17日晚，月明星稀。在盘古山（仁风山）前往会昌县城的崎岖山路上，一支300多人的队伍，肩扛大刀、梭镖和鸟铳，紧张地向东南方向疾进。这是中共盘古山特委率领的工农赤卫队。队员们大多是盘古山钨矿的工人和周边的贫苦农民。他们的目标是找到红四军并正式加入红军。

18日，通宵达旦急行军一百多里山路的工农赤卫队，虽然疲惫不堪，但是顺利抵达会昌，找到了红四军。

晨光下，会昌山雾霭流岚，桥坞上，大榕树枝繁叶茂。一抹金色的朝阳洒在如盖的树冠，与缀在红军军帽上的红五星，相映生辉。队员们纷纷松缓了一口气，席地坐在步云桥头和大榕树下休息。

刘义顺、钟元璋急切来到红四军政治处驻地孔圣殿，说明了来意，受到了红四军的热情欢迎和接待。红四军前委秘书张大鹏会见了大家，并安排赤卫队驻扎在县城与孔圣殿相邻的陈家祠。

早饭后，闻讯的红四军前委书记毛泽东健步来到陈家祠。瘦长个儿的毛泽东脸带微笑，亲切地接见了刘义顺和钟元璋一行，一开始就问起了刘义顺的经历，随即听取他们半年多来关于盘古山和乱石等地武装斗争情况的汇报。不知不觉中，到了开午饭的时间。这时毛泽东起身对大家说："时间不早了，你们就在这儿吃午饭。吃过饭后开报告会，晚上、明天、后天继续开。"

盘古山特委工作报告会的地点安排在毛泽东的住处。这里原来是商会会长的住宅。在一个房间的当中，摆放了一张四方八仙桌和几条长板凳。大家午饭后就来到了这个小小的会议室，围着八仙桌坐了下来。前委秘书张大鹏也参加了报告会。这时，毛泽东操着浓重的湖南口音，和蔼地同大家说："我们的会议就开始吧。刘同志报告，钟同志补充，我作记录。"他一边说，一边顺手翻开了那本厚厚的记录册。

刘义顺开始向毛泽东汇报盘古山及其附近的地理环境、矿山开采历史、党组织的建立发展、矿区工人斗争和附近农民斗争情况。刘义顺等人的汇报也夹杂着浓厚的赣南客家语音。他汇报说，"山上的工人分帮聚居，赣县、南康帮人数多、势力大，于都、安远、会昌工人次之，但他们之间经常发生械斗"，"美英帝国主义在山下仁风圩设立了公司，压价收买钨砂"。压价之外，还要受靖卫团盘剥，"仁风圩靖卫团包收包运，向矿工收取百分之五的保险费。钨价低再加上保险费，工人生活非常困难"，"本来钨矿工人大多是在经济和政治上受压榨被迫离开家乡的，无路可走，只有在山上硬挺着受苦。这些工人都是我们发展的对象，只不过流氓意识比较严重"。

听到这里，毛泽东停下笔来皱着眉头说："旧社会带来的流氓习气，很自然地会侵蚀到我们党里来，肃清党内流氓意识成了目前重要工作。古田会议曾经提出过，你们看到没有?"

就这样，边听汇报边记录。毛泽东听得非常仔细，记得非常认真，厚厚的记录册写得满满当当。他不时插话并作出指示，为解决边界特区的困难出主意，指方向。坐在边上的张大鹏和钟元璋受紧张工作的气氛感染，也显得非常严肃。

在敌情比较严重、红军随时都可能要开拔转移的情况下，这次调查报告会竟然连续开了两天两晚。此时离在长汀举行的红四军前委扩大会正好满一个月。毛泽东不吝时间亲自主持调查报告会，足见他对在赣南、闽西实施苏维埃政权割据，做好安于会赣四县边界区域工作的高度重视。在听取汇报的过程中，此时他肯定已经提前想到，红色政权必须牢牢掌控盘古山钨矿。

最后，毛泽东谦和的一番话打破了紧张严肃的气氛。他说："盘古山的名字太老了，改作仁风山可不可以？"刘义顺回答说，钨砂局设在仁风圩，上山下山的人都要经过仁风圩，改作仁风山人人都懂得。

20日下午，毛泽东、朱德一起来到陈家祠，接见了全体赤卫队员，宣布了红四军前委决定：以盘古山为中心，成立中共安（远）于（都）会（昌）赣（县）四县边界特区委员会，任命刘义顺为特委书记；将盘古山工农赤卫队改编成中国工农红军第二十二纵队，刘义顺任纵队党代表，谢海波任纵队长；向二十二纵队拨发48支枪和960发子弹；另给盘古山工人纠察队8条粤造漏底枪。派出朱日敏、周益庭等4位军事干部和1名司号员，充实加强纵队的作战力量；重新部署盘古山地区工农武装暴动。

在大家热烈的掌声中，毛泽东讲话："以盘古山矿工为骨干的中国工农红军二十二纵队正式成立了。过去，你们从地底下挖出了钨砂，不，是钨金，比黄金更有用处的钨金。可是你们换回来的都是糙米，还不够吃，更不能养活全家老小。这是帝国主义和土豪劣绅、山霸勾结起来盘剥你们的结果。现在你们手里有了枪，就可以和他们斗，革他们的命，打倒他们。""地主武装没有什么了不起，他们最怕一条枪两条枪在山前山后打他们。你们现在有几十条枪，还怕什么？""革命就是要抓武装，发展武装力量，就是要分田。这样农民才能支持革命，参加革命，苏维埃才能巩固。前些日子小溪、禾丰的地主武装烧掉了乱石上千间房子。你们要把那里的农民发动起来，组织苏维埃政权和赤卫队，打土豪、分田地，彻底消灭封建势力，报这个血海深仇。”“现在你们参加了革命，当了红军，就要遵守红军纪律，为穷苦工农打天下。希望你们边区能打开一个新的局面来。”毛泽东讲完话后，朱德同志也接着向全体指战员讲了话。他一讲完，十几个红军战士就送来了枪支弹药。有了毛泽东的直接运筹，21 日凌晨，精神抖擞的红军第二十二纵队踏上了返回盘古山的征途。22 日夜，红军第二十二纵队全歼仁风圩靖卫团。接着在矿工们的配合下，乘胜攻打矿警队驻地，占领了钨砂公司，活捉了山霸吴子光、杨生利、谢老山和钟一古，缴获长短枪 80 多支和大批弹药。23 日上午，四县边界特委在竹山坪河滩上举行了祝捷大会。参会军民群情激昂，会场内外各色标语分外醒目。大会审判处决了山霸吴子光、杨生利。会上成立了四县边区总工会、矿工赤卫队、妇女会、儿童团，宣布了负责人名单。安于会赣边界特区苏维埃政府很快就建立了起来。[①]

5 月 1 日，四县特区委把盘古山武装暴动取得胜利和成立四县边区总工会等情况向前委作了汇报。毛泽东非常关心边界特区武装的发展。5 月 4 日，在会昌以红四军前委名义写信给“义顺同志转四县边界特区”，即《前委给安于会赣四县边界特区委的信》，对边界特区斗争做出了指示。1930 年 7 月，红军第二十二纵队奉命离开边区，在于都县城编入由陈毅任军长的中国工农红军第二十二军，成为毛泽东领导创建中央革命根据地早期的工人武装。这支工人武装队伍参加了第一次反“围剿”，立下了战功。12 月，红二十二军整编为红军第六十四师，列中国工农红军十二军建制。根据这次调查汇报所得情况，毛泽东很快就总结整理出了两份文件：一是调查报告《仁风山及其附

---

① 陈毅、肖华等:《回忆中央苏区》,江西人民出版社,1981,第 88 页。徐复祖:《毛泽东同志关怀边区武装》,载陈毅、肖华等《回忆中央苏区》,江西人民出版社,1981。中共江西省党史研究室、中共赣州地委党史办公室:《中央苏区风云录》,1991。

近》；二是《肃清党内流氓意识》。这两份文件分别油印成了小册子，在让刘义顺等人带回去两份的同时，还分发到了各级组织。

4. 定都瑞金与两次“全苏大会”

随着土地革命的深入开展和地方武装的不断壮大，全国各地红色割据迅速发展，建立统一的苏维埃政权日渐提到议事日程。

1930 年 3 月，赣西南、闽西苏维埃政府相继宣告成立，从而为中央苏区的创建奠定了坚实基础，但是同时也引起了国民党反动派的极大惊恐。10 月，蒋、冯、阎军阀混战刚结束，蒋介石便掉转了枪口，开始对红军和苏区进行军事“围剿”。

万木霜天红烂漫，
天兵怒气冲霄汉。
——毛泽东诗词《渔家傲·反第一次大“围剿”》

从 1930 年 11 月到 1931 年 9 月，苏区军民在毛泽东、朱德的领导指挥下，胜利地连续粉碎了蒋介石亲自指挥的第一、第二和第三次“围剿”，从而使赣西南、闽西革命根据地连成一片，形成了以瑞金为中心的中央苏区。

在中央苏区形成的时候，毗邻地区的湘赣、闽浙赣、湘鄂赣等地军民，也相继取得了反“围剿”战争的胜利，不仅扩大了红军和地方武装，还巩固发展了红色政权。鄂豫皖、湘鄂西等苏区相应得到发展。至 1931 年秋，中国共产党领导创建的苏区，已遍布全国 10 多个省的边界地区，有 200 多个县建立了苏维埃政权，达 1000 多万人口和 15 万多平方公里土地面积。主力红军发展到 16 个军 30 多万人，并有数百万计的红色地方武装。中央苏区的形成，全国各地革命根据地的巩固，以及革命武装力量的发展，终于使召开第一次全国苏维埃代表大会、建立中华苏维埃共和国的条件基本成熟。1933 年夏秋间统计，中央苏区面积达8.45万平方公里，人口453万，共有60个行政县。在全国13个苏区中，属版图最大、人口最多的红色割据区域。

1931年9月28日，红一方面军总部发出了主力部队东移的命令。接着，毛泽东、朱德等率苏区中央局和红军总部离开了兴国的水头庄，东移到瑞金县的叶坪村。

瑞金，位于江西省东南端，武夷山脉南段西麓，坐落在赣、闽、粤三省接壤要冲，地域居中，物产丰富。东出闽西重镇长汀只有40公里。顺汀江南流可直下龙岩、上杭、永定，直达广东潮汕出海；绵江从瑞金城边流过，往南顺江而下，其舟楫之便可通赣江，既可直达赣州、吉安、南昌、九江，又可与赣南各县沟通水路交通。瑞金地处边陲，离中心城市较远，敌人未驻重兵，与赣南各苏区县相比较，瑞金更为偏安。瑞金县素有深厚的革命基础。早在1927年8月下旬，周恩来、贺龙、叶挺、刘伯承、朱德领导的南昌起义部队经过这里时，就在瑞金城绵江中学帮助建立了中共瑞金支部。贺龙、郭沫若就是在瑞金经周恩来、李一氓介绍入党的。1929年，毛泽东、朱德率红四军向赣南、闽西进军时，曾先后两次途经瑞金，给该县革命斗争以极大影响。1930年4月，瑞金县党组织领导了武阳暴动、安治暴动，成立了瑞金县苏维埃政府和红二十四纵队。1931年春，在红三十五军团和红十二军团的帮助下，全县已经赤化，并全面分配了土地。

1931年8月，年仅27岁的邓小平，由中共中央派往中央苏区工作，从上海来到瑞金，出任中共瑞金县委书记。邓小平上任后，首先着手调查原瑞金县委书记李添富在全县开展大规模肃“社会民主党”运动及滥杀无辜事件。邓小平冒着风险，深入瑞金城乡调查研究。一个多月后，终于查清了李添富乱肃“社会民主党”的事实真相及其严重恶果。是年9月底，在中共赣东特委支持下，邓小平采取果断措施，召开全县党员活动分子会议和县、区、乡三级主要干部会议，讨论过去肃反的偏差，以大量事实揭露了李添富在肃“社会民主党”中的严重错误和罪行，宣布撤销李添富的一切职务，并拘捕公审，予以处决。

在邓小平主政下，瑞金实现全县一片红，政局稳定，军事上便于“居中指挥”，加上邓子恢、张鼎丞等同志在闽西的出色工作，拱卫瑞金形成了厚实的政治、经济和军事基础。中华苏维埃共和国定都瑞金，不失为历史的最佳抉择。“一苏大会”即在瑞金叶坪召开。

叶坪村地处瑞金城东约10华里处，村里大片的古樟树林，虬枝吟风，蔽空如盖。在敌强我弱的严酷战争环境中，将苏维埃临时中央政府设在这里，并举行中华苏维埃共和国临时中央政府成立大会，是个较为理想的选择。

11月7日，瑞金叶坪沉浸在欢庆的气氛之中。清晨，红军广场举行了庄严的阅兵典礼。下午，中华工农兵苏维埃第一次全国代表大会在谢氏宗祠正式举行开幕典礼。当晚，瑞金县城军民提着各式灯笼，打着火把，从四面八方涌向“一苏大会”会场，举行了盛大热烈的提灯庆祝晚会。

为了迷惑敌人，掩护“一苏大会”召开，苏维埃政府在长汀城外布置了一个假会场。大会开幕这一天，十几架国民党飞机飞临瑞金和长汀县城上空，投弹百余枚，但叶坪会场安然无恙。

11月9日上午，大会主席团举行第一次会议，通过了大会议事日程等事项；下午，毛泽东代表苏区中央局向大会作政治报告；19日，经充分酝酿，大会代表选举毛泽东、项英、张国焘、周恩来、朱德等63人为中央执行委员，组成了中华苏维埃共和国中央执行委员会。它是代表大会闭会期间全国最高的政权机构。

1931年11月7日，毛泽东与中共苏区中央局委员在瑞金合影；20日，大会在红军广场举行了授旗章典礼。接着，毛泽东、项英分别致闭幕词，宣布大会胜利闭幕。

11月25日，中央执行委员会委任朱德、彭德怀、王稼祥、谭震林、叶剑英、毛泽东等15人为中央革命军事委员会委员（简称“中革军委”)，以朱德为主席，王稼祥、彭德怀为副主席，王稼祥兼任总政治部主任。

11月27日，中央执行委员会召开第一次会议，选举毛泽东为中央执行委员会主席，项英、张国焘为副主席。根据苏维埃《组织法》规定，在中央执行委员会下设立人民委员会。中央执行委员会选举毛泽东为中央人民委员会主席，项英、张国焘为副主席。同时选举了各人民委员部的部长（时称“人民委员”）：

王稼祥为中央外交人民委员（兼）；朱德为中央军事人民委员（兼）；项英为中央劳动人民委员（兼）；邓子恢为中央财政人民委员；张鼎丞为中央土地人民委员；瞿秋白为中央教育人民委员（暂未到职）；徐特立为代中央教育人民委员；周以栗为中央内务人民委员（因病离职休养）；何叔衡为中央工农检察人民委员（兼代中央内务人民委员）；张国焘为中央司法人民委员（兼，未到职）；梁柏台为中央副司法人民委员（主持司法人民委员会部工作）；邓发为中央国家政治保卫局局长。中央执行委员会和中央人民委员会都在叶坪“一苏大会”会场办公。整个大厅用木板隔成了15个小房间，作为各部的办公室兼工作人员卧室。每个房间只有七八平方米。

临时中央政府成立后，直接领导中央革命根据地管辖的江西、福建、闽赣、粤赣、赣南等5个省，还领导湘赣、湘鄂赣、赣东北（闽浙赣）等省，以及湘鄂西、鄂豫皖、琼崖等革命根据地。由于交通阻隔，临时中央政府与鄂豫皖、湘鄂西及琼崖革命根据地都难以保持经常性联系。为便于领导，瑞金县划为临时中央政府直属县，并将瑞金改名为“瑞京”。1934年5月后，西江、长胜、太雷等县也改由临时中央政府直接领导。

1934年1月21日至2月1日，在瑞金沙洲坝中央政府礼堂隆重召开了第二次全国苏维埃代表大会，选出了第二届中央执行委员会委员175人，候补中央执行委员会36人。毛泽东当选为中央执行委员会主席，项英、张国焘为副主席，张闻天当选为中央人民委员会主席。

中华苏维埃共和国的诞生，临时中央政府的成立，是人民当家作主的开端，是中国共产党在中国局部执政的伟大预演与尝试——红色政权的国有资产及其管理体系，在战火的洗礼中，从此也以其顽强的生命力，开始登上了历史舞台。

（二）早期中国共产党人对国有资产管理的认识和思考

中央苏区建设初期，尽管缺乏经济管理方面的知识与经验，但是陈云、刘少奇、张闻天、邓子恢等早期中国共产党人在实际工作中积极探索与应用经济手段进行国有资产管理的实践，对国有资产管理产生了有意义的认识与思考。

1. 刘少奇探索国有工厂管理制度

中央苏区时期，国有工厂 32 家，工人 2000 多人，为红军和中央革命根据地发展作出了重要贡献，但是生产管理上却存在很多弊端与不足。经过调查研究，刘少奇发现，中央苏区国有工厂实行国有工业军事化管理的方式，存在厂长发挥不了有效作用、工厂管理混乱、效率低下、产品质量低劣、浪费严重、工人思想懈怠等一系列问题。针对这些现象，刘少奇于 1934 年写出了《论国家工厂的管理》的文章，详细阐述了制定国家企业资产管理制度的重要性与措施，认为必须改革苏区工业企业领导制度，进而创造性地提出了建立“三人团”管理制度的思想，即由厂长、支部书记、工会主任组成“三人团”共同管理生产，对工厂事务进行集体讨论决策。刘少奇强调：“必须把工厂中的完全个人责任制建立起来，厂长对于全厂的生产和行政负有绝对的责任，厂长有权决定和支配全厂的一切问题。”但厂长在决定处理重要问题时，事先应与党支部书记和工会主任商量，尽可能取得他们的同意，以便党与工会系统来一致执行。意见不一致时，厂长有最后决定执行的权力，并同时提到上级机关来讨论。“三人团”制度明确了各科科长与生产部门主任的责任权力，明确规定了每人工作时间内应完成的工作与责任。在厂长以下，建立统一领导、分级负责的主任与领班制度，“各部门必须设置负完全责任的工头副工头，有几班工作的必须有领班，工头负该部门全盘责任，领班负一班人的责任，他们对厂长或科长负责，对于该部的工作分配，生产计划，生产品的检验，工人的请假、调动等在取得厂长同意之后，完全有权力支配”。在刘少奇看来，对企业进行科学管理也要对工厂中各科的科长与各生产部门的主任（即工头）个人的责任与权力进行明确界定，进而建立一整套科学管理国营企业的思想与方法。刘少奇的这一经济管理思想是中国共产党民主与集中理论在工业企业中的伟大尝试，同时他也开创了现代国有企业改革的先河。

为加强苏区企业的管理和减少生产浪费，刘少奇站在苏区工厂企业必须为苏维埃政权、为革命战争、为人民的生产生活服务的立场上，明确提出，工厂要建立完全的个人负责制，各科科长、各生产部门主任要明晰权利和责任，要设立检验生产品的机关，制定完备的工厂规则，致力于提高工人的劳动纪律，科学地制订生产计划，进行工资制度改革，加强工会组织在工厂中的协调作用。为此，刘少奇还主持制定了《苏维埃国有工厂管理条例》《苏维埃国有工厂支部工作条例》等，规定了以建立工厂厂长负责制为核心的企业管理体制。这些管理条例具体提出了组织生产模范队、建立经济核算队等方法来节约成本、减少浪费，指出：“把能按厂规上工下工，完成每个生产数量，节约原料，质量最好，经常为工人模范的分子，组织在模范队里面。在各部门组织善于想尽一切方法发明各种节省时间、人力与原料等办法的分子到经济核算队中，以节省的办法应用全厂，工厂可将节省项下若干为奖励金或名誉奖。”除此之外，刘少奇还在国家工厂里建立了经济核算制度，按月规定生产计划，与财政结算，按月将生产计划的实行情况，详细报告上级机关。此外，工厂必须详细规定三月、半年以至一年内生产计划，工厂按计划进行管理与生产。

为了加强中央苏区国家工厂企业的生产管理，刘少奇又提出了工农群众“用新的态度对待新的劳动”的创想，强调苏维埃政府与广大工农劳苦大众组织国家工厂和生产合作社企业，职员和工人不再为地主、资本家劳动，而是为工农阶级自己劳动，以此实现了生产劳动性质的历史性变化。通过广泛的宣传教育，工人的觉悟逐渐提高，国家政权机关与工会之间的矛盾呈现出来，正确处理国家政权机关与工会的工作关系以健全苏区工会组织，成为中央苏区面临的重要课题。

2. 修订《劳动法》

中央苏区时期，陈云在深入调查瑞金、长汀等地工厂、商店后发现，苏区经济在建设过程中存在很多问题，尤其是各地工厂、商店在践行劳动法的过程中出现了脱离苏区实际的现象。在批评苏区工人经济斗争中的“左”倾错误的过程中，陈云提出了自己对苏区经济发展的认识与看法。《关于苏区工人的经济斗争》一文揭露了苏区经济建设中出现的“左”倾现象，比如：“不问企业的工作状况，机械地实行八小时和青工六小时的工作制；不顾企业的经济能力，强迫介绍失业工人进去；在年关斗争中，许多城市到处举行有害苏区经济流通的总同盟罢工。”① 对于这些现象，陈云分析了问题产生的原因，并提出了具体的解决办法，比如要耐心、细致地向工人解释与传播发展经济与自我解放的关系，要对各个行业进行具体分析，重审各行业集体合同的条文，纠正官僚主义等。在调查研究与社会实践的过程中，陈云摸索与总结出了工人与资方订立符合实际的劳动合同的重要性，为此撰写了《怎样订立劳动合同》一文，举例详细介绍了订立新的劳动合同的过程，传播与介绍了具有现代化特征的劳动合同形式。张闻天也认识到《劳动法》存在的不足与需要改进之处，提出了修改《劳动

① 陈云:《陈云文选(1926—1949)》,人民出版社,1984,第9页。

法》的主张。修改《劳动法》的主张得到陈云、刘少奇的支持与推动，于是中央人民委员会决定对《劳动法》进行修改，纠正了原来的《劳动法》中脱离实际的条文，比如：支付薪水的方式得到改变，可以用物品代替薪水；劳保条件和保险规定也得到修改，新的规定减轻了业主负担；在劳动时间上，原则上维持八小时工作制，但一些特殊行业可以不受此限制；等等。重修后的劳动法得到毛泽东的认可："此次修改的劳动法，对于城市与乡村，对于大企业与小企业，都能使之应用适当。"① 新的劳动法在实践过程中也妥善解决了苏区经济发展中出现的问题，促进了苏区经济发展，其适用性与可行性由此可见。

3. 邓子恢的国有山林经济思想②

邓子恢出生在闽西山区，深知山林对水土保持和闽西农业起着重要的作用。同时，邓子恢作为中共领导人之一，需要借助山林发展农业经济和打破国民党的经济封锁。

发挥地方资源禀赋是发展地方经济的重要途径。纸业贸易对闽西苏区经济至关重要，苏维埃政府清楚地知道造纸需要以竹子或木材为主要原料，制作过程需要较洁净的水，为了造纸业的发展必须保护山区林木，涵养水源。战争产生的军队的给养、消耗及苏维埃政权的巩固等需要巨额的资金支持，苏维埃政府希望通过山林税和矿场的租金、铁厂缴纳所得税获得资金支持。

在山林所有权上，邓子恢强调在公有原则下，适当考虑农民的利益。1929 年 7 月，中共闽西一大通过邓子恢主持并起草的《中共闽西第一次代表大会关于土地问题决议案》，规定，"所有土豪地主及众堂

① 毛泽东：《在第二次全国苏维埃代表大会上的报告》，1934 年 1 月 24—25 日，载江西省档案馆、中央江西省党校党史教研室选编《中央革命根据地史料选编（下册）》，江西人民出版社，1982，第 314 页。

② 详见廖雅珍、林妹珍、张雪英：《闽西苏区时期邓子恢山林思想探析》，《苏区研究》2019 年第 2 期。

公山山场一律由苏维埃政府没收，山契焚毁，但农民自力种植者不没收”[①]；1930 年 2 月，由邓子恢主持制定并在中共闽西特委第二次扩大会议通过的《关于土地问题的决议案》规定，“一切山场归苏维埃政府公有”，但“居山农民自己种植的杉树而靠此为生者不没收”“小商人经营的杉桐不没收”“竹山……农民耕种者不没收”“农民自己经营茶山不没收”“水果园属于农民的不没收”。[②] 可见虽然山林所有权原则上是公有，具体到不同的山林种类会考虑居山农民的利益，在原则制定情况下，体现政策的灵活性。邓子恢于 1930 年 7 月离开闽西到白区展开工作，1930 年 9 月，闽西第二次工农兵代表大会通过《修正山林矿产法令》，规定，“公家由山林矿产管理局领得之山林矿产种植权、开垦权、开采权（使用权）不得视为私人所有权”，要求“一切山场矿产归苏维埃政府公有”“一切杉山及杉树不论公产私产一概没收归苏维埃公有，由乡山林矿产管理处处理之”“竹山和茶山一律没收，由政府管理局处理之”。[③] 相较于 1930 年 2 月邓子恢主持制定的《中共闽西特委第二次扩大会议关于土地问题的决议案》，则强调全面公有。不过，随后 1931 年 4 月，张鼎丞颁布《闽西苏维埃政府第十四号——深入土地革命分配土地的原则问题》规定：山林分配给农民之后，死亡的不收回，新生的不再补。[④] 实质上认可了邓子恢早前政策的正确性。由于农民对山林（具体如山场、竹山、水果园等）拥有所有权，大大提高了农民经营山林的积极性，促进了闽西苏区经济的发展。

以邓子恢为代表的中共闽西党还非常重视运用经济手段鼓励群众

---

① 《中共闽西第一次代表大会关于土地问题决议案》（1929 年 7 月 27 日），载《闽西革命史文献资料》第 2 辑，内部资料，第 134 页。

② 《中共闽西特委第二次扩大会议关于土地问题的决议案》（1930 年 2 月 25 日），载《闽西革命史文献资料》第 3 辑，内部资料，1982，第 105 页。

③ 《闽西革命史文献资料》第 4 辑，内部资料，1983，第 188－189 页。

④ 《闽西革命史文献资料》第 5 辑，内部资料，1984，第 187 页。

开发山林，推动山林生产。（1）通过出租、提高卖树木所得价款比重，鼓励乡政府发展林业。因为林权是归苏维埃所有，因此苏维埃政府对山林有处置权。政府通过出租山林的方法获得租金，增加财政收入。1929 年 7 月，《中共闽西第一次代表大会关于土地问题决议案》规定："没收来……山中产出松杉杂树，则由乡政府以低税出租，所得价款乡得六成，区、县政府各得二成。"[①] 1930 年 2 月发布政策，规定"杉树出卖所得价款，在一年以内出售者，乡得百分之二十；二年以内出售者乡得百分之二十五；三年以内出售者，乡得百分之三十，其余缴交上级""樟树……卖得价款以百分之三十归乡政府……香菇树……未砍下者应向政府再行订购，所得价款，乡政府得百分之三十，余缴上级""没收来之茶山……茶山所得标价，以百分之二十归乡政府，其余缴交上级"。[②] 政府所获出卖树木的价款与时间成正比，主要目的是鼓励政府发展林业，不能只顾眼前利益。（2）通过税收政策促进山林资源的开发。对于矿产资源的开采，邓子恢依据苏区财力决定是否征收矿产资源税。当战事未扩大、苏维埃政府财力尚可之时，邓子恢采用免税的方式促进矿产开发。如：1929 年 7 月发布政策规定"山中蕴藏矿产……煤矿任人采掘，不收捐税"[③]；1930 年 2 月发布政策规定"山中矿产如煤矿、石灰矿、石粉铁矿等任人开采，不准收捐"[④]。随着战争规模的扩大与苏维埃政府财力的日趋紧张，邓子恢意识到需要广开财路。1932 年邓子恢任财政人民委员时提出"为增加矿产生产及发展社会经济期间，国家准将各种矿产开采之权出租与私人

---

① 《中共闽西第一次代表大会关于土地问题决议案》(1929 年 7 月 27 日)，载《闽西革命史文献资料》第 2 辑，第 135 页。

② 《中共闽西特委第二次扩大会议关于土地问题的决议案》(1930 年 2 月 25 日)，载《闽西革命史文献资料》第 3 辑，1982，第 105 页。

③ 《中共闽西第一次代表大会关于土地问题决议案》(1929 年 7 月 27 日)，载《闽西革命史文献资料》第 2 辑，第 134 页。

④ 《中共闽西特委第二次扩大会议关于土地问题的决议案》(1930 年 2 月 25 日)，载《闽西革命史文献资料》第 3 辑，1982，第 106 页。

资本投资开采……承租人……应纳租金等……须按额缴齐，否则停止其开采”[①]。对于荒山的开发，邓子恢在其主持制定的《关于土地问题的决议案》中提出“农民开垦荒山者，十年内免收山税”[②]。邓子恢依据不同的社会条件采取不同方法促进山林资源的开发，不但为工业提供原材料，而且适时地为战争服务。（3）推动合作社经营，发展木材贸易。为了解决劳动力不足的问题以及更好地控制山林资源，闽西苏维埃政府组织领导合作社来耕种山林。早在1930年2月就提出“最好则由要分山的农民组织生产合作社，将领得之山共同经营之”，遇到矿产开发中有争议之处，要“共组合作社经营之”[③]；对“工人依合法手段组织的生产合作社，对于各种矿山之开采有优先权，并得比私人资本减少租金”[④]；同时积极发展与漳厦潮汕地区的经济往来，“使纸、木、烟能够输出……以解决赤色区域群众之生活问题”[⑤]。

邓子恢及以其为代表的闽西党注重保护和发挥山林厂产资源思想及实践促进了闽西苏区经济的发展，为战争提供了必要的武器装备和经济支持，巩固了苏维埃政权。但由于该时期受战争的影响，以及人们对山林经济认识总体水平不高，闽西苏区山林可持续开发利用不足。不过，这个时期的探索为之后新中国的水土保护工作提供了实践经验，也为今天如何保护发展山林经济提供了借鉴。

---

① 《财政人民委员部关于矿产开采权出租办法》(1932年8月)，载中共江西省委党史研究室、中共赣州市委党史工作办公室、中共龙岩市委党史研究室编《中央革命根据地历史资料文库·政权系统(6)》，中央文献出版社、江西人民出版社，2013，第425页。

② 《中共闽西特委第二次扩大会议关于土地问题的决议案》(1930年2月25日)，载《闽西革命史文献资料》第3辑，1982，第106页。

③ 《中共闽西特委第二次扩大会议关于土地问题的决议案》(1930年2月25日)，载《闽西革命史文献资料》第3辑，1982，第106页。

④ 《财政人民委员部关于矿产开采权出租办法》(1932年8月)，载中共江西省委党史研究室、中共赣州市委党史工作办公室、中共龙岩市委党史研究室编《中央革命根据地历史资料文库·政权系统(6)》，中央文献出版社、江西人民出版社，2013，第426页。

⑤ 《闽西第一次工农兵代表大会宣言及决议案》(1930年3月24日)，载《闽西革命史文献资料》第3辑，1982，第190页。

第二章　中央苏区国有资产的来源

苏区的国有资产是中华苏维埃共和国经济的重要组成部分。中华苏维埃共和国的经济是国有经济、合作社经济和私人经济等多种经济成分并存的经济。这种经济结构，是旧中国农村革命根据地的必然产物。毛泽东在《我们的经济政策》中指出："现在我们的国民经济，是由国营事业、合作社事业和私人事业这三方面组成的。"对这三方面的经济成分，毛泽东和苏维埃政府采取了不同的政策。"我们的经济政策的原则，是进行一切可能和必需的经济建设方面的建设，集中经济力量供给战争，同时极力改良民众的生活，巩固工农在经济方面的联合，保证无产阶级对于农民的领导，争取国营经济对私人经济的领导，造成将来发展到社会主义的前提。""我们的经济建设的中心是发展农业生产，发展工业生产，发展对外贸易和发展合作社。"

而领导苏区经济、支撑苏区国有经济的国有资产，主要是依据红色政权法规，属于中华苏维埃共和国临时中央政府所有，产权明晰，分级和分部门监管的经营性资产、非经营性资产与资源性资产等资产的总和。

国有资产与国有资本是紧密联系但又有区别的两个概念。国有资产是国家拥有或者控制的能以货币来计量收支的经济资源，包括各种收入、债权、资本金和其他；国有资本是作为所有者的国家，投入生产经营，能产生经济效益的资金。资产体现为资本的实物与货币形态，而资本则体现为资产的货币化形态。二者相比，资本以营利为目的，资产兼具非营利目的；因此，资产的外延大于资本，但两者都具有保值、增值或贬值的功能属性。苏区的国有资产属于全体人民，是集中力量办大事的有效载体，是“将来发展到社会主义的前提”。它伴随着红色政权的建立而产生，在经济落后的农业区域和被敌人分割包围的战争环境中发展。它从无到有，点点滴滴都凝聚着苏区军民的鲜血、汗水与智慧。其规模虽然有限，但对于支援革命战争、粉碎国民党反动派的经济封锁、引领整个苏区经济的发展，发挥了极其重要的作用，是中国共产党的执政之基。中央苏区国有资产的来源主要有以下方面。

一、依法征收

国有经济是中央苏区经济的主要成分。其来源之一是没收银行、海关、铁路、航运、矿山、工厂等帝国主义在华资本和官僚资本，这是依靠政权的力量所取得的法定国有资产。

苏区国有资产及其管理的立法工作，基本上是与筹备苏维埃共和国的成立工作同步进行的。这种立法，包括政府机构的设立、经济政策的制定等，集中地反映了最广大人民群众反帝反封建的革命意志，体现了最广大人民群众的切身利益。这种立法既不同于社会主义法制，也不同于一切剥削制度，而是具有自己的显著特点。苏区的国有资产管理立法，必须服从于、服务于革命战争，巩固苏区的革命秩序，保障人民生命财产的安全和革命战争的顺利进行；必须有利于最大限度地动员战争资源，打破国民党反动派的军事“围剿”和经济封锁。

1930 年 2 月 4 日，中共中央发出关于召集全国苏维埃区域代表大会的通告，首次提出建立全国苏维埃中央政权以统一领导全国各地苏维埃区域斗争的构想。自此，中共中央将建立全国性苏维埃政权的任务摆上了议事日程，并开始了长达一年零九个月的筹备工作；在 5 月 20 日上海秘密召开的第一次全国苏维埃区域代表会议和全国红军代表会议上，讨论通过了《全国苏维埃代表大会宣言》《全国苏维埃代表大会政治决议案》等文件草案，确定了为建立全国工农民主政权而斗争的任务与策略；9 月中旬，在上海成立并召开的全国苏维埃代表大会中央准备委员会第一次全体会议上，又讨论决定了第一次苏维埃全国代表大会代表选举条例，以及准备提交大会的宪法大纲、劳动法、土地法、经济政策和关于红军问题决议案等草案；受中共中央委托，于 1931 年 1 月在江西宁都小布成立的苏区中央局，为中华苏维埃共和国的成立承担了选举与会代表、酝酿确定苏维埃中央政府组成人员名单、起草文件、制定法规、确定具体会址和会期等筹备工作。

此时，闽赣两省苏维埃政权纷纷建立，使中央苏区连成一片。在邓子恢、张鼎丞、曾山等同志的领导下，响应并落实中央部署，通过卓有成效的工作，积极开展了地方国有资产及其管理的相关法规政策制定工作，进行了有益的探索与实践。

1930 年 2 月 23 日，中共闽西特委《关于山林水利问题决议案》规定：在苏维埃区域内所有山林树木一律归苏维埃所有。

1930 年 10 月 7 日，江西省苏维埃政府成立大会发布的《江西省工农兵苏维埃政府布告》，宣布了苏维埃政府政纲。其主要内容是：驱逐帝国主义势力，收回九江庐山租界；消灭军阀制度，完成全省总暴动；消灭反动派的武装，武装革命工农群众，扩大红军一百万；执行全国苏维埃区域代表大会所颁布的土地暂行法，完成江西全省土地分配；帮助贫苦农民组织生产、贩卖、借贷合作社，增进农业生产；执行全国苏维埃区域代表大会所颁布的劳动保护法，实行八小时工作制；取消国民党的一切苛捐杂税，实行统一的累进税；没收军阀官僚及反革命分子的商店、工厂，保护遵守苏维埃法令的私人资本；保护妇女、青年、儿童的利益，保障革命群众集会、结社、言论、出版的自由；联络苏联及全世界无产阶级。

分别于 1931 年 11 月在中华苏维埃第一次全国代表大会上通过、1934 年 1 月在中华苏维埃第二次全国代表大会上修订通过的《中华苏维埃共和国宪法大纲》均明确规定："在苏维埃区域内，帝国主义的海陆空绝不允许驻扎，帝国主义的租界租借地无条件的收回，帝国主义手中的银行，海关，铁路，航业，矿山，工厂等，一律收归国有，在目前，可允许外国企业重新订立租借条约继续生产，但必须遵守苏维埃政府一切法令。"

"一苏大会"上，除通过了中华苏维埃共和国《土地法》《劳动法》外，还通过了全国苏维埃区域经济政策方面总的法律依据《关于经济政策的决议案》。该决议案从工业、商业、财政与税则、市政等方面制定了具体的政策。

《关于经济政策的决议案》，是经苏维埃中央政府主席毛泽东签署的苏区经济政策的总纲。其一系列基本原则，如没收帝国主义官僚军阀的一切经济命脉实行国有，保留资本家和旧业主的企业，发展苏维埃军工企业，保障商业自由，不实行对外贸易垄断，保障劳苦群众的供给，实行统一的累进税则，取消高利贷等各种债务，统一货币制度，改善城市贫民的居住条件等，切合苏区经济生活实际情况，有利于促进和保障苏区经济发展。决议案除个别地方含有"八小时工作制"的"左"的词句外，其大政方针、基本原则没有受王明"左"的影响。决议案通过和颁布后，苏维埃区域各地以此为法律依据，在经济建设运动中予以贯彻执行。中共江西省委于1932年5月作出了《江西省第一次工农兵苏维埃大会财政与经济问题的决议案》，中共福建省委于1933年6月作出了《闽粤赣党在经济战线上的任务决议》，各自都提出了相应贯彻措施的具体办法，号召广大苏区人民积极投入苏区经济战线斗争。

1932年8月，财政人民委员部《店房没收和租借条例》规定，"凡属军阀、官僚、豪绅地主、反动派、祠堂、庙宇、福会、公产及一切反动机关团体等所有的店房、作坊、摊寮，一律没收为苏维埃所有"；同年8月，财政人民委员部《关于矿产开采权出租办法》规定，

“一切矿产的所有权与开采权都属于国家”。

二、创办企业

苏维埃政府自力更生创办企业，通过经营积累形成国有资产。由于中央苏区地处经济落后的农村，并无多少外资以及大银行、大工业、大商业可以没收，因此，中央苏区的国营经济大多数只能是依赖各级苏维埃政府在经济建设中创办公营企业，积累资金，自力更生建立和发展起来。这是中央苏区国有资产来源的主体，它主要集中体现在经营性的资产中。“从发展国民经济来增加苏维埃财政的收入”，是“苏维埃财政政策的重要部分”。①

苏维埃政府从1932年春起就先后创办了中华钨矿公司等公营企业，据1933年中央财政人民委员部不完全的收入统计数据，也可略见当年国有企事业收入一斑：1—8月列入当时统计范围的主要国营企事业收入为107188元②，数额不大，但意义重大。这些收入对于解决日常军政供给发挥了重要作用，也反映了苏维埃政府在财源建设上已经有了良好的开端。

客观上说，中央苏区的工业基础比较薄弱，少量半机械化的军需工业是根据地创立后逐步建立起来的，苏区大量存在的是作坊式的手工业生产。按照经济成分划分，中央苏区的工业可以分为国有工业、集体工业和私营工业。中央苏区的国有工业主要是军需工业和矿产品开采业。另外还有中华商业公司造纸厂、瑞金纺织厂、于都通讯材料厂等小型工厂。

在发展军需工业的同时，中央苏区政府还积极发展民用工业，号召大家以股份制形式，创办了造纸、印刷、织布、制药、制糖、制盐、

① 江西档案馆、中共江西省委党校党史教研室编《中央革命根据地史料选编(下册)》，江西人民出版社，1982，第323页。

② 余伯流：《中央苏区经济建设》，中央文献出版社，2009，第150页。

煤炭、钨矿、造船、农具、种子、肥料（石灰）等公营工厂。据统计，到1934年3月，中央苏区的国营工厂发展到32个，产业工人将近万余人。[①]其中中央钨砂公司发展到近5000名工人，年产钨精矿1800吨左右，年出口创汇400多万元。[②]兴国、宁都、于都等苏维埃政府也办起了樟脑厂、锅炉厂、被服厂等一些小型的公营民用工厂。同时，为弥补苏区国营民用工业生产的不足，苏区政府把一些失业工人、有一定生产技能的小手工业者组织起来，通过自己筹集资金，积极发展小手工业生产、小作坊生产，包括织布、炼铁、农具、铸锅、造纸、石灰、砖瓦、铁器等几十个品种。

中央苏区的集体企业主要是各地兴办的生产合作社。苏区的合作社运动最初在1929年9月开始于闽西，随后，赣西南特委也提出加强生产、消费合作社建设。为引导和促进合作社的快速健康发展，1931年11月，苏区政府要求每乡至少要有一个粮食合作社、一个消费合作社；每区有一个信用合作社和重要生产部门的合作社。并规定，凡经县政府批准建立的消费合作社和生产合作社，可由县政府报告省政府，许可免税。1932年以后，苏区政府先后颁布了《合作社暂行组织条例》《合作社工作纲要》《发展合作社的大纲》《粮食合作社简章》《消费合作社标准章程》《信用合作社标准章程》《劳动互助社组织纲要》《关于组织犁牛合作社的训令》等文件，推动了苏区各类合作社组织的规范、快速发展。苏区时期的各类合作社，虽然各自的组织职能、成员规模、发展方式不同，但都坚持了进出自由的组织原则。经济合作组织的建立，不仅弥补了国营经济、稳定了物价、改善了供求关系，为经济困难者提供经济帮助，而且提高了社员的民主意识与政治素质。[③]长汀中华职业公司、中华织布厂等均具有这样的性质，据

---

① 余伯流：《中央苏区经济史》，江西人民出版社，1995，第172页。

② 余伯流：《中央苏区经济史》，江西人民出版社，1995，第182页。

③ 肖小华：《创新：中央苏区经济发展的驱动力》，《红广角》2016年第6期。

1934 年 2 月不完全统计，中央苏区共有各类生产合作社 176 个，工人 32761 人，股金 58552 元。①

三、发行公债

为了发展苏区经济、充裕革命战争经费，中央政府在 1932 年和 1933 年先后发行了两种公债：一是革命战争公债；二是经济建设公债。苏区广大军民热烈响应苏维埃中央政府的号召，圆满并超额完成了公债认购任务。

革命战争公债共发行两期。1932 年 6 月，苏维埃中央政府根据反"围剿"战争需要，发出了《发行革命战争公债短期公债券六十万元》的第九号布告，这期发行的短期革命战争公债，仅在 7 月一个月时间内就发行完毕。10 月，苏维埃中央政府发出《发行第二期革命战争公债一百二十万元》的第十七号训令。广大工农群众以及红军和革命职员踊跃认购，仅半个月时间，"发出一百二十八万元，比原定数目超出八万元"，超额完成了认购任务。革命战争公债推销完成后，不少工农群众（如中国店员手艺工人）纷纷提出将公债券无偿交还政府，不领本息，充分体现了苏区人民对苏维埃和革命战争的一片赤忱。

继革命战争公债完成之后，苏维埃中央政府根据瑞金、会昌、于都、胜利、博生、石城、宁化、长汀八县区以上苏维埃负责人和贫农团建议，又发行了一期经济建设公债300 万元。"这次公债与第一、二次公债发行不同，这次经济建设公债主要目的是为了发展苏区经济，建立革命战争的物质基础。"② 1933 年 7 月 22 日，苏维埃中央政府《关于发行经济建设公债的决议》指出："革命战争的猛烈发展，要求苏维埃动员一切力量有计划地进行经济建设工作，从经济建设这一方

① 余伯流、凌步机：《中央苏区史》，江西人民出版社，2017，第 842 - 845 页。

② 《中央政府秘书处——关于推销三百万经济建设公债宣传大纲》，1933 年 8 月 28 日。

面把广大群众组织起来，普遍发展合作社，调剂粮食与一切生产品的产销，发展对外贸易，这样去打破敌人的经济封锁，抵制奸商的残酷剥削，使群众生活得到进一步的改良，使革命战争得到更加充实的物质上的力量，这是当前的重大战斗任务。为了有力地进行经济建设工作，中央执行委员会特批准瑞金、会昌、于都、胜利、博生、石城、宁化、长汀八县苏维埃工作人员查田运动大会及八县贫农团代表大会的建议，发行经济建设公债三百万元。”①

发行经济建设公债决议颁布后，中央苏区迅速掀起了销购热潮。“在短时期内已得到了很大成绩”，出现了如瑞金的云集区、福建的才溪区和红坊区、中央印刷厂、红军学校、国家银行等销购公债先进单位。到1934年1月，“各地承认推销的公债早已超过了三百万”。中央发行的300万元经济建设公债，计划100万元用于红军作战费，200万元借给合作社、粮食调剂局、对外贸易局，发展赤白贸易，一部分用于发展生产。经济建设公债的成功发行不仅促进了苏区生产的发展，而且有力地推进了赤白贸易，改善了苏区军民的生活，增加了政府的财政收入，打破了国民党的经济封锁，奠定了革命战争和经济建设的坚实基础。

四、筹款与缴获

中华苏维埃共和国成立前后，战斗频仍。红军在粉碎敌人进攻、获得军需给养的同时，巩固扩大了根据地，大量的筹款、缴获的设备等物资运回了中央苏区，为中央苏区创办国有企业提供了一定的物质基础。

第一次至第四次反“围剿”战争的缴获。从1930年11月到1932年10月，苏区军民在毛泽东、朱德的领导指挥下，投入了四次反“围

① 《中央执行委员会关于发行经济建设公债的决议》,《红色中华》1933年7月22日。

剿”的伟大战争。

1930 年 11 月初，蒋介石纠集 10 万兵力，向中央苏区发动了第一次“围剿”。12 月 30 日，红军主力约 4 万人在毛泽东、朱德领导下，集结在苏区腹地伺机歼敌。在永丰龙冈全歼敌第十八师，活捉敌师长张辉瓒。接着，红军捕捉战机，乘胜追歼，在东韶再歼谭道源师一个旅。五天之内，两战两胜，歼敌一个半师，俘敌逾万，胜利地粉碎了敌人的第一次“围剿”。1931 年 4 月初，敌“二十万军重入赣”，向苏区发动了第二次“围剿”。红军主力在东固一带大山设伏，迫敌而居，隐蔽待机。5 月 16 日至 31 日，15 天中红军横扫 700 里，连打 5 个胜仗，歼敌 3 万余人，缴枪 2 万余支，并装备了 5 个无线电队，痛快淋漓地粉碎了敌人的第二次“围剿”。同年 7 月 1 日，蒋介石亲自出马“督剿”，调集 30 万兵力，长驱直入，分进合击，向苏区发动了第三次“围剿”。毛泽东、朱德率军避敌之锐，隐蔽集结，秘密穿插，历时 2 个月，歼敌 3 万余人，缴枪 1. 3 万余支，粉碎了蒋介石亲自指挥的第三次“围剿”。1932 年 10 月，蒋介石在结束对鄂豫皖和湘鄂西根据地的“围剿”以后，把重点转移到中央根据地。朱德以机动灵活的战略战术，指挥红军打了一个漂亮的歼灭战，取得了第四次反“围剿”的胜利。消灭敌人 3 个师，缴枪万余支、大炮 40 门、新式机枪 300 余挺。

东路军胜利攻占漳州。1932 年 3 月至 4 月，毛泽东等同志率领东路军主动出击，攻打漳州，这是苏区中央局在执行攻打中心城市“左”倾冒险计划的情况下，因势利导发动的一次取得了胜利的战役。这次战役，不仅具有军事上的意义，更具有经济上的重要意义。是役消灭了国民党军阀张贞的主力部队，筹集了大量的款项、物资，在军事上、经济上为第四次反“围剿”战争做了准备。

4 月 1 日，毛泽东等同志率领东路军总部到达福建长汀。随后在部署攻打漳州的会议上，毛泽东明确指出，攻取漳州主要目的是消灭军阀张贞部，发展闽南革命力量、筹款等，完成任务后即回师中央苏区。4月20日，经过激烈战斗，红军胜利攻占漳州城。全歼张贞两个旅，毙敌1674人，缴获步枪2331支、机枪9挺、山炮3门、迫击炮2门、步枪子弹13万发、各种炮弹4942发、炸弹242枚、飞机2架（一架毁坏，一架运回了中央苏区）、电话机10部。

红军入漳重要的任务之一是筹款筹物，为粉碎国民党的第四次"围剿"做好物质准备。因此，4月28日红军司令部召集总直属队连长、政指、队长、科长开会，布置筹款及运输工作。专门成立了筹款委员会，由红军财经处处长李富春和毛泽覃等同志负责，同时还请当地开明士绅及商会负责人参加。筹款主要从三个方面着手：一是没收土豪劣绅、反动分子的财产；二是应缴纳的税款；三是通过商会向工商业主募捐。在筹款过程中，红军严格执行了政策，例如：向大资本家蔡同昌派款募捐1000元，数额仅占其财产的百分之一；对陈嘉庚在漳州开的胶鞋店筹款时，因店经理破坏派款募捐，影响恶劣，但红军也只公平合理地没收了其相当于派款数额的胶鞋实物，事后陈嘉庚知道了，还说了红军的好话。至于国民党政府仓库的物资、张贞私办的民兴银行和兵工厂的设备、弹药等，则全部没收归公。

红军在漳州共筹得现款103万元、金银珠宝13担。此外，还筹集了大批食盐、药品、布匹、粮食、电话机、印刷机器、鞋子等物资。这些物资全部由闽西苏区来的运输队挑运回了中央苏区。其中所筹现款直接补充了苏维埃国家银行的资本金。[①]

组建东方军两次入闽，筹款百万，赤化千里。1933年7月1日，中革军委代主席项英发布《关于东方军之组织及干部配备和指挥关系的指示》，决定以红三军团和闽赣军区第十九师组成东方军，彭德怀兼任东方军司令员，滕代远兼政委。同时命令红三十四师及闽赣军区、

---

① 福建省龙溪地区中共党史研究分会编著：《中央红军攻克漳州资料选编（下）》，1982，第51－58、75－76页。

宁清归军分区所辖部队统归彭、滕就近指挥。东方军入闽作战缴获了大量物资和现金，有力地补充了中央苏区军需民用，为第五次反“围剿”战争提供了有利条件。当日，东方军主力1万多名指战员，在江西乐安县大湖坪举行东征誓师大会，提出“筹款百万、赤化千里”“创造百万铁的红军”“把红旗插到福建去，开辟新的根据地”的口号。2日，东方军从广昌兵分两路第一次入闽作战。在入闽作战的第一阶段宁化、清流、归化、连城作战中，共歼敌近5个团，俘虏敌官兵3300余人，缴获子弹40万发、手榴弹3000枚、无线电台3部，开辟和恢复了泉上、清流、归化、泰宁、将乐、连城、新泉、朋口、白沙及大洋坝等一大片苏区，赤化地域五六百里，巩固和扩大了闽西北和闽西苏区。8月19日《红色中华》报载《东方作战军的光荣战绩》一文中写道：“步枪2600支，重机关枪30架，轻机关枪60支，驳克手枪200支，钢帽千余顶。”在第二阶段沙县、将乐、顺昌、邵武、延平（南平）作战中，又缴获了机关枪4挺、火轮3艘、食盐15万斤，其他军用品无数。特别是在夏道、吉溪附近消灭增援延平之敌所缴获物资更是可观，机关枪3挺、步枪百余支、汽车2辆，击沉火轮1艘。接着又击溃2个营，缴获火轮8艘，其中子弹4船、其他军用品4船、食盐7万斤。在攻打延平外的芹山战役中，红军缴获了重机关枪6挺、自动步枪8支、其他军用品无数。外线出击入闽作战成果，月余时间共筹款约30万元、食盐24万斤、煤油600余桶，以及大量武器、粮食、布匹、药材等物资。

1934年1月2日，中革军委下达《对三、七、九军团之动作指示》，重组东方军再次入闽作战。在攻克将乐、归化、沙县、尤溪等战斗中，缴获各种枪支1800余支、火炮8门、子弹10万多发、炮弹2万多发、无线电台1部及2座兵工厂的全套设备。

东方军缴获的战利品、筹集的大量物资和现金，除部分补充消耗外，大部分运回苏区内地，为中央苏区补充了大批武器、弹药、食盐、药品、布匹和经费，缓解了中央苏区对这些物资的需求紧缺。时值第二次全国苏维埃代表大会在瑞金召开，大会给攻打沙县的部队拍发奖励电，称赞他们“在占领沙县的伟大胜利中，给予了第二次全苏大会以最光荣的礼物”。

第三章　中央苏区国有资产的分类

一、经营性国有资产

经营性国有资产，是国有资产的主体部分。中央苏区经营性国有资产，具有社会主义国家资产萌芽性质，主要分布在各级苏维埃政府管理的国有工业、国有金融、国有商业、国有粮食以及用国有资本引领创办的各种合作社等部门。当年中央苏区国有资本相对集中、经营性资产规模较大、由中央政府直接经营的业态：一是以中华钨矿公司为代表的国有工矿业；二是国有资本主导和引领的粮食调剂业；三是对外贸易商业；四是红色纸业和印刷出版业；五是以国家银行为代表的苏维埃金融业。

国有工业。尽管当时苏维埃政府的财政非常困难，但为了满足军民对工业品的需要，临时中央政府仍拨出资金来发展国有工业。据《红色中华》第 150 期报道，1934 年 2 月，中央国民经济部在汀州投资 10 万元，建立了中华织布厂，共有织布机 30 余台；同时投资 20 万元，建立了中华纸业公司；造船业的建设也在积极进行中。此前还建立了中华樟脑厂、中央造纸厂、中央硝盐厂、中华商业公司造纸厂等。

各地苏维埃政府因地制宜，利用当地资源办起了许多小型民用工业，如：兴国县办起了锅炉厂、樟脑厂、被服厂等，瑞金县办有织布厂、纸烟厂、缝纫厂等，宁都县办有博生纸业、夏布厂、纺织厂、草鞋厂、石灰厂等，于都县办有铁厂、铁矿、煤矿、石灰厂、造船厂、锅厂、碗厂、农具厂等，[1] 长汀县办有濯田炼铁厂、造船厂、弹棉厂、印刷厂、樟脑厂、斗笠厂、服装厂等。这些地方企业，不全是纯国营企业，相当一部分实行的是公营股份合作制形式。

国有商业。毛泽东1934年1月24日在第二次全国工农兵代表大会上的报告中说："我们有计划地组织人民的对外贸易，并且由国家直接经营若干项必要的商品流通，例如食盐和布匹的输入，食粮和钨砂的输出，以及粮食在内部的调剂等，现在是异常的需要了。"

国有商业的主要机构有苏维埃中央政府统管下的各级对外贸易局和粮食调剂局等。对外贸易总局主要负责苏区的外贸事宜，下设的赣县江口、吉安值夏、会昌乱石和闽西汀州等分局，则具体负责运营，并以粮食、钨砂、大豆、樟脑、纸张、木材等为大宗出口品，进口商品则以食盐、布匹、军工材料、医药器材和无线电器材等为主。

粮食调剂局主要负责粮食收购、储备、调剂价格和组织出口等事宜。在中央粮食调剂总局之下，各省、县及重要圩镇分别设局、分局和支局等机构。此外，还设立有专事生产、销售与采购的商业公司，如中华钨矿公司（1932年）、兴国樟脑股份有限公司（江西省属，1933年12月）、博生纸业公司（江西省属，1933年12月）与中华商业公司（1933年）等。

二、非经营性国有资产

中华苏维埃共和国的非经营性资产，主要是中革军委总供给部军事工业局所监管的军需工业，其次是国有交通运输、邮政、苏区

---

① 苏多寿、刘勉玉主编《曾山传》，江西人民出版社，1999，第58－82页。

党、政、军机构自建的办公用房及其所购置的设施、设备等非营利性的公共设施和财产，再次是战利品与罚没收归苏维埃政府所有的财产。

中央苏区一大批军需工业，构成了中华苏维埃共和国非经营性国有资产的主体。主要企业有中央兵工厂（官田兵工厂）、中央被服厂、中央印刷厂、中央造币厂、中央卫生材料厂、中央通讯材料厂、红军斗笠厂等。服从于战争需要，除了中央政府创办的军工企业外，各地也创办了许多军工企业。如闽北兵工厂、莲花兵工厂、赣东北兵工厂、粤赣军区兵工厂等。闽北兵工厂在 1933 年时全厂约有 300 人，1934 年“平均每月要造子弹十五万余发。炸弹由马尾弹改造为木柄的手榴弹，而且爆炸力增强了，平均每月能造炸弹和地雷一万个左右”。

非经营性国有资产还包含服务于政府、军队以及军民两用的邮电通信、交通运输等经济部门或企业。

三、资源型国有资产

主要是苏维埃区域内其所有权归属于苏维埃的矿藏、河流、森林、山岭等及其收益。1930 年 2 月 25 日《中共闽西特委关于山林水利问题决议案》规定：“没收来之茶山，由政府标价租与农民，或生产合作社经营。”1932 年 8 月，临时中央政府财政部先后颁布《矿产开采权出租办法》和《店房没收和租借条例》，规定：矿产出租采用招标办法确定租金；对没收反动资本家店房出租的租金，亦由苏维埃国产管理机构收取。各类租金及收益是中央苏区国有资产的重要收入之一，被统一列入中央财政收入。

对苏区国有资产的结构分类，是一个细繁复杂的工程。由于资料缺失的原因，加上中央苏区国资存续时间毕竟不长，今天我们已无法对当年的全部国有资产定量还原。只能通过上述分类方法对其定性分析，尽可能地再现这段光辉历史。随着史料的充实和研究的深入，苏区国资的结构与来源将会越来越清晰。①

① 对国有资产的分类，本书的分类方法与现在国务院分类的原理基本一致。2018年10月24日，国务院首次向全国人大常委会作国有资产“全口径”综合报告。新中国成立以来第一次分别介绍了企业国有资产（不含金融企业）、金融企业国有资产、行政事业性国有资产和国有自然资源资产情况：全国国有企业资产总额为183.5万亿元；全国国有金融企业资产总额为241.0万亿元；全国行政事业单位资产总额为30.0万亿元；对国有自然资源资产，分别报告了2017年国有土地面积、内水和领海面积、天然气剩余技术可采储量，文物普查全国不可移动文物、国有产权可移动文物的数量。

第四章　中央苏区国有资产管理体系

一、区域分工：中央与地方

从 1931 年 11 月中华苏维埃共和国临时中央政府成立开始，到 1934 年 10 月红军主力撤离中央苏区为止，中央苏区经济建设进入了三年蓬勃发展时期。按照“一苏大会”通过颁布的《中华苏维埃共和国宪法大纲》《中华苏维埃共和国关于经济政策的决定》等法规，出于红色政权生存和革命战争的需要，苏维埃政府大力发展各种可能的经济成分。中华苏维埃共和国的经济，包括了国有经济、合作社经济和私人经济。而国有经济在中央苏区的经济中则居于领导地位。在这一时期，苏区军民被广泛动员起来，为粉碎国民党反动派的军事“围剿”和经济封锁，开展生产自救。各种经济组织遍布苏区城乡，呈现出热火朝天、欣欣向荣的景象。对事关国计民生和大局的军需工业、国家银行、粮食流通、贵金属矿产、大宗进出口商品以及交通、通信、邮政等事业，由临时中央政府直接筹资经营管理；一般军需民用的各类小工厂、小作坊、小商店和小兵工修械厂（所），则放手支持各革命根据地的省、县、乡苏维埃政府或合作社以及私人创办、经营和管理。

在这一时期，诞生了完全意义上的国有企业。国有公营的工商企业在基础薄弱的条件下，迅速起步。国有工矿业企业的建立，除来自从敌人手里没收的外，主要依靠人民群众创办。极少部分的军需品是机器方式生产，大部分是作坊式的手工业生产；商业流通企业中，国有资本虽然规模不大，但通过对有限资本采取杠杆式的撬动，从而放大了资本规模，在引领工商企业发展中发挥了主渠道作用。

在这一时期，从临时中央政府到地方，各种经济政策的制定和管理机构的设置，迅猛向前推进。在以毛泽东为主席的中央执行委员会的领导下，与苏区生产流通水平相适应的国有资产监督管理体系逐渐成形，建立了分级分类运营与管理的国有资产机构。这些机构主要集中在人民委员会的财政部、国民经济部和中革军委的总供给部。苏区的国有资产和国有资产监督管理体系，成为中国共产党执政之基的重要组成部分。

（一）中央根据地

1. 财政人民委员部及其国产管理局

1931 年 11 月苏维埃临时中央政府成立后，即在中央人民委员会之下成立中央财政人民委员部（即中央财政部）。地点先在瑞金叶坪，后迁沙洲坝。但因中央财政人民委员（中央财政部部长）邓子恢当时还在闽东一带发动组织农民运动，未能到职视事，故起初中央财政部的内设工作机构并不健全。国产管理局的职责实际上由财政人民委员部直接掌管。1932 年 4 月 20 日，毛泽东率中央红军东路军攻占漳州，同日在芝山红楼会见邓子恢，代表中央政府当面敦促邓子恢赴瑞金工作。6 月邓子恢到职就任。此时中央财政部的内部工作机构才迅速建立起来。

1932 年 8 月 17 日，人民委员会第 22 次常会通过的《财政部暂行组织纲要》规定：在财政人民委员部之下，设立国产管理局，“国产管理局掌管关于国有山林、矿山、店铺、房屋、工厂、企业之经营，管理出租和各种租金之征收等事项”。

1933 年 12 月 12 日，《中华苏维埃共和国地方苏维埃暂行组织法草案》规定："市区苏维埃与区属市苏维埃之下组织下列各种经常的或临时的委员会，……国有财产委员会，委员三人至五人，其任务为管理国有财产，在有国有财产之市区或市属直属市组织之。"在乡苏维埃，设立"国有财产委员会"。在省县区市各级财政部之下，均设财政委员会。各级财政委员会要有国家财产管理科长参加。在省县区市各级财政部内应设国有财产科。"国有财产科，管理属于本部管辖的国有山林、矿山、店铺、房屋、工厂、作坊等国有财产之登记、整理及出租，借入公款的清查及登记、各种租金的征收。国有财产科之下，可以组织国有财产管理委员会。"至1933年底，中华苏维埃共和国已形成了较为完备的国有财产管理体系。

国产管理局的职责主要有：

（1）会同有关部门制定国有财产管理的政策、法规及规章制度，经批准后组织实施、检查、监督执行情况。当时制定的条例有《店房没收和租借条例》《苏维埃国有工厂管理条例》《矿山开采权出租办法》等。

（2）负责国有财产的清理登记工作。对没收国有的财产和划归国有的财产，包括国有土地、山林、河流、矿山、房屋、店铺等，实行清理、造册登记，以明确产权，进行管理，防止侵占、损失。

（3）负责管理工厂、店铺、作坊等国有企业。1934年4月中央政府发布《苏维埃国有工厂管理条例》规定国家工厂必须"确立经济核算制度，按月规定生产计划，与财政预决算"。国家工厂的预决算工作由国有财产管理局或科负责。

（4）负责以租金为主的国有财产收益收缴工作。《店房没收和租借条例》规定，"凡为苏维埃政府没收来的商店、作坊的房屋，商人作坊主要向县或市苏维埃政府重新订定租金，填写租据，按期交租"，"城市店租由县政府财政部直接收取"。《矿山开采权出租办法》规定，"凡由承租人必须向当地县政府订立租借合同，订明承租年限，应纳租金等”，并要“按月缴清”。以租金为主的国有资产收益，是苏区时期财政收入的重要组成部分。

（5）负责管理公家借款。苏维埃政府拿出部分资金，有偿使用，扶持国有工厂、商贸企业、私营业主扩展生产经营，帮助农村合作社发展农业生产。国有财产管理机构负责资金借出、登记、清理和回收等工作。

（6）协调与政府有关部门的关系，指导和监督地方国有财产管理机构的工作。

国产管理局除了管理职责外，还承担了苏维埃政府创办的公营工业商贸企业的一些经营工作。

苏区的国有财产主要有以下五类：

（1）收归国有的动产与不动产。中央苏区政府《关于经济政策决议案》提出，“为保障完全独立的苏维埃政府，将操在帝国主义手中的一切的经济命脉，实行国有（租界、海关、银行、铁路、船业、矿山、工厂等）”。1932 年 8 月，财政部发布的《店房没收和租借条例》规定，“凡属军阀、官僚、豪绅地主、反动派、祠堂、庙宇、福会、公产以及一切反动机关团体等所有的店房、作坊、摊寮，一律没收为苏维埃所有”。同时，“一切缴获要归公”是红军当时的战场纪律，缴获品也是国有财产的一大组成部分。

（2）苏维埃政府的公营工业。一是国有工业企业，中央政府建立了铁山垅钨矿、中华钨矿公司、中央造币厂、中央印刷厂、中央官田兵工厂、中央被服厂和织布厂等较大的工矿企业。据不完全统计，1934 年，中央革命根据地已建立了规模较大的国有工厂 32 个，职工达 2000 多人。二是国有商贸企业，主要有对外贸易局、粮食调剂局、中华纸业公司等，还有 10 多个国家药店和其他的国营商店。

（3）依法规定为国家所有的资源性财产。苏维埃政府规定，根据地范围内的矿山、山林、河流等自然资源归国家所有。

（4）苏维埃政府的财政性资金：一是财政部门直接管理的资金；二是中央银行的资本金。

（5）苏维埃政权内的党、政、军机构的办公用房、设备、器械、军需品等财产。

为了加强国有资产的管理，1934 年 4 月 24 日，财政部召集苏区各省县国家资产管理科长联席会议，并专门发布《整理国有资产建立国有财产管理科工作》的第十号训令。训令指出：

国有财产，是包括店房租、矿产租、国有山林、借出公款、没收物品收入，这是苏维埃财政收入重要部分之一，过去各级政府对这一工作一般没有注意，也没有专人管理，这在国家财政上是一个大损失。譬如店房租一项，各处只在城市收了一些，各圩场店租以及摊寮、油槽、纸槽、车寮、水碓等租金大部分没有开始，国有山林到处都没有设法拍卖，有些卖了却没有收到钱，如福建之杉木，瑞金之樟脑树，会昌、寻邬、安远、瑞金、宁化等处香菰（菇）山，年中出息不小，都不见多大款子交库，各地没收土豪物品，更是无人过问，财弃于地，如旧年南广泉区没收钢条几十条、红水泥几十桶、棺木板几百块，今年没收莲子四五千斤，雩都没收砖瓦百余万、钨沙（砂）十余担，石城没收茵陈千余斤、泽泻千余斤、木头几百根，这些东西都可以卖钱，但至今仍散放各处，没有拍卖，也没有人负责看管，会昌去年没收木头千余根，堆在河边，后来大部被水冲走，这不是苏维埃财政上的损失吗？至于老苏区，在过去财政未统一以前，借给合作社及私人之公款还是不少，仅兴国一县，已知道的就有四五万以上，其他如公略、万泰、胜利、雩都、赣县及福建之上杭、新泉等处，更不消说，这些公款统计起来，当在二三十万以上，但现在各级政府都没有人去登记整理，有些发生严重贪污，有些因不善于经营蚀了本，将来时间久了，这二三十万公款不是都会变成乌有吗？所有这些不能不说是财政上的损失，把这些国有财产登记起来、整理起来，增加国家财政收入，充裕战费供给，争取战争更大的胜利，是目前财政部中心工作之一。

…………

兹根据联席会议讨论的意见，指出国有财产科几个中心工作如下：

（1）店房租。店租须照店房没收与出租条例，立刻将城市及各圩场自去年起之租金收齐，先要把归政府没收之店房登记起来，从（重）新订定租金，要改正过去照原租打七折打对折的错误，有些藉口贫苦工农或红军家属免租者，要按情形补收，重新签订租据。万奉将店房分与小商人不收租是错误的，要马上收回令其交租。

（2）房租在城市中归苏维埃，没收之房屋或祠庙等出租与商人及无选举权分子住居的，须向他订定租金，按期收取。

（3）摊寮要实行征收。首先要召集各摊寮老板开会，按照各个摊寮好坏大小，地位当市不当市，分别订定租金，按期收取，其摊寮几个争租者，可用投票办法。

（4）油槽、纸槽、车寮、水碓归苏维埃没收的（已分配或应该分配给群众的不收租），应照工具多少，房屋大小好坏，分别订定租金，按期收取。去年的也须向（补）收，油槽打油工，须比（以）前减轻。

（5）上述各种租金，合作社应比商人减轻一半，并有优先租借权，至于免税的须按情形确定。①

这些政策措施的推行，使国有财产得到有效管理，为根据地的经济建设发挥了重大作用。

在党和苏维埃政府的领导下，苏区各级国有财产管理系统的工作人员吃苦在前、牺牲在前、廉洁奉公，使存量有限的国有财产发挥了最大效益，促进了国有经济发展，保障了革命战争经费与物资的供给。

---

① 中共江西省委党史研究室、中共赣州市委党史工作办公室、中共龙岩市委党史研究室编《中央革命根据地历史资料文库·政权系统（8）》，中央文献出版社、江西人民出版社，2013，第1636－1638页。

由于资料缺失等原因，中央财政部国有财产管理局及各省、县、区国有财产管理科负责人姓名不详。但从开国少将、曾任国务院商业部部长的范子瑜同志履历中可以看到，1935 年 2 月，范子瑜从湘鄂川黔省革命委员会财政部巡视员调任该部“国有财产科科长”，证明在苏区其他根据地，国有财产管理机构是齐全的。

2. 中革军委总供给部及其军事工业局

中革军委总供给部。1931 年 11 月，中华苏维埃共和国成立中央革命军事委员会（简称中革军委），下设总参谋部、总政治部、总经理部、总军医处。1932 年 9 月，总经理部改为总供给部。部长、政委分别由杨至成、叶季壮担任。下设机构主要有军事工业局（局长毛月生）、财政处（处长吴汉杰）、军需处（处长谭光延）、军实处（处长张元培）、军械处（处长胡治卿）、采购处（处长潭冠高）、审计处（处长张元寿）及供给学校（校长杨至成、宋奇峰）。总供给部的工作地点开始在叶坪乡洋溪村，1933 年 4 月迁驻沙洲坝杉山村野猪坪，1934 年 7 月迁至梅坑。1934 年 10 月中革军委机关离开瑞金开始长征时，总供给部编入军委第二纵队。

总供给部主要承担军需、军械等军用物资的计划征收、采买、生产和供应，经费的筹措和管理，以及各项供给标准制度的制定和执行等任务。在非常困难的条件下，有力地保障了红军的供应和前线作战的需要。1932 年 7 月，杨至成被任命为红军总供给部部长时，毛泽东称杨至成为“红军大管家”。遵义会议决议曾对总供给部的工作作过高度评价，称：“党在‘一切为着前线上的胜利’口号下，解决了红军财政上、粮食上和一切其他物质上的需要。”

军事工业局是总供给部的下设机构。军事工业局直辖红军被服总厂（第一分厂、第二分厂、第三分厂）、纺织总厂、中央兵工总厂（弹药厂、修造厂、杂械厂）、中央造币厂、中央交通材料厂、红军草鞋厂、弹花厂和斗笠厂等军需工业企业。

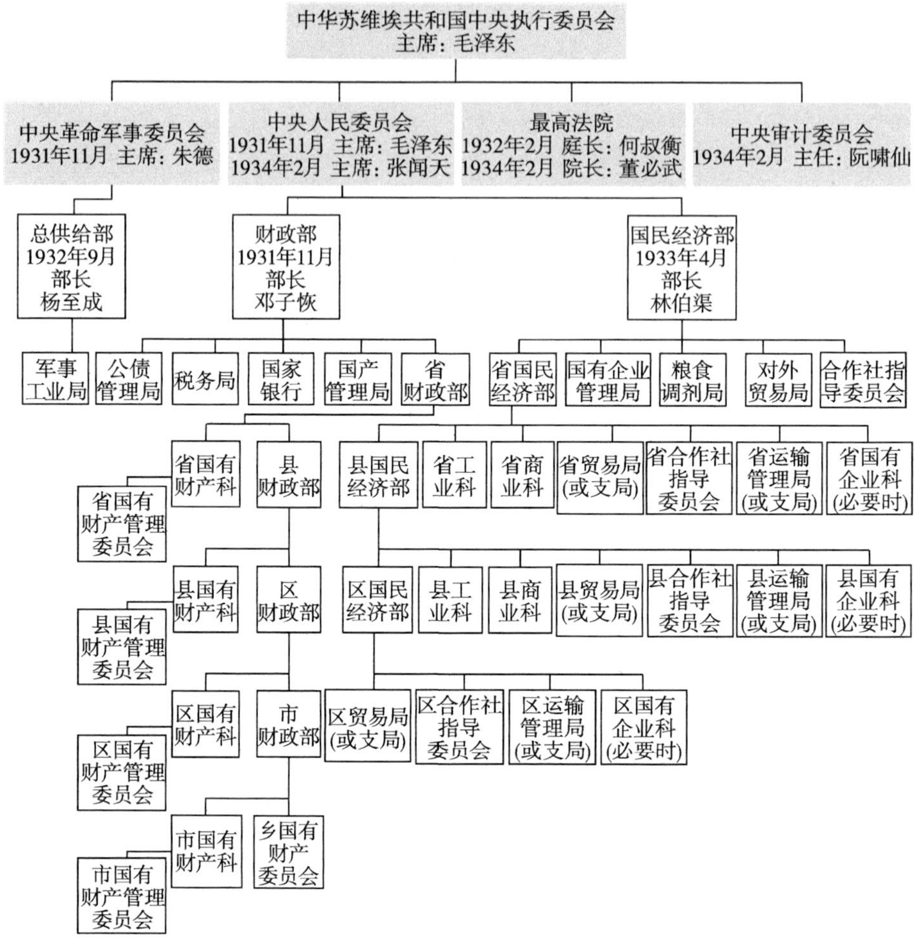

图 4－1　中华苏维埃共和国时期国有资产监督管理组织体系结构图

注：图中年月为机构成立或任职时间。

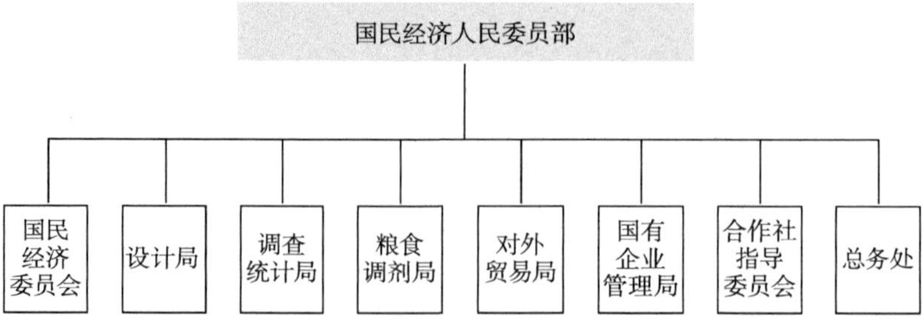

图 4－2　1933 年初国民经济人民委员部的机构设置

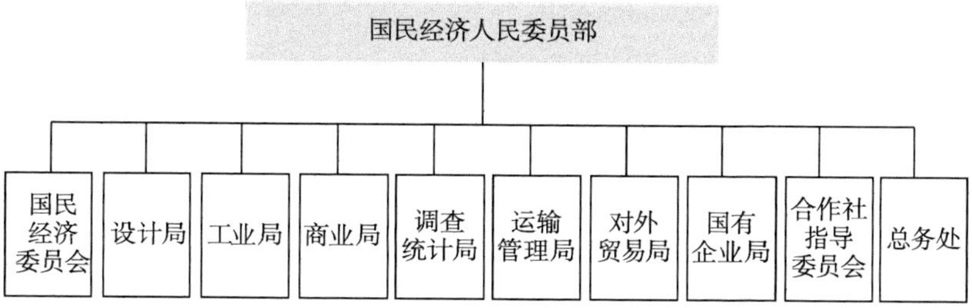

图 4－3　1933 年底国民经济人民委员部的机构设置

3. 国民经济人民委员部

国民经济人民委员部（简称国民经济部）是隶属于中央人民委员会的重要的经济管理部门，也是苏区国有资产和国有企业管理的综合部门。

1933 年 2 月 26 日，苏维埃中央人民委员会为加强对苏区经济建设的领导，决定成立中央国民经济人民委员部（简称中央国民经济部）。同年 4 月 28 日，临时中央人民政府人民委员会发布“关于设立各级国民经济部”的第 10 号训令，正式宣布成立中央国民经济部。该训令附录的《中华苏维埃共和国各级国民经济部暂行组织纲要》中规定：“国民经济人民委员部内暂时设立下列各局、处：（1）设计局；（2）调查统计局；（3）粮食调剂局；（4）合作社指导委员会；（5）对外贸易局；（6）国有企业管理局；（7）总务处。”该组织纲要还明确规定：“国有企业管理局，管理各种国有企业度量衡事宜。”

临时中央政府成立时，没有设立主管经济建设的专门机构。苏区经济建设缺乏统一的领导和计划协调，加上国民党反动派的经济封锁，苏区经济面临混乱，人民生活极其困难，军事斗争越来越残酷。面对日益严峻的形势，毛泽东号召苏区军民大力开展经济建设运动。为加强对苏区经济工作的领导，中华苏维埃共和国中央执行委员会批准中央人民委员会 1933 年 2 月 26 日第 36 次常会的呈请，决定建立坚强有力的机构，成立国民经济部。“专门讨论计划，建议关于发展国民经济的一切事宜”。部长先后由邓子恢、林伯渠、吴亮平等担任。

其中执掌国有资产管理的部门有：国有企业管理局、对外贸易（总）局、粮食调剂局和合作社指导委员会（机构职能由财政部移交）、调查统计局和总务处等工作机构。钱之光任中央对外贸易总局局长。4 月 28 日，临时中央人民政府人民委员会发布“关于设立各级国民经济部”的第 10 号训令，训令所附《中华苏维埃共和国各级国民经济部暂行组织纲要》中规定：“国有企业管理局，管理各种国有企业度量衡事宜。”

中央和地方各级国民经济部的成立，统一了苏区经济建设的领导和管理，建立了国有资产监督管理架构的雏形，体现了苏维埃中央政府对国有资产监督管理综合职能的强化，对苏维埃经济建设的发展起到了重要作用。国民经济部根据战时的经济特点，制定了经济建设的方针政策，对苏区农、工、商、矿和交通运输等各业实施了一系列调控措施，在调剂粮食、发行公债、发展工农业生产、扩大苏区内外贸易、加强交通运输管理等重要方面进行了卓有成效的工作，为发展苏区经济作出了巨大贡献。

国民经济人民委员部设在瑞金县沙洲坝村的两间普通民房里。国民经济部设部长、副部长各 1 人。邓子恢出任第一任国民经济部部长，由于邓子恢既任财政部部长，又兼任国民经济部部长，不久，就由林伯渠接任国民经济部部长，吴亮平为副部长。1934 年 1 月，第二次全国苏维埃代表大会召开，吴亮平在会上当选为第三任国民经济部部长，不久，又增补严朴为副部长。

在人民委员会下，还设立了由内务部管理的中央邮政局、运输管理局、中央交通局等机构。

4. 国有企业管理局

国有企业管理局是国民经济部监管国有企业的下属机构。1933 年 2 月 26 日，苏维埃中央人民委员会为加强对苏区经济建设的领导，决定成立中央国民经济人民委员部，并委任财政部部长邓子恢兼任中央国民经济部部长。4 月 28 日，临时中央人民政府人民委员会发布“关于设立各级国民经济部”的第10号训令，正式宣布成立中央国民经济部。林伯渠接任部长，吴亮平任副部长，后来林伯渠调任财政部部长，吴亮平在第二次全苏大会后接任国民经济部部长。该训令附录的《中华苏维埃共和国各级国民经济部暂行组织纲要》中规定：

国民经济人民委员部内暂时设立下列各局处：

（1）设计局；

（2）调查统计局；

（3）粮食调剂局；

（4）合作社指导委员会；

（5）对外贸易局；

（6）国有企业管理局；

（7）总务处。

该组织纲要还明确规定：

国有企业管理局，管理各种国有企业度量衡事宜。

省以下各级国民经济部，初期未设立国有企业管理部门。但在1933年12月12日颁布的《中华苏维埃共和国地方苏维埃暂行组织法（草案）》中规定：

各级国民经济部之下，设设计科、工业科、商业科、调查统计科、合作社指导委员会、运输管理局（或支局）、贸易局（或支局），必要时设国有企业科，但区一级必要时不设工业商业两科。

…………

国有企业科，管理各种国有企业经营。

过去由财政部国产管理局所履行的管理国有工商企业的职能，此时实际已经转到了国民经济部国有企业管理局。

国民经济部是中华苏维埃共和国中央政府的经济管理机关，它成立时间虽晚，但开展了卓有成效的工作。国民经济部在组织苏区经济建设、支持革命战争中发挥了重要作用，在领导苏区经济工作方面进行了有益的探索。

（二）辖区及其他根据地

财政人民委员部。各级地方苏维埃政府设立了相应的国产监管机构。1933 年 12 月 12 日颁布的《中华苏维埃共和国地方苏维埃暂行组织法（草案）》规定："省县区市各级财政部之下设立会计科、税务科、国有财产科。"并规定："国有财产科，管理属于本部管辖的国有山林、矿山、店铺、房屋、工厂、作坊等国有财产之登记、整理及出租，借入公债的清查及登记、各种租金和征收。国有财产科之下，可以组织国有财产管理委员会。"省、县、区、市国有财产科均设科长 1 人。

对于市、乡苏维埃政府的国有财产监管机构，《中华苏维埃共和国地方苏维埃暂行组织法（草案）》规定：市苏维埃政府之下，可设立"国有财产委员会"，"委员 3 人至 5 人，其任务为管理国有财产，在国有财产之市区或市属直属市组织之，无国有财产者则不须组织"。乡苏维埃政府之下，亦可设立"国有财产委员会。委员 3 人至 5 人，其任务为管理国有财产，只在有国有财产之乡组织之"。市、乡苏维埃政府之国有财产委员会组织人员，均为不领生活费的不脱产人员。至 1933 年底，从中央到地方的中华苏维埃共和国国有资产监管体系已经形成。

国民经济人民委员部。省以下各级国民经济部，初期未设立国有企业管理部门。但在 1933 年 12 月 12 日颁布的《中华苏维埃共和国地方苏维埃暂行组织法（草案）》中规定，"各级国民经济部之下，设设计科、工业科、商业科、调查统计科、合作社指导委员会、运输管理局（或支局）、贸易局（或支局），必要时设国有企业科，但区一级必要时不设工业商业两科”，并规定，“国有企业科，管理各种国有企业经营”。

为了使有限的财力最大限度地为革命战争和根据地建设服务，鄂豫皖苏区党和政府也十分重视建立和健全各级财政机构和财政管理制度，实行严格的财政纪律，大力开展节约运动，并采取了一系列有力措施。① 一是建立和健全各级财政机构。在鄂豫皖各级苏维埃政府财政经济委员会下，均设有会计科、设计科、建设科和税务局等管理财政的机构。其中会计科负责管理财政收支、审查财政账目、制定预决算。设计科负责制订各种财政经济计划和条例。建设科负责苏区各项建设。税务局则负责征收各种税款。各级财政经济委员会还必须接受同级工农监察委员会的监督。二是建立和健全财政管理制度。苏维埃政府财政经济委员会规定，实行统一集中的原则，一切财政事项必须统一到财政经济委员会，反对各自为政的现象。没有法令上的规定和财委会的委托，个人或组织不得随意开支或取款、领款。财政上的权力集中到省苏维埃政府财委会，下级财委会服从上级财委会。三是实行必要的财政纪律。为了管理好财政，各级苏维埃政府提倡节俭，反对浪费，制裁贪污。鄂豫边各县苏维埃联席会议曾议决，“绝对反对浪费金钱”，“严禁苏维埃政府工作人员拿公家的款项滥吃滥喝”，“如发现一元至三元经济不清者，受书面警告，三至十元者，即受革命纪律处分”。② 鄂豫皖苏区对机关工作人员伙食津贴规定每人每天不得超过 1 角，要求“苏维埃工作人员生活最高限度不能超过农民水平”。1931 年 8 月，鄂豫皖特区苏维埃政府财政经济委员会发出《集中财

① 李良明：《中国共产党在鄂豫皖苏区局部执政的历史经验》，《苏区研究》2018 年第 12 期。

② 《鄂豫边各县苏维埃联席会议决议案》（1929 年），转引自李良明、田子渝、曾成贵主编，曾成贵、徐凯希著《湖北新民主革命史（土地革命战争时期卷）》，华中师范大学出版社，2008，第 223 – 224 页。

政，注意节约》的通令，规定各机关团体不得用好油光纸扎花彩，不得用好纸糊墙，不得用洋烛，尽量用油灯，不得亮灯睡觉等。禁止用公款买自来水笔、手电筒，哪怕是一张纸也不能浪费。四是开展群众性的节约运动。粮食是苏区军民赖以生存的重要物资，也是保障革命战争胜利的重要条件之一。根据地党和政府十分重视节省粮食，以减少财政支出，多次开展粮食运动周，号召广大群众开展每家每日节省1合米的活动。

二、顶层建制：机构设置与财政完善

为了对国有资产进行有效管理，中央苏区政府非常注重机构设置的完备，建立统一完善的财政经济制度。

（一）体系相对完备

1. 粮食调剂总局

在中央苏区的商业流通活动中，最重要的商业活动是国有资本主导、人民群众合作社股金广泛参与的粮食调剂活动。

粮食是后勤保障的基础，粮食问题，是苏区民众和红军指战员赖以生存的大事情。红色政权建立不久，便成立了粮食合作社和粮食调剂局。1930年6月14日，闽西苏维埃政府发布《关于组织粮食调剂局问题》第十号公告，成立了闽西苏维埃政府粮食调剂局，这是中央苏区具有首创意义的第一个粮食调剂机构。1933年4月28日，中华苏维埃共和国临时中央政府人民委员会第十号训令，决定成立国民经济人民委员部，下设粮食调剂总局等机构，由吴亮平任总局局长。4—5月，中央苏区在江西、福建共设立了5个省级调剂局，60个县、区两级调剂局，各县及中心城镇也纷纷建立了粮食调剂局或粮食合作社，迅速开展了粮食收购、储存、调剂和组织出口的业务。

粮食调剂局的设立，有力地打击了奸商的中间盘剥，平抑了粮食市场价格，保障了中央苏区军民粮食的供应，取得了令人瞩目的重大成绩。1933 年中央苏区粮食调剂局储粮达 25 万担，保证了军民用粮，稳定了社会秩序，打破了国民党的经济封锁。

1934 年 1 月，第二次全国苏维埃代表大会决定增设中央粮食人民委员部，任命陈潭秋为部长，下设备荒科、仓库保管科、粮食调剂局、红军公谷保管委员会、土地税谷保管委员会和粮食合作指导委员会等工作机构，进一步加强了苏维埃政府对粮食生产和供应的领导和管理。

2. 对外贸易总局

对外贸易总局，又称中央对外贸易总局，成立于 1933 年 4 月，是国民经济部的工作机构之一。对外贸易总局统管苏区外贸业务，是苏区打破经济封锁、推进对外贸易的领导和管理机构。外贸总局设在瑞金河背南门冈。

1933 年 4 月，中央政府发布的中华苏维埃共和国《各级国民经济部暂行组织纲要》，规定在各级国民经济部之下设立的对外贸易局的任务是，负责“管理苏区对外贸易事宜，设法打破封锁，保证苏区境内的生产品与境外的商品，得有经常的交换，消灭农业产品与工业生产品的剪刀差现象”。毛泽东要求对外贸易局：“打破敌人的经济封锁，发展苏区的对外贸易，以苏区多余的生产品（谷米、钨砂、木材、烟、纸等）与白区的工业品（食盐、布匹、洋油等）实行交换，是发展国民经济的枢纽。”①

对外贸易总局由钱之光任局长，副局长是江阿明。下设业务科、采办科、会计科、出纳科、保管科、管理科。相继在赣县江口、长汀、会昌筠门岭以及罗塘 4 个地方设有对外贸易分局，并在 10 个重要出口地设立了采办处。对外贸易分局和采办处负责开展具体经营业务，从

---

① 《中华苏维埃共和国中央执行委员会与人民委员会对第二次全国苏维埃代表大会的报告》（1934 年 1 月 24 日、25 日），载江西档案馆、中共江西省党委校党史教研室编《中央革命根据地史料选编（下册）》，江西人民出版社，1982，第 341 页。

而在赤白交界地带秘密构建起了一个对外贸易网。

对外贸易局在中央苏区运营一年半时间里，沟通赤白贸易，积极组织货物进出口，实行了灵活多变的对外贸易政策，使苏区的樟脑、钨砂等销往白区，而食盐、布匹、西药等紧缺物资不断地运进苏区。对外贸易局在打破敌人残酷的经济封锁、缩小工农产品“剪刀差”、保障军需民用物资的供给等方面，成为红色区域与白色区域商品交换的枢纽，作出了重要贡献。

3. 国家银行

在“第一次苏维埃代表大会”颁布的《关于经济政策的决议案》中，决定成立国家银行，统一货币发行，统一金融政策。该决议案的要点有：（1）取消和废止一切高利贷，取缔当铺，为发展生产、便利资金周转，可实行低利借贷。（2）成立国家银行及其分支机构，支持公营事业、合作社、手工业者、小商人发展经济，为穷苦群众谋利益。（3）发行苏维埃货币，对暂时保留的旧货币加强管理，开展货币兑换业务。（4）实行统一的货币制度和货币政策。（5）对私人银行、钱庄由苏维埃代表进行监督，禁止其发行货币及从事非法活动，将帝国主义、官僚资本主义银行收归国有。

1932 年 2 月 1 日，新生红色政权下第一个具有政府职能性质的银行——中华苏维埃共和国国家银行在瑞金叶坪正式成立，行长毛泽民。国家银行是在吸取闽西工农银行、江西工农银行等地方银行成功经验的基础上创办的，创办之初的 100 万元资本金，源于财政国库预算拨付和“漳州战役”胜利缴获与筹款。国家银行隶属财政部。

根据临时中央人民政府人民委员会 1932 年颁布的《中华苏维埃共和国国家银行暂行章程》第一条规定，国家银行的宗旨是“巩固苏维埃金融，帮助苏维埃经济发展”。国家银行的职能是：统一货币、统一财政税收、吸收存款和发放贷款，代理国库出纳，代理政府发行公债及还本付息等事宜，保障中央苏区的经济运行和货币流通，支持苏区生产与贸易，为苏区政权建设提供经济金融保障，“按照市场需要的原则发行适当数量的纸币，吸收群众的存款，贷款给有利的生活事业，有计划地调剂整个苏区金融，领导群众的合作社与投机商人作斗争，这些都是银行的任务”。[①]

4. 公债管理局

公债管理局是财政部的下设机构。发行公债，是苏维埃政府依靠群众获得国有资本的重要途径之一。

受临时中央政府委托，国家银行继1932年6月成功发行革命战争公债后，又代理发行了经济建设公债300万元。1933年7月，苏维埃中央执行委员会作出《发行经济建设公债的决议》，同时颁布《发行经济建设公债条例》，公债“以三分之二作为发展对外贸易，调剂粮食，发展合作社及农业与工业的生产之用，以三分之一作为军事经费”。偿付公债本息的资金来源，原计划为粮食调剂局、对外贸易总局及其他国营企业所得利润，但还本付息工作因主力红军撤离中央苏区而中断。未偿还的公债本息延至新中国成立后，由中国人民银行兑付完成。

> 为着发展国营经济和帮助合作社经济，我们在群众拥护之下，发行了三百万经济建设公债。这样依靠群众的力量来解决经济建设的资金问题，乃是目前唯一的与可能的方法。[②]

发行经济建设公债，将公债转为国有资本，继而以国有资本投资兴办国有企业，引领创办各种合作社等，对引导商业繁荣、打击奸商盘剥、粉碎经济封锁、保障军民生活发挥了积极作用。当年遍布城乡、社会广泛参股的各类合作社，是灵活运用国有资本、依靠群众并造福

① 毛泽东在第二次全国苏维埃代表大会上的报告，1934年1月。

② 毛泽东：《我们的经济政策》，载中共中央文献研究室、中国井冈山干部学院编《毛泽东江西革命斗争时期著作选编》，中央文献出版社，2010，第96页。

苏区军民的伟大创举。

苏维埃临时中央政府通过国家银行，发行革命战争公债和经济建设公债，是红色政权缔造“国家信用”的伟大尝试，苏区军民踊跃购买公债，是对中国共产党执政信念之寄托。16 年后，随着毛泽东按下北京天安门上的电钮，中华人民共和国五星红旗在广场上冉冉升起，中国共产党和人民政府最终没有辜负人民的期盼与信任，实现了人民心中的梦想。

5. 合作社指导委员会

合作社指导委员会原属财政人民委员部，后来移交国民经济部，在苏区是一个非常有建树的重要部门。

各类合作社是在国有资本引领下，苏区军民参与度最广、社会影响面最宽、商品流通量最大、经营方式最活的经济组织。合作社经济是国营经济外中央苏区经济的另一主要成分。作为一种以群众集股合作经营与政府贷款扶植为主要特征的股份制普遍发展的集体制经济形式，进而成为“发展苏维埃经济的一个主要方式”，在苏区经济社会生活中扮演了重要的角色。合作社早在井冈山斗争时期就有了，后来在中央苏区得到了广泛而迅速的推广。其形式有生产合作社、消费合作社、粮食合作社、纸业合作社、信用合作社等。合作社实行群众集资、经济互助，抵制商业资本家剥削，受苏维埃政府保护。1932 年是各苏区经济建设取得实质性突破和进展的重要年份。据当时的统计：江西发展生产合作社 243 个，促进了纸、茶、竹、烟等产业发展；湘赣成立了生产合作社 60 余个，新开办了樟脑、纸厂、煤炭及石膏厂等企业；赣东北合作社有 6 万名社员，月营业额达 10 万元，纸厂每天出纸 500 刀，可满足全苏区所需，且每月可获利 300 元，另外还设立了 2 个煤矿、5 个锅炉厂、1 个纺织厂，收容了许多失业工人。①

① 余伯流、何友良主编《中国苏区史》，江西人民出版社，1991，第 869 页。

到1933年9月，江西、福建两省17个县的消费合作社和粮食合作社共有1423个，社员成分以农民、手工业工人占绝大多数，合作社形式多种多样，有合作药店、贫农合作社、妇女合作社等。股金从五角起到1元，每人不得超过20股（或30股），共有股金355510元。

6. 中央邮政总局

1930年赣西南苏维埃在原地方交通站的基础上，成立了赣西南赤色邮政总局（后改名为江西邮政总局），下设赣南分局，县设支局，区设交通站；福建成立了闽西赤色邮政（由闽西苏维埃交通总局统管）。1932年4月，中华苏维埃共和国邮政总局在原“苏区中央邮政局”的基础上成立，隶属内务人民委员部。设有局长、秘书、巡视员以及总务、财务、邮务、审计、供应等处及3个通信班，最多时达100多人。成立之初内务部颁布了《中华苏维埃共和国邮政暂行章程》，规定了统一组织和统一办法，使邮政工作很快走上规范轨道。邮政总局除领导全国苏区邮政工作外，兼办邮政业务，开展普通邮件、挂号邮件、快递邮件、信汇、包裹等业务。邮政总局和总政治部密切配合，成立了红军总信柜，提供军邮服务。苏区邮政全面担负着革命报刊发行工作，当时中央苏区出版的《斗争》《红色中华》《红星》《红星画报》《苏区工人》《青年实话》《红旗》等60余种报刊，主要通过邮政系统发行。

到1933年，形成了以瑞金为中心的通信网络。在中央苏区全盛时期，共辖有95个县局，建立起了从中央到省、县、市镇的邮政机构，统一了中央苏区的邮政管理和运行系统。据1933年12月不完全统计，中央邮政总局及其直属分局和江西、福建、粤三省，共有邮政工作人员1931人，其中江西省704人，福建省总局及直属分局有107人。

从1932年下半年起，苏区内部逐步建立了军民两用的有线电话通信业务。1933年4月在瑞金叶坪成立了中央电话局，电话电讯业务由瑞金延伸到各省苏维埃政府驻地，架设了从瑞金通往各省苏维埃政府驻地、一些重要县以及中央单位间的电话线路。苏区内的战斗指挥、部队调动、后勤保障、政权建设和支援前线等通信联络任务，主要靠有线通信。

电台的设立始于1931年1月，红一方面军总司令部组建了无线电队，开办了红军第一期无线电训练班，建立了红军电台。9月下旬，利用缴获的国民党军队电台与上海党中央建立了无线电沟通联络。苏区中央局、红军总部及红三军团、红十二军团等均设有电台。次年，中央苏区又先后与鄂豫皖、湘鄂西、湘鄂赣、湘赣和闽浙赣等苏区取得了无线电通信联系，初步形成了中央苏区与其他各主要苏区的无线电通信网。无线电台不仅担负着中央苏区与中共中央以及其他各主要苏区之间的通信联络任务，还肩负着对敌无线电侦察的工作。毛泽东在回顾十年红军历史时曾经指出："由于无线电的存在，纵使我们在农村环境中，但我们在政治上却不是孤立的，我们和全国全世界的关系是很密切的。同时，纵使革命在各个农村是被分割的，而经过无线电，也就能形成集中的指导了。"

7. 运输管理局和中央交通局

1933年5月以前，中央苏区的水陆交通运输、邮政均由内务部负责。从5月开始，运输部分划归国民经济部领导，路政、邮电仍归内务部管辖。同年，国民经济部在瑞金设立了运输管理局，制定了《运输管理局暂行简章》，在各交通运输要道设运输分局或运输站，成立了国有运输队、合作运输队和民间运输队。国民经济部还建立了中央交通材料厂，积极发展造船业。为沟通苏区内外商贸往来，动员群众修筑了数千里的运输道路。

中央苏区地处山区，道路狭窄不平，河道堵塞，交通不便。为便于苏区军需物资运送和适应对外贸易需要，苏区军民逢山开路、遇水架桥造船，筑路修桥造船成为苏维埃政府的重要工作。据江西省苏1932年11月报告，兴国、宁都、永丰、万泰、安远等县都修好不少道路和桥梁，在一定程度上改善了中央苏区的交通状况。长汀濯田造船厂速度最快时，一天可造一条小木船。1933 年 11 月，苏维埃临时中央政府发布训令，规划在中央苏区范围内修筑 22 条干路，同时疏通河道，规划以瑞金为中心，纵横交错，覆盖了赣南、闽西苏区的主要县城，可沟通中央苏区内的江西、福建、闽赣、粤赣和赣南 5 个省，还能连接湘赣、闽浙赣苏区。为实施这一规模宏大的规划，中央政府作了周密部署，提出了具体的施工标准、修路办法、时间要求，作出了组织动员和经费安排。由于第五次反“围剿”战争的影响，修筑干路、疏通河道的规划未能全部实现。

（二）重视财政经济

财政人民委员部（简称财政部）是隶属于中央人民委员会的重要的经济管理部门，也是苏区国有资产和国有企业管理的综合部门。

1931 年 11 月苏维埃临时中央政府成立后，即在中央人民委员会之下成立中央财政人民委员部（即中央财政部）。但因中央财政人民委员（中央财政部部长）邓子恢当时在福建白区工作，未能到职视事，故中央财政部的工作机构不健全。直到 1932 年 6 月邓子恢到职就任后，中央财政部工作机构才健全起来。

1932 年 8 月 17 日，中央人民委员会第 22 次常会讨论通过了《财政部暂行组织纲要》。纲要规定：“财政人民委员部之下，暂时设立会计处，审计处，总务处，税务局，公债管理局，钱币管理局，国产管理局，合作社指导委员会。”纲要规定中央财政部国产管理局的职责是“掌管关于国有山林，矿山，店铺，房屋，工厂，企业之经营，管理出租和各种租金之征收等事项”。

财政部于 1931 年 11 月成立，初期下设机构并不健全。1932 年 8 月财政部部长邓子恢从闽西到任以后着手完善部门机构。当时，财政部内执掌国有资产管理的机构有：国有财产管理局（其中国有企业管理的职能后来移交国民经济部的国有企业管理局）、公债管理局、税务局（局长李六如）、没收征发局（局长邓子恢兼）、国家银行与合作社指导委员会（其机构职能后来移交国民经济部）等。1933 年 4 月，财政部随临时中央政府迁往沙洲坝。8 月，改任林伯渠为部长，邓子恢为副部长。

中央财政部是苏区财政金融、国有资产工作的领导和管理机构。在苏区财政极其困难的条件下，积极筹措资金，增加收入，同时合理分配有限的财力和物力，保证了革命战争的供给和苏维埃政府的支出。中央财政人民委员部的成立，确立了自上而下的财政管理系统，苏区开始统一财政管理的工作。邓子恢领导财政部和国家银行，从建立国库制度和统一的预决算制度入手，采用统一的记账制度和会计制度，统一税收，统一收支，统一审计，逐步规范了苏区的财政管理和金融秩序。

1. 苏维埃政府财政收入与支出

“苏维埃的财政政策，建筑于阶级的与革命的原则之上。因此苏维埃的财政来源，乃是（1）一切封建剥削者进行没收或征发，（2）税收，（3）国民经济事业的发展。”① 中央苏区财政收入的来源在不同的历史时期随着革命斗争的形式发生了一定程度上的变化，但总体上来看，财政收入的来源是趋于多样化与稳定化的态势。1931 年 11 月苏维埃中央政府成立前，中央苏区的财政收入主要依靠“向一切剥削者筹款”。这里的剥削者主要包括土豪、地主、富农、商人，同时也用区别对待的方式来筹款，发动贫民打土豪分田地、筹款，对地主征发、没收和罚款，向富农和商人发动捐款等多种形式。“在革命根据地初创时期，打土豪筹款是红色政权经费的主要来源。红军每到一地，都要发动贫苦农民打土豪，分田地，分浮财，筹款子。”② 中国工农红

① 许毅主编《中央革命根据地财政经济史长编（下册）》，人民出版社，1982，第 449－450 页。
② 余伯流：《中央苏区经济史》，江西人民出版社，1995，第 381 页。

军第十二军政治部在1931年10月13日曾颁布过《筹款问题训练大纲》，其中的内容包含筹款工作的方方面面，对于红军的筹款工作有着重要的指导意义，从中可以感受到筹款是作为当时红军和地方政府财政收入的重要来源。

苏维埃中央政府成立后，革命根据地进入巩固时期，中央苏区开始着手建立统一的中央财政，统一税收制度，开始把税收作为政府财政收入的重要来源。1931年11月28日，苏维埃中央政府通过了《关于颁布暂行税则的决议》（以下简称《暂行税则》），为政府的税收征缴工作提供了法规依据。《暂行税则》规定，“征税的种类分为商业税、农业税、工业税”[①]，并从1931年12月1日开始征收。“苏维埃的税收是统一的累进税，现在简单的两方面实行，这就是商业税和农业税，税收的基本原则，同样是重担归于剥削者；商业税的征收，分为关税和营业税，关税是以按照苏区的需要程度统制货物的进出口为目的，因此税率有完全免征的，有高至百分百的，营业税即是商业所得税，按照商业资本大小盈余多少征收统一的累进税；农业税依靠于农民的革命热情，使之自愿的纳税，同样是累进原则的征收法，贫农中农税轻，富农税重，雇农及红军家属免税，被灾区域按灾情轻重减税或免税。”[②] 从上面可以看出苏区的征税有较大的灵活性与阶级性，这不仅保证了税收的征收，而且体现了苏区政府代表广大农民工人的利益取向。

当然，中央苏区政府财政部在大力开展征税的同时，仍然对打土豪筹款的政策十分重视。针对苏区的实际情况，提出：“打土豪筹款在目前还是很大的出路，凡是新发展区域或老苏区的土豪未肃清的，

---

① 余伯流:《中央苏区经济史》,江西人民出版社,1995,第388页。

② 江西省档案馆、中共江西省委党校党史教研室编《中央革命根据地史料选编(下册)》,江西人民出版社,1982,第323页。

都是我们财政的极大来源。”① 与此同时，积极发展国民经济事业也是中央苏区各级政府增加财政收入的重要来源。在中央苏区，发展公营经济、对外贸易、合作经济以及扶持私营经济均是国民经济事业的重要组成部分。为此，中央苏区政府大力创办了中央被服厂、中央印刷厂、中央造纸厂、中央钨砂公司、中华商业公司等国营企业，“到1934年3月，中央苏区的公营工厂已达32个”②。同时，苏维埃政府还积极发展对外贸易，不仅有助于打破国民党的经济封锁，也为政府增加了税收。有鉴于此，第二次全国苏维埃代表大会报告强调：“苏维埃的对外贸易局与各种商业机关，必须更加健全起来。同时鼓励私人商业，使他们输出和输入各种商品而努力。”③ 中央苏区积极鼓励发展经济的政策，支持商业发展，一方面有利于摆脱国民党经济封锁带来的财政困境、改善中央苏区人民的生活环境，另一方面也有利于增加苏区财政收入。

政府财政收入有了保障，必然为红军的发展壮大及各级政府的正常财政支出项目提供重要支撑。是故，在纪念中华苏维埃共和国临时中央政府成立一周年大会上，毛泽东在大会报告中指出“财政上最主要的用途，是用在发展战争方面”④，苏区财政“在敌人不断进攻的时期，当然不能不是用在发展战斗方面”。⑤ 保证革命战争的供给，以及保证政府各项费用的正常需要，无疑是苏区财政的根本任务。当然，受制于革命战争的现实环境，在财政支出的诸多科目之中，战争和军队的需要仍然是置于首位的。所以，中央苏区的财政支出虽然囊括各个方面，但主要的还是用于红军和支持革命战争，其他方面支出主要

---

① 余伯流:《中央苏区经济建设》,中央文献出版社,2009,第141页。

② 唐志宏、谭继和:《中央苏维埃共和国史稿》,成都出版社,1993,第339页。

③ 江西省档案馆、中共江西省委党校党史教研室编《中央革命根据地史料选编(下册)》,江西人民出版社,1982,第341页。

④ 许毅主编《中央革命根据地财政经济史长编(下册)》,人民出版社,1982,第500页。

⑤ 《毛泽东中华苏维埃临时中央政府在一周年纪念向全体选民工作报告书》,1932年11月7日。

兼顾于政府的公用经费、经济建设和发展文教卫生社会救济。（1）红军和革命战争费用。对于中国共产党领导的红军而言，开展军事斗争准备无疑是其职责之所在。因此，在苏维埃政府财政上对军队开支项目提供好必要的经费支持，[①] 就显得尤为重要，红军军费的支出项目从人员的衣食行，到武器装备的保养，再到其他各种管理费及杂费，无不需要大量的财政支出，以此来保障红军的供给。闽西第一次工农兵代表大会通过的《优待士兵条例》规定："一、改良士兵生活，每月每名发伙食费至少大洋四元五角，零用至少二元，有钱多发，军衣军用品尽可能完备。"[②] 对于零用钱这个方面则是"有钱多发"，并没有额定数目，在中央苏区红军员额众多的情况下，实际上会在财政收入较为充裕的时候增加红军军费的支出，直接造成政府财政超支。（2）政府的公用经费。苏维埃财政收入除了用于保障红军的支出外，为各级政府的公用项目提供经费支持也是必不可少的。当然，囿于物质条件的匮乏，中央苏区时期，政府工作人员主要实行供给制，每人每月谷子 50 斤，菜金 1 元 5 角（每天 5 分）。此外，各级政府除工作人员的伙食费外，其他各项公用经费开支有：办公费、购置费、书报费、会议费、宣传费、应酬费、邮费、医药费、交通费、纪念活动费、招待费、文化教育费、印刷费、整修费、补助工会费、赤卫军用费、少先队用费、犯人伙食费、工农运动费，以及其他杂费等，计有 20 多项。这些费用的开支，各地标准不一样，一般是县政府不得超过 500 元，区政府不得超过 140 元，乡政府不得超过 70 元。[③] 然而，这些规定在一些地方和政府部门并未很好地执行，"瑞金县苏维埃政府每月仅灯油费一项达一百二十元之多，其他不少的苏维埃机关及军事机关

---

① 余伯流：《中央苏区经济史》，江西人民出版社，1995，第 401－402 页。

② 江西省档案馆、中共江西省委党校党史教研室编《中央革命根据地史料选编（下册）》，江西人民出版社，1982，第 78 页。

③ 余伯流：《中央苏区经济史》，江西人民出版社，1995，第 152 页。

浮支浪费的事亦时常发现”①。（3）经济建设的支出。中央苏区的发展、苏维埃政权的巩固、工农武装割据道路的坚持，都与中央苏区经济事业的建设发展密切相关。倘若没有经济建设的开展，苏维埃共和国经济的良好发展就是一句空话，无论是对于苏维埃政权建设还是红军的武装斗争都是无源之水、无本之木。因此，中央苏区政府在重视经济建设的同时，还拿出相当一部分财力去支持各项经济建设事业的发展。1933年8月12—15日，中央苏区南部17县经济建设大会召开，掀起了中央苏区经济建设的大潮。1933年8月苏维埃中央政府公开发行300万元经济建设公债，其中大部分用于经济建设事业，尤其是以“一百万用于帮助合作社的发展，其中分配与粮食合作社及消费合作社的各三十万元，分配与信用合作社及生产合作社的各二十万元”。②1933年4月—1934年1月，中央财政部拨给国民经济建设的资金达200多万元。③在革命战争的环境下，其经费支持不可谓不多。（4）文教卫生和社会救济方面。文教卫生费主要是教育经费的支出，毛泽东指出：“苏维埃文化建设的中心任务是什么？是厉行全部的义务教育，是发展广泛的社会教育，是努力扫除文盲，是创造大批领导斗争的高级干部。”中央苏区政府极为重视教育事业，在苏区取缔了教会学校并没收其财产后，改变国民党把教育经费移做军饷的做法，实行普遍的免费义务教育。根据第二次全国苏维埃代表大会的报告指出：在江西、福建、粤赣三省中，共有列宁小学3025所、补习夜学6462所。另外，也创办了诸多的红军大学、军事学校、卫生学校及各类其他学校。中央苏区对于教育方面的重视可见一斑，创建学校，需要苏区财政的大力支持，才能取得如此成效。与此同时，数额不小的社会救济

① 《节省经济与开展反浪费斗争》，《红色中华》1933年12月5日。

② 《全国工农群众及红色战士热烈拥护并推销三百万元经济建设公债》，《红色中华》1933年7月26日。

③ 张侃、徐长春：《中央苏区财政经济史》，厦门大学出版社，1990，第305页。

费用用于中央苏区政府救济贫苦、受灾、受战祸的农民，帮助他们购买农业资料进行生产自救。1933 年兴国长冈乡发生夏荒时，当地苏维埃政府就从 200 里外的公略县购买粮食救济群众。[①] 苏区红军是革命战争的主力军，因此中央苏区政府对于伤病残废及死亡的红军家属进行抚恤、津贴也是十分必要的。《红军抚恤条例》规定：在红军服务两年以上，且年龄在 45 岁以上自愿退职休养者，国家补助其终身生活；红军战士在服务期间因伤病须休养时，其一切费用由国家供给。虽然条例规定的内容大多因战争形势的发展而难以全部落到实处，但此类经费支出项目却是苏维埃政府财政列支的必要科目且支出不少。

2. 苏维埃政府统一财政经济

1927 年以后，中国共产党领导进步群众在赣南、闽西、鄂豫皖、湘鄂西等地建立了革命根据地，进行土地革命战争。苏区初创之时，财政收入主要靠打土豪筹款和战争缴获，即取之于敌。为了奠定苏维埃政府财政来源的稳固基础，在苏区初步形成以后，中国共产党迅速建立税收制度，作为政府财政收入的经常性来源。财政收入渠道多了，资产经费随之增多，如何加强管理、统一财政问题便提到议事日程上来。

在分散的游击环境下，苏区财政不可避免地出现各自为政情况，容易出现贪污浪费现象："过去各级政府各自为政，私打土豪，私自开支，有些地方区政府一个月用到 1 万元，乡政府用到几千元之多，下级埋伏短报，上级提款不动。各地财政收支也不按照财政系统，少先队、独立团、游击队，以及过境红军都可以自由向当地政府提款，政府也不拒绝。这样必然就会发生贪污浪费现象，把政府财政大部分用到无用之地。"[②]

① 温锐:《中华苏维埃史话》,社会科学文献出版社,2000,第 137 页。

② 《财政人民委员部训令——目前各级财政部的中心工作》,《红色中华》1933 年 9 月 13 日。

闽西苏区在1930年虽提出要建立财政预决算制度，但没有切实贯彻执行。如永定各区乡收支数目还没有切实报告，以致滥行开支的还是很多，统一财政不能完全实现，其最大原因是：（1）清算财政工作没有切实做到，有些积欠太多，又无详细确实的数目报告，以致无法整理。（2）预算决算无按期报告，有些简直没有报告，等得上级指示下去，已被用出去了。（3）地方主义小团体主义还没有完全肃清，有些区乡政府，以为财政要统一了，不需要建设的赶快建设，有些以为县政府有款拨付，不肯自己去找财政的来源，些小用度也靠上级指拨。（4）多数乡区政府，不照上级规定数目，差不多完全超过预算。（5）有些区乡政府伙食，还没有精密计算，滥开客饭甚至把税收的谷子拿来做伙食，来去都不算账。（6）县政府没有很好地整个计划指示各级，督促各级去实行，而且没有定出连环式的统计法，有些政府指示下去，也没有遵照执行。（7）税收处征收不统一，有些土地委员征收，有些财政委员去收。（8）税收处没有指示拨条，以致各级政府随意支用税款，甚至用了还不报数，有些区乡政府支用税款数目竟与税收处付账不符。（9）清理公产逆产完全没有实行。[①]

中华苏维埃共和国中央政府成立前，苏区资产多为各自为政，自筹自给，自收自支，分散管理。必须实行财政统一、严格财政制度和财政纪律，才能保障革命战争的胜利和各项事业的建设。“财政是国家的命脉，财政工作不好，直接影响到军事与行政，间接影响到整个社会经济与整个阶级的政权。过去各级政府一般忽视财政工作，收支没有预算，税收制度没有建立，各处乱打土豪、贪污浪费，会计糊涂，特别是财政部本身工作没有建立，财政部长日常只做些管账管钱的会计工作。因此一般政府财政不能独立……这些财政上坏的现象，充分证明各级政府不了解财政工作在阶级政权上的重要作用。”[②] 因此，

① 《永定县第四次工农兵代表大会决议案》，1930年10月27日。

② 《财政人民委员部训令——目前各级财政部的中心工作》，《红色中华》1933年9月13日。

"革命的政权（工农兵苏维埃政府）在反动势力四面围攻的现在中国环境中，要保障其能够巩固地与反革命势力战争，取得斗争胜利，向外发展，统一财政问题，是非常重要的工作。尤其在目前帝国主义国民党军阀一致进攻苏维埃红军底下，整理财政，充裕国库，以应付斗争，更成为目前巩固苏维埃的主要工作任务之一。"①

随着革命战争的胜利发展，根据地的巩固和扩大，苏区在财政方面有了比较稳定的收入；在财政支出方面，革命战争和政府经费的需要相应增加。这就在客观上需要改变革命初期那种自收自支、各自为政的现象，实行统一财政管理，建立统一的资产管理制度，严格财政纪律，管好用好有限的财力物力，保证革命战争与根据地建设的需要。

1931 年 11 月，中央政府为了统一财政管理，克服各自为政的分散主义，特设立中央财政人民委员部，任命邓子恢为财政人民委员，颁布了《中华苏维埃共和国暂行财政条例》和统一财政的训令，全面整顿苏区财政资产管理。中央训令指出："各级政府必须按照中央颁之财政条例，坚决执行。不按照财政系统，依照财政手续，无论任何机关，都不准给一个钱。对于随便提款及随便付款者必须予以严厉处分，并令其立刻交割清楚。各级政府以后必须采用新式簿记，实行预算决算，并需每月审查账目，对于下级存款必须随时清查提取，随时检查贪污浪费，只有把这些现象办清，财政才能统一起来，由中央有计划地作整个支配，这样才能把一切不必需的用费节省起来，抽出大批款子供给红军作战，这是目前财政部第一个中心工作。"② 只有这样才能实际消灭过去财政上各自为政的现象。

中央政府颁发的《中华苏维埃共和国暂行财政条例》规定了国家税收的权限和程序，也规定了各级财政部预算、决算的审查批准手续

① 《闽西苏维埃政府廿一号通告——统一财政问题》，1931 年 2 月 26 日。
② 《财政人民委员部训令——目前各级财政部的中心工作》，《红色中华》1933 年 9 月 13 日。

及所有各种用费的单据、账簿、表册等，使各级财政部门的财政管理有了统一的规范化章程。该条例主要内容包括：（1）为了实行财政统一，一切国家税收概由国家财政机关按照临时中央政府所颁布的税则征收，地方政府不得自行规定税则或征收，但每年或每季开始征收税款必须接到中央财政部关于收税的时间与手续等规定的通令才能征收；中央财政部得指定银行代理收税。（2）各级财政机关所收入的税款及政府经营事业的入款，或罚金或没收的财产以及其他收入等款项，概应随时转送或直送中央财政部或中央财政部所指定的银行；各级财政机关在未得到上级财政机关的支付命令以前，不得自行支配扣用或抵消，亦不得延期不缴。（3）各级行政经费、各军伙食杂用等经费，统由各该部财政机关造具预算，交其直接上级财政机关审查，并报告中央财政部批准，统由中央财政部依据批准之预算付款。（4）凡中央财政部各直接下一级财政机关、中央革命军事委员会总经理部，应于每月25日以前造报其下月预算送交中央财政部审查批准，其各级财政机关，应于每月20日以前造报其下月预算，送交其直接上一级财政机关，以便审查总合造报。（5）中央财政部在批准其直接下一级财政机关的预算后，依据预算发给该财政机关的发款通知书，该财政机关依次批准他的直接下一级财政机关的预算，并依次发给通知书。（6）各级财政机关接到此发款通知书后，填具领款证，由财政机关负责人及其政府机关或军事机关负责人共同署名，才能向直接上一级财政机关领款。（7）凡中央财政部直接下一级的财政机关，须于每月10日以前将他的上月决算表，送交中央财政部审查批准，各级财政机关，须于每月5日以前，将他的上月决算表送交其上一级财政机关审查批准。（8）各级财政机关送决算表时，应将他的一切单据贴在单据簿上，随同送交他的直接上一级财政机关。（9）不能取得单据之用款由经手人代填单据，并须声明不能取得单据的理由。（10）各级财政机关之预算表、决算表，应备同样的两份，一份自己保存，一份送交上一级财政机关备案。（11）所有各级财政机关，凡关系财政事项所使用的账簿、表册、单据等，须一律遵用中央财政部所规定的统一格式，不得沿用旧式账簿或另立新奇。（12）所有各种账簿单据的银钱记账单位，应一律折合大洋计算，并须将折合的时价附记清楚。（13）各级财政机关的账簿、表册、单据等保存期间为5年，过期后由该机关负责人监视销毁。[①]

统一财政的一个重要方面，是将税收完全集中在中央财政部，统一税收的报解和税款的支配权。只有这样才能有效地集中粮食与资金，保证革命战争和政府各项事业的供给。在中央政府成立以前，各地土地法对于征收土地税作了规定，但在执行中征收机关并不统一，发生许多问题。其他税收有的则自定税则，自收自用，比较混乱。中央政府成立以后，为了发挥税收调节各阶级收入的作用，实现税收政策的统一，颁布了《暂行税则》，规定了统一累进税（包括商业的、农业的）的政策及税制的原则。1932年8月，鉴于各地在执行统一税收的规定中执行情况不同，财政人民委员部发出《关于统一税收问题》训令，明确指出："自本年8月起，凡是土地税、商业税、山林税以及店税、房税、矿产税等各项租税收入，都应由各级财政部分别设置专账和公债同样区别收入之性质，每月交给上级，或汇集交给中央，或者用于中央指令规定的用途。同时，还应将每月收入情况向中央作详细报告，以便于审查。各级财政部，对于上述之各项税收，今后不可任意挪用；也不可再将征来之此类金额编入经常收入，以免混乱会计系统。"[②]

中央政府颁布统一财政的训令后，各地认真贯彻执行，取得了明显成效。据江西省苏维埃报告：自中央政府统一财政后，江西财政管理工作有了相当转变，执行了中央训令和条例，开始实行决算预算。

---

① 《中华苏维埃共和国暂行财政条例》，1931年12月。

② 《中央政府财政人民委员部训令财字第十五号——关于统一税收问题》，1932年8月16日。

为了进一步做好财政工作，江西省苏维埃采取了“统一财政、开展财源、节俭经济”的措施：（1）严格执行中央颁布的财政条例和统一财政训令，首先在最短期间，绝对实行决算预算，对于不执行及故意破坏这一制度的，要严厉处罚。（2）国家税收和没收土豪财产以及罚款等均应按数缴报上级机关转解中央财政部，不得自行支配和取用，各级政府一切用费应由上级统一支配，不得随意开支。严禁各机关群众团体随时挪用政府的经济，一切群众团体，以后绝对遵照中央政府规定，各下级政府概不津贴，以免混乱政府的财政统一。（3）农业税、商业税、工业税的征收，须遵照中央的税则执行，须得上级命令和颁布收税的时期，始能按期征收，严禁各地违反税则的拍税捐税和扣留税款，对城市圩场之商店工厂作坊，立即举行营业登记，发给营业证，以便进行统一管理和收税。（4）努力计划和鼓励提高农村生产和发达工商业，必增加国家税收，经常有计划地根据苏维埃法令去开展新的财政收入，以充裕国库，充实革命战争的经费。（5）由各级政府组织游击队到白区去发展游击战争，于扩大苏区同时进行筹款以增加财政收入来供给革命战争的费用。（6）严禁一切浪费，凡未得上级批准而故意浪费者，除依照财政条例惩罚外，并责令该机关赔偿；实行审查制度，组织审查委员会以核查各级财政账目，对于政府中的贪污腐化分子要以革命纪律来严厉制裁。①

在苏区建立初期，各地政府在本区内尝试创建预决算制度。1930年，闽西苏维埃政府规定：“各县政权机关经费应按照规定等级制定预算，文化建设经费和政府经费分开制定预算，由县政府汇集提出县代表大会通过。交通费由交通总局制定预算，每月一日以前交闽西政府常委会批准。红军廿军各纵队经费由闽西政府财政部发给，各纵队每月预算表要在每月一日以前送交闽西政府常委会批准。临时费之支

① 江西省第一次工农兵苏维埃大会：《财政与经济问题的决议案》，1932年5月。

出每月份中乡以廿元，区以五十元为限，超过规定数目时须报告县政府批准后始得开支。”① 但这些规定并未得到有效实施。为了改变各地政府自收自支状况、加强财政工作的计划性，中央政府颁布了《中华苏维埃共和国暂行财政条例》（以下简称《暂行财政条例》），在全区范围内创建了预决算制度。

创建预决算制度，是苏维埃政府实现有计划地安排各项收支，保证革命战争、政府经费和经济文化建设需要的重要措施。因为“成立明确的预算，则可以量入为出，不足则设法补足，预算首先要总计全国收入数目，收入总数必须打过折扣，以防天灾人祸不能全部收入时准备，其次必须将整个收入中提出一部分，作为特别准备费，以备紧急时的需要。其余如：军费，建设费，行政费，教育费，交通行政费……均规定百分数，再将这个百分数由中央政府以至乡政府的经费或补助费亦须订出一个百分比，按照百分比订出一个等级表，在每一开支等级中，又将总数划分为经常费，临时费等项目。在各预算项目内之预算数目，开支将以不超过为原则。现在苏区各地的预算项目仅有生活费、办公费、购置费……等项目，尚有许多数目，并无专门项目，而包括于特别费项目之内。特别费虽有实报实销之规定，并未在预算项目上列入——最高限度，可以无限制开支，实际上是破坏了预算制度。”②

各级政府与部队的预算分为三种：每月经常费预算、临时费预算和季度预算。各级财政机关按照《暂行财政条例》的规定，凡中央财政部各直接下一级财政机关于每月 25 日以前，造报其下月预算，送交中央财政部审查批准，其各级财政机关于每月 25 日以前，造报其下月预算送交其直接上一级财政机关以便审查，综合造报。《暂行财政条例》还明确规定：（1）各级行政经费、各军伙食杂用等经费，统由各

① 《闽西第二次工农兵代表大会决议案——修改财政问题决议案》，1930 年 9 月。
② 德峰：《对于财政统一的贡献》，《红色中华》1932 年 3 月 16 日。

该部分的财政机关造具预算，交他的直接上一级财政机关审查，并报告中央财政部批准，统由中央财政部依据批准之预算付款。（2）中央财政部在批准他的直接下一级财政机关之预算后，依据预算，发给该财政机关的发款通知书，该财政机关批准他的直接下一级财政机关的预算，并依次发给通知书。各级财政机关接得此发款通知书后，才能向上一级财政机关领款。（3）各级财政机关，所收入之税款及政府经管事业的入款或罚金或没收的财产以及其他收入等款项概应随时转送或直接送中央财政部，或中央财政部所指定的银行。（4）在月份和年度预算执行年终了时，应按照预算年度规定的时间，编制决算表，凡中央财政部直接下一级的财政机关，须于每月十号以前将他的上月决算表送交中央财政部审查批准，各级财政机关须于每月五号以前将他的上月决算表，送交他的直接上一级财政机关，审查批准。①

中央执行委员会颁布的《地方苏维埃政府的暂行组织条例》中，对地方苏维埃政府的财政作了明确规定：各级地方苏维埃政府机关的一切收入，须完全缴到中央政府财政人民委员部的各级机关去，作为中华苏维埃共和国的国库存收入项；地方苏维埃政府的支出须作成预算案，送上级苏维埃政府批准，按照所批准的预算案支出；某一项的支出，不准移作别项用途，倘要移作别项用途，须得上级苏维埃政府的批准，方能移用；不准超出预算案所规定的数额，倘要必须超出预算案时，须得上级苏维埃的核准；预算案期满后，须同一形式制成决算案两份，一份送上级苏维埃政府去批准，另一份保存在该苏维埃政府内，以便检查时做参考；若违反本条例的财政支出手续，依照浪费公款论罪。

1931 年 12 月，中央政府人民委员会发出财字第 2 号训令，具体规范了预决算制度：（1）关于批准手续。各级财政机关一方面是有一

① 《中华苏维埃共和国暂行财政条例》,1931 年 12 月。

个国家财政上之总系统，另一方面同样要受各级政府之行政负责人员和军事机关之军事负责人员的命令和指挥，对于每月之预算和决算，以及向该上级机关领款或大宗款项付出时，所属各该财政机关均须经过各机关负责人员之批准和署名盖章，方为有效。（2）关于造报时间。各级财政机关，应根据《暂时财政条例》第四条的规定，每月一律按时造送预算和决算于该上级财政机关，以便汇齐作成总的预算和决算，以资财政上之统一，并于明年1月起绝对实行。（3）关于领款程序。各级财政机关，自接到上级财政机关批准预算时之领款通知书后，应填其领款证书向上级机关领款。而各该下级财政机关，平时所有一切收入应按照《暂行财政条例》第二条之规定，必须一律随时转送或直送中央政府财政部，或财政部所指定之银行。各级财政机关，不得扣留或迟延。（4）簿记应用。中央财政部所规定的三种新式簿记，现已印好，特分寄各该级财政机关应用。这些簿记并须于明年1月起绝对实行。①

创建统一的会计制度，是加强财政管理和监督的重要手段。尽管财政人民委员部颁布了财政统一训令，但财政并未能在短时间内实现彻底统一。之所以出现这种状况，与未能建立统一的会计制度有关。当时苏区会计工作存在的主要缺点是：（1）收钱机关、管钱机关、用钱机关混在一起，每个县区政府，收钱是他，管钱是他，用钱也是他，他要钱用时当然会自己打开柜子任意拿用，哪里还会向你做什么预算决算等候批准麻烦手续呢？这样要财政统一当然很难做到，而且任各级自收自用，中间免不了生出许多贪污浪费舞弊的毛病。（2）各项收入与经费没有分开，没有各成系统，不论土地税、商业税、行政费、军事费、教育费、司法费都由省县政府收支，上月收支与下月收支也没有分开，甚至连私人移借都混在一起，因此省县政府账目弄得非常

① 《人民委员会训令——财字第二号》,1931年12月。

麻烦，会计不易整理，中央更无从确知各项收入项目，因而妨碍到整个岁入岁出之预算与决算，致使中央不能有计划地节省不必要的开支而集中一切财力来充实战争经费。（3）各项会计科目没有一定名称。办公费、特别费、购置费、路费、巡视费、印土地税收据费，各处自立科目，名称不一；就在同一科目之内，如办公费、特别费等所包含的范围也各处不同。这样自然弄得各处会计非常紊乱，而且不能彼此相较，互相对证。（4）簿记单据没有统一格式，除中央两省及瑞金直属县外，其余县份尚多沿用旧式簿记，有些则更没有记账，单据表册更未能照中央规定填写，有些则更没有单据，只凭口说记账，就中央簿记单据亦多用银行格式，没有一定格式和大小，这样不独妨碍保藏与审查，而且容易舞弊。（5）财政交代无一定手续，交卸者无清单无报告，接管者也不去根究照查，此中舞弊情形不言可知，结果是公家损失。

1932 年 12 月 16 日，为了建立科学的会计制度，中央财政人民委员部颁布第 12 号训令《统一会计制度》，对苏区会计制度作了统一规定。其基本内容为：（1）要把收钱的、管钱的、领钱的、支配的四个机关分开，不再混在一起。具体办法：一是收钱机关（税委与财政部）只准收钱，收到了款后解交管钱机关（各级国库），自由动用库款或埋伏短报者严办；二是领钱机关（即各级政府各部队各级司法教育机关）须按月作预算，按照系统送交本部（支配机关）批准，发给支票，才得向国库领款，否则不给支票；三是国库收到之款，只准送到上级国库或照上级支票付款，无支票乱付者严办。（2）要把各级收入与开支，都分别划分，各成系统，如租税归各税委收缴，打土豪罚款归财政部或裁判部经收缴库，行政费则归财政部领支，教育费归文化部，司法费归司法部经领，这样分开系统，各项收支自然有条有理，中央随时可以明了收支状况，而能有计划地去支配整个财政。（3）要确定会计科目，把各项收入及开支节目规定一定名称与一定范围，使收付款项有条有理，而且得以彼此相较，互相对照。（4）要规定预决算规则，实行预决算制度，无预算决算者不给钱，自中央至县区乡政府，必须照规定时日严格执行，使会计按月结束，中央才能随时了解整个收支状况，而使财政计划逐步做到。（5）要统一簿记单据。确定记账方法，使各级采用新式簿记，使每条账目都有凭证，每种单据账簿格式大小都能一致，这样可以防止会计上许多舞弊以及错漏情事。（6）要规定交代章程，以防止交卸接管中间的舞弊与损失。①

审计部门是中央政府为严格财政纪律、防止贪污浪费、进行宏观监控管理的国家职能部门。其主要职责是审核年度收入与支出，监督预算的执行以及各级财政部门和机关企事业单位的资金使用。这是关系到中央苏区的经济建设和红色政权巩固的大事。

1933 年 9 月，根据人民委员会第 49 次常会决定，成立中央审计委员会，负责审查政府的预算是否合理，检查和监督各级政府、机关、革命团体、企业、事业单位的账目收支情况。审计部门初成立时直属中央财政部，1934 年全苏二大时从财政部划分出来，直属中央政府领导，由阮啸仙担任首届中央审计委员会主任。

在中央审计委员会之下，地方各省级政府、中央直属县和红军内部，建立审计委员会和稽查员。审计委员会和稽查员归各级政府直接领导，不受财政部门制约，有权监督检查各项收入的执行情况。县以下不设审计委员会，但各县报送省审计委员会审核。政府各有关部门还设有内审机构，如中央财政部设审计处，各省财政部设审计科，下有审计员等，专门负责审核各机关收支预决算，签发发款通知书，国库或分库按照通知票面金额付给。每月终由国库或分库将发款通知书汇解中央政府存查，各机关月终造具决算送交中央财政部汇交稽核员审核，如确无滥支时，仍须与发款通知对照核销。每月中央或省财政

① 《中央财政人民委员部训令第十二号——统一会计制度》,《红色中华》1933 年 1 月 7 日。

部须向中央政府或省政府作一详细报告。①

中央审计委员会成立后，中央政府颁布了《中华苏维埃共和国中央政府执行委员会审计条例》19条，明确规定：各级苏维埃财政收支的预算和决算，由中央财政人民委员部汇编，经中央审计委员会审查，人民委员会通过，中央主席团批准。各级苏维埃机关必须遵照中央财政人民委员部规定的会计制度编制预算、决算，中央审计委员会及分会对于下级苏维埃财政收支认为有必要时，派遣审计员实地调查；中央审计委员会及分会随时检查各种机关现有簿记等。该条例还分别规定了中央审计委员会审查的事件和中央审计委员会分会审查的事项等。

中央审计委员会建立以后，主要进行以下几方面的工作：（1）审查、稽核中央政府和各省以及瑞金直属县的预决算，督促各级财政部门总结成绩，揭露存在的问题。1933年11月，中央审计委员会在审核中央机关的计费开支中发现：有许多苏维埃及军事机关，发生极大的浪费和预算不实在的事情。据中央审计委员报告：10月中央总务厅预算浮至5000之多；总卫生部10月预算载后方医院伤兵及工作人员，人数与实际所有数相差很远；瑞金县苏每月仅灯油费一项达120元之多，不少苏维埃机关及军事机关浮支浪费现象时常发现。这证明浪费现象现在差不多仍是普遍地存在着。② 1934年春，中央审计委员会稽核瑞金县经济开支中，肯定了瑞金财政状况取得很大成绩，但也指出其工作中的缺点：虽然县级预算制度建立了，但区级预算是县苏代做的，节省运动还没有深入到区乡去；裁减人员未能更好地联系到改善工作方式和增加工作效能；检举贪污浪费工作时，未有把发生贪污的根源和防止贪污的方法来教育广大群众，造成群众运动的热潮。因此，反贪污斗争只限于几个区发展，不能使一切贪污分子都被检举，更难

---

① 德峰：《对于财政统一的贡献》，《红色中华》1932年8月16日。

② 《节省经济与开展反浪费斗争》，《红色中华》1933年12月5日。

保证贪污现象不继续发生。[①]（2）审查各机关、革命团体的财政收支。例如中央审计委员会1934年3月在审查互济总会的收支时指出：互济会的财政状况有下列缺点：拿救济费做机关开支；会费一塌糊涂；各种捐款没法检查；开支项目的不适当。根据检查中发现的上述问题，提出互济会要纠正这些严重缺点，必须做到两点：一是要认清互济会本身的特别任务，为要达到他的任务来检查各级的用费和捐款，使所有款子都用在发展工作和救济事业上。二是建立各级会计制度，收款支款和经手的救济款项，都要有详细的计算和检查，发动会员群众来监督款项的保管和检查用途，捐助款绝对禁止做机关开支，月费也应做到大部用在救济事业。[②] 1934年8月，中央审计委员会审查总卫生部下属单位医院、疗养院、残废院、疗养所、卫生学校的经费开支时，既充分肯定了他们在节省运动中的惊人成绩，又指出他们的工作中还存在着严重缺点：一是过“左”和锦标主义在不少医院存在着；二是从节省运动推进医院工作还做得很差，各院还发生许多贪污事情。[③]（3）审检国家企业的财务收支。如1934年3月，中央审计委员会检查了中央印刷厂、中央造币厂、中央邮政总局、中央贸易总局、中央粮食调剂总局等国有企业的经济收支情况。检查发现普遍存在的缺点有两项：一是不明了本身在苏维埃经济上的性质和作用，不知道也不考察产品的成本，不知计算盈亏，有钱就用，没钱向国家主管机关要。二是各厂局没有从斗争中去抓住各厂局的特殊性质与缺点，来从积极方面整理账簿，建立会计制度和管理法制，以致贪污浪费现象无法肃清，官僚主义的领导方式未能彻底转变，厂长、局长不了解实际情形，提不出具体的办法，反使节省运动和提高劳动纪律，变成空喊。[④] 中

① 《中央审计委员会稽核瑞金经济开支的总结》，《红色中华》1934年4月5日。

② 《中央审计委员会检查互济会、反帝拥苏同盟财政收支的总结》，《红色中华》1934年4月7日。

③ 《中央审计委员会关于总卫生部系统中五、六月节省成绩的总结》，《红色中华》1934年8月15日。

④ 《中央审计委员会审查国家企业会计的初步总结》，《红色中华》1934年3月31日。

央审计委员会的这些工作，对加强财政管理、实行财政监督、严格财政纪律起到积极的作用，中央政府和各级苏维埃的财政制度建设有了明显的转变和改进。

1932年10月22日，为了统一财政收支管理，中央政府人民委员会颁布《国库暂行条例》，并于1933年1月1日正式施行。该条例规定：（1）国库的职能和组织。国库掌握国家所有现金项目的收入、保管及支出等项业务。国库之一切，均由财政人民委员部国库管理局来管理。其金库则委托国家银行来代理。总金库（中央金库）设于总行（国家银行），分金库设于分行，支金库设于支行。尚未设立分行支行的省、县，则由总金库所指定的专人组织国库的分金库、支金库，附设于省、县财政部内，但不受省、县财政部的支配。红军中不设国库，由总政治部代理国库，进行已经决定了的筹款额的现金征收工作。国库管理局局长，由财政人民委员任命，总金库、分金库、支金库的主任，由国家银行的总行、分行、支行的行长兼任。尚未设立分行、支行的省、县的分金库、支金库主任，先由总金库主任指定，然后申请财政人民委员部加以任命。（2）国库掌握收入。国家的税收及其所有的现金收入，都应当交纳给国库的支金库、分金库。无论任何征收现金的机关，都不得将征收来的现金隐瞒不交。如有违反者，按贪污、渎职来加以处罚。（3）国库掌握支出。各种经费的支出，应当按照各机关所编成的预算，先送交各级财政部会计检查处，经其审查后，再申请财政人民委员部批准，然后始可由国库管理局开出支票。各金库在收到支票后，应先行确定证明无误，然后才可以支出现金。各机关、部队，在尚未收到支票时，一律不准向各金库领取现金。如遇本系原来的现金领取机关，而尚未获得新预算之批准者，在此情况下，应参照前一个月的预算，可允许其暂先领取相当于一半金额的现金。银行不得任意自行挪用金库之在库金。如有剩余现金时，可由财政人民委员斟酌情况，将在库金存入银行，以生利息。（4）国库之监督。国库之金库，可随时进行监督。监督时由财政人民委员部和工农检察人民委员部共同派遣专人。国库之总金库，应当每天编成“收支汇报表”和“在库表”，向财政部提出报告；分金库，应当每三天编成一次上述两种表格，写成同样的两份，一份提交总金库，一份提交财政部；支金库，应当每五天编成一次上述两种表格，写成同样的三份，一份提交总金库，一份提交分金库，一份提交财政部。支金库、分金库的在库金，应当作出一俟总金库有命令来到，可以随时提出的准备。①

1932 年 12 月 17 日，中央人民委员会第 8 号训令指出：“建立国库，实行会计制度，将一切财政收入一律交到国库分支库，由中央支配，此是建立统一财政的重要基础。各级机关各红军部队，及一切地方武装，必须深切了解统一财政在政治上军事上的重要作用，自 1 月 1 日起要照财政人民委员部颁布的国库条例及会计规则办理。”该训令规定：（1）各机关各部队一切开支一定要按照各个系统做预算向上级报告，未取得财政人民委员部支票，绝对不能向支库支款，或临时扯借，违者以破坏财政统一论处。（2）各地方游击队独立团及一切地方武装经费要办到自给，但地方武装所筹之款亦归还军事机关有计划分配。（3）如有些地方武装，因一时困难经费不能自给者，须做预算向军区报告支取，无论如何不能自由向支库支用。（4）各级财政部要更有计划地指示和督促下级机关，加紧一切财政收入，开发财政来源，不能因为开支可向上级领取，便放松对财政款项之收入，违者以怠工论处。（5）各级预算须按规定日期造报，一切开支须按上级批准各项内的数目按数支用，非有特别理由另表报告经上级批准，未经批准自由超过预算者，则由其自认。

总之，中华苏维埃共和国中央政府成立后，为了统一财政、加强资产管理，先后颁布了《中华苏维埃共和国暂行财政条例》《国库暂

① 中华苏维埃共和国临时中央政府中央人民委员会：《国库暂行条例》，1932 年。

行条例》《统一会计制度》等训令及《财政机关交代规则》《会计规则》等法令，初步建立起党的管理资产的预决算制度、会计制度、审计制度和国库制度，使各级财政部门走上了规范化轨道，对合理节约地使用有限的财力、保证红军和政府的供给、克服各自为政和财力分散、防止贪污浪费等起到了积极作用。

三、行为规范：完善制度与加强监管

（一）摸清家底防侵占损失

中央苏区在中央财政人民委员部之下设立了国产管理局，负责国有财产——包括国有土地、山林、河流、矿山、房屋、店铺等——的清理登记工作，以摸清国有财产的范围与数量，并对这些财产实行清理、明确产权，对这些划归为国有的财产进行登记造册，以便于管理，防止侵占、损失。

（二）建立国有资产管理制度

苏区党和政府十分注重建立和健全国有企业的管理制度，通过改革与不断完善，使企业发展有章可循。

建立健全经济核算制度。1934 年 1 月，毛泽东在第二次全国苏维埃代表大会的报告中总结创办企业经验，指出：国家经营和合作社经营的企业，必须有相当精密的生产计划，“确切地计算原料的生产，计算到敌区和我区的销场，是我们每一种国营工业和合作社工业从开始进行的时候就必须注意到的”。国有企业贯彻革命军队中官兵一致、民主管理的原则，吸收职工参加管理，教育职工自力更生、艰苦创业，以最大的热忱完成生产任务。建立和完善劳动定额、质量检验和经济核算制度，实行按劳动计酬、等级工资，建立严格的监管机制和厂规厂纪。苏维埃国有企业职工以主人翁姿态，开展劳动竞赛和节省运动。如中央造币厂提出“一分一秒一丝一毫为着革命战争需要”的口号；

中央印刷厂职工要求免发工资等。在艰难的条件下，苏维埃国企创造了第一等的业绩，为革命战争的胜利和群众生活的改善做出了积极的贡献。

颁布两个条例。1932 年初，中央苏区的国有工厂实行了对原有的军事供给制和政委负责制改革。把国有工厂的供给制改为工资制。接着又把国有工厂的政委负责制改为厂长负责制。1934 年 3 月刘少奇在《论国家工厂的管理》一文中，提出“建立完全的厂长责任制”，主张组成由厂长、党支部书记、工会主任组成的“三人团”管理工厂，从而建立统一的分级负责的管理系统。“在不违犯劳动法的范围内，关于工资、工作时间、生产数量以及调动、处分和开除工作职员等，厂长是有完全的权力决定与执行”。根据刘少奇的意见和主张，1934 年 4 月 10 日，苏维埃中央政府人民委员会制定和颁布了《苏维埃国有工厂管理条例》，作为第十六号命令下达中央苏区各国有工厂实施。接着，中央组织局又颁发了《苏维埃国家工厂支部条例》，这是中国共产党历史上第一个国有工业企业管理条例和国有工业企业党组织的工作条例。这两个条例，是中央苏区国有工厂和公营企业数年来经营管理的经验总结，现已成为珍贵的历史文献。

两个条例颁布实施后，苏维埃国有工厂改善了管理机制，调整了生产关系，工人积极性显著提高，企业面貌大为改观，促进了红色区域工业生产力的发展。《红色中华》报道其经验：对一些问题的出现，“工厂组织的三人团能够很迅速的共同解决，工人有不好的表现，厂方即通知工会，工会即找工人谈话，进行个别说服解释的工作，工厂与工会发生的密切关系，这些经验是值得我们其他各工厂来学习的”，“大大的改善了工厂的管理和健全了党与工会的组织，把工人为战争的生产劳动热忱组织与发挥到了最高度，工人们经常热烈的采用了许多活的方法，如生产突击、革命竞赛、创造模范股、冲锋劳动等，努力增加生产”；工人们“每天早晨未打钟前半点钟，就有十分之八上了工；吃中饭时食饱饭一丢开饭碗就做工，工人的积极性是提高到这样的程度，该厂在四月份的生产超过到百分之一百零四的数目，有着惊人的进步”，“不但要生产数量多，并要质量好”，“党团员显示着最积极先锋的领导作用”。

颁布《审计条例》。1934 年 2 月 20 日，苏维埃中央执行委员会发布“中字第 2 号命令”，颁布《审计条例》。审计条例共 19 条，分别规定了由中央审计委员会审查的事项和中央审计委员会分会审查的事项等。中央政府制定和颁布的这个审计条例，是中央苏区审计工作的基本法规和政策依据。中央革命根据地的审计工作，做到了审计独立、审计公开、审计到位和审计得力，从而使审计监督的职能作用得到充分的发挥。中央审计工作的开展，有效地促进了苏区党政机关和企事业单位经济管理和行政管理的改善，遏制了贪污浪费和官僚主义作风的蔓延，树立了党和苏维埃政府在人民群众中的良好形象。

（三）加强干部管理

在苏区战时的条件下，国有企业基本上实行的是准军事化的组织体制。企业负责人由上级任命，企业内部组织结构仿照军队编制。如中华钨矿公司对各个矿点实行的就是“中队”编组。

为促进公营经济发展，中央政府大量选派知识分子和工人出身的红军指战员从事经济管理与技术工作，但由于多数红军指战员出身农民，文化程度较低，因此创办公营企业、发展经济极度缺乏懂经营、会管理的人才。为培养和造就大批懂经济、善理财的干部，吸收一切有识之士参与经济建设，中央和地方各级政府像培养红军指战员那样，大力开展了经济管理人才的教育、培养和选派工作。

培养经济管理干部。这是毛泽东提出并写入《中央苏区南部十七县经济建设大会的决议》（以下简称《决议》）的思想。《决议》提出培养造就干部的举措：“省苏要立即为本身及县两级训练大批工作积极、政治坚强的干部，在九、十两个月中最少要为各县训练出十个干部，为每区训练出五个干部来加强经济战线上的战斗力量。”尤其是在对外贸易战线上，苏维埃中央政府规定：“每县要选出有经商经验并长于交际和管理才干的同志十人，于八月三十一日送到中央国民经济部训练，准备分发各采办处工作。”在培养基层经济工作干部的同时，毛泽东还委任了一大批富有经验的高层干部和经济建设专家，担任党和中央政府职能部门负责人，领导中央苏区的经济工作。他们当中有：陈云（白区工作部部长兼中华全总党团书记）、邓子恢（财政部部长兼国民经济部部长）、林伯渠（国民经济部部长）、吴亮平（国民经济部副部长、部长）、严朴（国民经济部副部长）、陈潭秋（粮食部部长）、钱之光（对外贸易总局局长）、毛泽民（国家银行行长兼中华钨矿公司总经理）……大批优秀干部在苏区国有资产战线工作，如钱希钧（国家银行干部）、曹菊如（国家银行干部）、黄亚光（国家银行干部）、吴汉杰（中央兵工厂厂长）、姚名琨（江口对外贸易分局局长）、唐义贞（中央卫生材料厂厂长）、胡良俊（中央被服总厂厂长）、谢里仁（中央造币厂厂长）、陈祥生（中央印刷厂厂长）、刘琦（中央消费合作总社社长）、王贤选（全国总工会河流修理委员会主任）等。他们殚精竭虑，苦心经营，为中央苏区的经济建设和革命战争的胜利作出了卓越的贡献。

为了吸引和招揽苏区外（白区）的专业技术人员，苏维埃中央政府主席毛泽东还颁布了《中华苏维埃临时中央政府征求专门技术人才启事》，吸引和鼓励一些有一技之长的专门人才到苏区工作和参加经济建设。如中央兵工厂、中央造币厂就吸收了一大批来自白区的专业人才。

组织学习培训。企业负责人和骨干工作人员在任职上岗之前，苏维埃都尽可能地组织安排集中学习训练。如各红色交通站的武装交通员大多经红军彭杨军校或公略步校学习，对外贸易分局人员分配工作前集中安排速成培训，与中革军委卫生材料厂相邻的地方就近设有红军医护学校，从事监察审计工作的人员上岗前也必须经过短期学习训练。学习内容除了马列主义政治理论以外，还普及文化，传授技能。教材一般由苏维埃政府和红军自行编印。现在我们依然能看到留存至今的苏维埃与红军出版的各式教材。一些重要班次授课任务往往由苏维埃临时中央政府和红军高级干部担任。何叔衡、毛泽民、林伯渠、邓子恢、吴亮平乃至毛泽东、朱德、刘少奇、陈云等领导人都曾在各种不同的场合授课讲话。在企业内部，更多的学习形式是“师带徒”“老带新”。中央兵工厂创办之初，为使大家能够学会枪械修造技术、掌握大机器的操作方法，党和政府从上海等地动员聘请了一批熟练技术工人骨干来苏区工作，并承允了优厚的经济待遇。开始有的同志不服气，通过领导亲自出面做工作，后来大家和谐相处，技术水平和修造能力都得到了较快提升。

树立干部好作风。“苏区干部好作风，自带干粮去办公，日着草鞋干革命，夜走山路打灯笼。”这是一首在苏区广为流传的颂扬苏区干部好作风的山歌，句句唱的都是当时苏区的真实情景。

苏维埃政府的机构设置贯彻精简、效能、节约的原则，人员少，工作多，不少岗位是“义务工作”。广大干部坚守理想信念，十分珍惜人民赋予的权力，为了工农大众利益而勤勤恳恳、任劳任怨。他们身上体现出的苏区干部好作风，受到群众广泛赞扬。例如于都的县、区苏维埃政府，在土地、财政、劳动、军事、文化、卫生、工农检查、粮食内务、总务等部门工作的人员都没有工资报酬，只发给少量生活补贴，而且县政府发补贴的人员不超过 25 人，区政府不超过 15 人。乡苏政府的少量工作人员中只有 3 人可领补贴，其余均为不脱产人员。家住白区的干部一个月可以补助 3 元至 5 元，其他干部每人每天只补 1 角 5 分到 2 角的伙食费，零用钱都必须自家掏。在赤白斗争敌我拉锯的时候，每个干部随身携带着一支梭镖或一杆鸟铳、一只干粮袋（两升炒米）和一双草鞋，只要号炮一响，无论是在办公或在田头地角，要立即赶到指定地点集合。“公家人”一面要办公，一面要打仗，一面要生产，从来就没有什么规定的作息时间。干部穿得和老百姓一个样，晚上用的是纸糊灯笼。各级机关办公很简单，方桌加板凳，写字的墨水用竹筒装，要写字时再倒一点出来。

毛泽东身为临时中央政府主席，廉洁奉公，率先垂范。他在宁都“二交食宿费”的故事被广为传颂。1933 年 8 月，苏区时的宁都县分为博生、洛口、长胜三个县。18 日这天，毛泽东和江西军区参谋长陈奇涵，带着两名警卫员来到了长胜县铲田区调查研究。午饭时，区苏维埃主席钟赤牯用自家土特产、没有花公家钱准备了一桌酒菜款待毛泽东一行。毛泽东看到这桌菜就皱起眉头说：“部队和群众现在生活十分艰苦，我们后方的工作人员怎能只顾自己大吃大喝呢?”“既然饭菜都已经做好了，把它送到伤兵站给伤员们吃，你看如何?”就这样，他们婉拒了钟赤牯的好意，来到了区政府所在的旧祠堂，在区政府吃起了红薯、萝卜干、芋头粥加辣椒。晚上开完会后，毛泽东四个人就住在这祠堂里。次日晨，毛泽东对警卫员小吴说：“你按规定向区政府财政部结清伙食费和住宿费。我们先走一步，你随后赶来。”可是区政府的财政部老部长说什么也不肯收钱，小吴只好悻悻地回来向毛泽东汇报。在一旁的陈奇涵看到小吴为难的样子，说：“还是我去吧。”毛泽东说：“这件事一定要办妥，我们是领导干部，在执行财政纪律方面更要以身作则，严格遵守，作出表率，这样人民群众才会信任我们，支持我们。”钟赤牯他们看到陈参谋长又飞快跑回来缴食宿费，非常激动地说：“好好好，我们收下。”老部长拿出毛边纸的账本，郑重地在账页里记上：“1933 年 8 月 18 日，主席毛泽东一行四人，照章交来食宿费大洋一元八角……”陈奇涵交了钱后，在后面的经手栏内，端端正正签上了自己的名字。

苏区干部带头开展节约运动。1932 年 7 月，中央人民委员会发出第三号通令《帮助红军发展革命战争，实行节俭经济运动》。此后，

“节省每个铜板为着革命战争”就成为苏区军民尤其是各级干部的自觉行动。1934年3月20日，第164期《红色中华》报道了中央各机关带头响应节省运动的情况：中央财政部、中央教育部、中央工农检查委员会全体工作人员，除表示每天节省二两米外，还决定自己开荒种菜，减少伙食费开支。该报当时还报道了中共中央机关博古、陈云、罗迈、邓颖超、潘汉年、成仿吾、陆定一、毛泽覃、刘群先、彭儒、阿金、贾拓夫等23位同志响应节约运动给《红色中华》报的信：

我们是从白区来的。我们在苏区没有分田，但是我们为着革命战争，使我们能在持久战中取得彻底胜利，愿意：

（一）每天节省二两米，使前方红军吃饱饭，好打胜仗；

（二）今年公家不发我们热天衣服，把这些衣服给新战士穿。我们要求其他白区来的同志，和在苏区分了田的同志，都同我们一起，来响应红色中华的节省号召！

在中央机关的带动下，各级机关、红军部队和各工厂、企业、商店的工人、店员、职员都积极行动投入节省运动，从而取得了巨大成绩。1934年9月11日，中央审计委员会在审计中央各部5—8月的经费开支后，发布了《关于四个月节省运动的总结》报告，公布了4个月节省运动的成绩：“不仅完成了八十万元计划，而且可以说将近超过一倍即一百三十万元以上。”①

针对基层同志因方法不当出现的一些工作作风问题，上级及时予以指出纠正。例如在推销公债和发展合作社工作中，有些地方一度出现强迫命令现象，国民经济部发现后及时进行了纠正：“我们绝对不能允许强迫命令摊派方式的继续存在与发生，各级苏维埃工作同志，

① 《中央审计委员会关于四个月节省运动的总结》，《红色中华》1934年9月11日第3版。

应该以忘我革命的精神，开展思想斗争，立刻纠正这种错误，开展深入的普遍的群众动员，只有这样我们才能胜利的完成经济战线上的重大任务。”①

（四）严格监督审计

审计监督。1931 年 11 月中华苏维埃共和国临时中央政府成立后，成立了最初的审计机构财政审查委员会；为提高国有资产运营的效率、保证资产的安全与不流失，苏维埃中央政府除了在人民委员会下的财政部和国民经济部中设有专业监管机构外，还设立了与人民委员会平行的综合机构审计委员会。1934 年 2 月 3 日，阮啸仙被任命为中央审计委员会主任。1934 年 2 月 20 日毛泽东签发命令，颁布了《中央政府执行委员会审计条例》。

阮啸仙上任之后，率领审计委员会的全体同志开展调查研究。首先率部到中央机关各部委等“重点单位”，审查财政预算、开支、决算和计划等“重点问题”。通过审查中央总务厅、财政部、国民经济部等十几个部委 3 月的账目，将情况及时地向中央执行委员会作了详细报告。他先后召集中央印刷厂、邮政总局、贸易总局、粮食调运总局等单位负责人开会，严肃指出存在的“不考察产品的成本，不知道计算盈亏，有钱就用，没钱就向国家主管机关要”的弊端，要求他们加强成本核算，健全会计制度。在审计工作中，阮啸仙极力主张“公开审计”。在向上形成书面报告的同时，审计处理结果在《红色中华》报予以公开曝光，接受党内外军民的监督。如中央印刷厂，据中央审计委员会检查，该厂“只有支出预算，无收入预算”，用钱没标准，账簿不健全，工厂每个月是赚钱还是赔本，连厂长也不知道。针对中央印刷厂的前任厂长和现任厂长两个人的官僚主义错误，国民经济部给予了严重警告。再如军事工业局，“在许多重要的军事工厂中，没

① 《吴亮平文集（第一卷）》，原载《红色中华》1933 年 9 月 3 日；署名：亮平。

有建立生产品与预决算的核算制度，工厂的管理上，没有厂长与领工的负责制度，原料与工具没有人负责保管，兵器仓库非但无锁而且无门”；而军事工业局局长对军工企业管理中存在的问题，“熟视无睹，负有直接责任”，被撤销了职务。

舆论监督。舆论监督是中央革命根据地红色政权监督机制的重要方面。中央革命根据地从中央到地方各级党政机关、群众团体和红军部队，都办有报纸和刊物。党和苏维埃政府十分重视并充分发挥这些大众传媒的舆论监督作用。苏维埃中央政府机关报《红色中华》，从1932年3月起，就辟有《突击队》专栏，专门刊登揭露批评各级党政机关、国有企业事业单位及工作人员的官僚主义、贪污浪费等消极腐败现象。后来又增辟了《红板》《黑板》等专栏，在《红板》中刊登表扬稿件，在《黑板》中刊登批评稿件。其他许多报刊也都辟有各种批评专栏。这样就使苏区存在的各种消极腐败现象，处于强大的舆论监督之下，难有藏身之地。

群众监督。为让工农群众充分行使监督权利，苏维埃政府在工农检察部设立控告局，建立工农通讯员队伍，经常组织突击队和轻骑队进行明察暗访、突击检查等，以充分发挥群众监督的重要促进作用。各级工农检查部控告局，是接受和处理工农劳苦群众对苏维埃机关或经济组织中工作人员贪污浪费、违法乱纪和官僚主义等不良作风检举揭发控告的机关。1932年9月6日，中央工农检查部专门颁布了《工农检察部控告局的组织纲要》，规定各级工农检查部（或科）都必须设立控告局，在工农群众居民集中的地方，须设立控告箱，以便利群众投递控告材料。

公开追责。对国有资产部门和企业中因疏于管理或履责不力等造成的资产流失和安全问题，苏维埃政府严厉问责，毫不留情。1934年8月10日晨，敌人袭击江口贸易分局，并在占据江口的两小时内大肆劫掠，造成贸易分局的现金和货物总值37926元的严重经济损失。由于直接负责者对这一事件的事前防范及事后处置不当，苏维埃进行了公开追责，有关领导人员被撤销职务，临时委任毛泽民同志为贸易总局局长。对江口对外贸易分局的处理，与前面对中央印刷厂、军事工业局问题的处理一样，都在报刊上点名公开，做到功过分明，充分显示了党和苏维埃政府保护国有资产的坚定决心。

合力肃贪。在苏区艰苦复杂的斗争环境中，绝大多数共产党员、革命战士经受住了血与火的严峻考验，表现出了高尚革命情操。但也有一些混入革命队伍的投机分子、意志薄弱者，不能抵制封建主义、资产阶级思想的影响和侵蚀，蜕变为侵吞人民财产的贪污腐败分子。据《红色中华》报载：于都县在一年内就发生了23起贪污案件，有的还用赃款大做投机生意，倒卖苏区紧缺物资食盐和粮食，从中牟取暴利。同时，一些地方浪费现象也十分严重，一个乡每月可用掉数百元，一个区可用掉数千元，一个县甚至用掉万元以上。

毛泽东多次告诫说：应该使一切政府工作人员明白，贪污和浪费是极大的犯罪。从1932年起，在中央苏区开展了一场声势浩大的反贪污浪费运动。根据中央执行委员会的指示，司法、检察、审计、工会、政府各部门和军队密切配合，组织肃贪“突击队”和清腐“轻骑队”，形成反腐肃贪合力，查处群众揭发的贪腐分子。

1933年12月15日，中央执行委员会下发了由主席毛泽东、副主席项英签发的《关于惩治贪污浪费行为》的第26号训令，惩治办法规定：

(1) 凡苏维埃机关、国营企业及公共团体的工作人员，利用自己的地位贪污公款以图私利者，依下列各项办理之：（甲）贪污公款在500元以上者，处以死刑。（乙）贪污公款在300元以上500元以下者，处以二年以上五年以下的监禁。（丙）贪污公款100元以上300元以下者，处以半年以上二年以下的监禁。（丁）贪污公款在100元以下者，处以半年以下的强迫劳动。

(2) 凡犯第一条各项之一者，除第一条各项规定的处罚外，没收其本人家产之全部或一部，并追回其贪污之公款。

(3) 凡挪用公款为私人营利者，以贪污论罪，照第一、第二条处治之。

(4) 苏维埃机关、国营企业及公共团体的工作人员，因玩忽职守而浪费公款，致使国家受到损失者，依其浪费程度处以警告、撤销职务以至一个月以上三年以下的监禁。

这一训令，从侧面反映了当年毛泽东领导中央苏区开展反腐肃贪斗争的坚定决心，使人们看到中国共产党人在创建人民共和国的艰难斗争过程中，对侵吞国家财产、挥霍人民血汗的贪污违法行为的斗争是何等地严肃果断！

《红色中华》报将各级政府中出现的贪污浪费行为公诸报端，靠群众觉悟力来肃清一切腐败行为。党的各级组织通过各种形式宣传反腐肃贪斗争的意义，设立控告局，方便群众检举。1934 年 9 月，毛泽东在第二次全国苏维埃代表大会所作报告中指出："苏维埃必须吸引广大民众对于自己工作的监督与批评。每个革命的民众都有揭发苏维埃工作人员的错误和缺点之权。""苏维埃工作人员中，如果发现了贪污腐化消极怠工以及官僚主义的分子，民众可以立即揭发这种人员的错误。而苏维埃则立即惩办他们。决不姑息。"在中央苏区反贪污浪费斗争中，中央一级机关和企业查处犯罪分子的贪污款银圆达数千元，送法庭的贪污分子 1 人，开除工作的 3 人，包庇贪污的官僚主义者送法庭的 1 人，建议撤职的 7 人，给予严重警告的 1 人，警告 4 人，个别罪大恶极分子被处以极刑。

在中央苏区由毛泽东亲自关注处理的腐败案件就有 3 起。第一起是处理叶坪村苏维埃政府主席叶步升的腐败案。1932 年叶步升利用职权贪污打土豪所得财物，偷盖苏维埃公章，伪造通行证，私自贩运物资到白区出售从中牟利。他夺人之妻，密谋杀害了干部和军医。起初县工农检察部查处该案时遇到阻力。毛泽东知道后很气愤："腐败不清除，苏维埃旗帜就扛不下去，共产党就会失去威望和民心！与贪污腐化作斗争，是我们共产党人的天职，谁也阻挡不了！"根据毛泽东的指示，5 月 9 日，中华苏维埃共和国临时最高法庭作出判决，处叶步升死刑，立即执行。这是中国共产党反腐败历史上处决的第一个贪官。第二起是处理中央政府总务厅全苏大会工程处主任左祥云腐败案。1933 年，中央政府决定兴建中央政府大礼堂和红军烈士纪念塔、红军检阅台等。工程于当年 8 月开工，11 月中央政府就收到举报左祥云贪污工程款的信件。中央工农检察部和总务厅成立联合调查组调查发现，左祥云贪污工程款 246. 7 元，并犯有盗窃公章企图逃跑等罪行。毛泽东下令总务厅扣押左祥云，但左祥云被管理处处长徐毅私放逃走。案发后，毛泽东责令全力破案，彻查中央总务厅腐败问题。1934 年 2 月 3 日，最高法院开庭判处左祥云死刑，分别判处其他相关人员 6 个月以上、5 年以下不等徒刑。第三起处理的是瑞金县财政部腐败案件。1933 年夏，中央工农检察部部长何叔衡收到举报瑞金县财政部会计科科长唐达仁贪污公款的信件。经过半年调查。发现唐达仁贪污公款、变卖公物和谷子、隐瞒地主罚款等 34 项罪证，计 2000 余元，而县财政部部长蓝文勋却知情不报。12 月 28 日，毛泽东亲自召开中央政府人民委员会会议，听取了对该案的汇报后决定，将唐达仁交法庭审判处以极刑，没收其本人财产，蓝文勋予以撤职查办。①

中央苏区开展的反腐肃贪斗争，深得广大军民拥护。对纯洁党和机关企事业革命队伍、保卫国有资产起到了十分重要的作用。

---

① 黄兆康:《中共历史上的反腐败斗争》,《党史天地》2008 年第 12 期。

第五章　中央苏区国有资产管理特点

中华苏维埃共和国时期国有资产的监督管理工作，是中国共产党治国安邦、局部执政伟大探索与实践的重要组成部分。从1929年1月红军从井冈山转战赣南闽西创建中央革命根据地，到红军长征，前后长达六年，其中1931年11月到1934年10月的三年，是苏区国有资产监管体系相对完善、以国有经济为领导的苏区经济迅速发展的鼎盛时期。

在半殖民地半封建的旧中国，经济基础薄弱，国家始终处于落后、挨打、分裂、被欺凌的重压之下。从中央苏区开始，这种局面开始得到了改变。数千年来中国人民第一次真正拥有了代表自己根本利益的国有资产，开始掌握经济命脉与前途，真正由人民自己决定中华民族的未来。中央苏区时期是革命战争时期，首要是保生存。毛泽东指出“革命战争是当前的中心任务，经济建设事业是为着它的，是环绕着它的，是服从于它的”。在毫无外援的情况下，只有独立自主地对主要资产实行国有，才能最大限度地动员和保证战争所需资源，粉碎敌人进攻，也只有实行主要资产的国有，才能建设好集中力量办大事的平台，确保中央革命根据地红色政权的稳固。所以，中央苏区国有资产监管与运营的实践，必须服从并服务于夺取反“围剿”战争的胜利，这是当年国资监管最显著的环境特点。以毛泽东为代表的中国共产党人，在极其困难与复杂的形势下，努力探索国有资产监督与管理的理论、政策、方法、途径，一路坎坷，艰难前行，取得了惊天动地的伟大成就。研究分析苏区国资管理的这些特点，不仅使我们进一步看到今天的国有资产来之不易，而且使我们更坚定地相信，由人民执掌国有资产，由国有资产支撑国有经济，苏区时期是、现在是、将来还必然是中国共产党的执政之基，是中华人民共和国的立国之基，也是中国人民实现中华民族伟大复兴之梦的前途与命运所系。

一、服务战时体制

（一）讲军事、讲经济、讲政治

中央苏区的经济建设，是在一个以小生产为基础、被敌人长期包围和分割、处于频繁战争的农村根据地进行的，苏区经济处在敌人的严密封锁之中的特殊社会环境，迫使中央革命根据地必须发展工农业生产、搞活商业流通以自救。国民党反动派为了消灭红军和苏维埃，自 1932 年以来就开始对中央苏区实行经济封锁，在白区设立“公卖会”，计口售油（煤油）、售盐（每人每天三四钱），在赤白交界处设立“封锁卡”，严禁商品进出，并把群众的粮食搜掠到封锁网的堡垒中，妄图使苏区“无粒米勺水之接济，无蚍蜉蚊蚁之通报”。敌人的严密封锁，严重阻滞了苏区经济发展，根据地内的军需供应和群众的日常生活陷入困境，这就注定了根据地开展经济建设的必要性。

毛泽东从根据地的实际出发，充分地估计到苏区经济斗争的长期性和复杂性，正确地处理了革命战争和经济建设的关系，阐述了“一要打仗，二要建设”的思想。他严肃地批评了当时党和红军干部中的两种错误观点：

一种观点认为在革命战争环境中不可能进行经济建设工作。有些同志认为革命战争已经忙不过来，哪里还有工夫顾及经济工作，因此见到谁谈经济建设，就要骂谁为“右倾”。他们认为在革命战争环境中没有进行经济建设的条件与可能，要等战争最后胜利了，有了和平安静的环境，才能搞建设。为此，毛泽东批评这种观点说："同志们，这些意见是不对的。抱着这些意见的同志，他们不了解如果不进行经济建设，革命战争的物质条件就不能有保障，人民在长期的战争中就会感觉疲惫……工农群众如果对于他们的生活发生不满意，这不是要影响到我们的扩大红军、动员群众参加革命战争的工作吗？"① 毛泽东在充分说理后深刻指出："只有开展经济战线方面的工作，发展红色区域的经济，才能使革命战争得到相当的物质基础，才能顺利地开展我们军事上的进攻，给敌人的'围剿'以有力的打击；才能使我们有力量去扩大红军，把我们的战线开展到几千里路的地方去。"② 毛泽东号召根据地军民说："我们一定要在全体政府工作人员中，在广大工农群众中，造成一种热烈的经济建设的空气，要使大家懂得经济建设在革命战争中的重要性。"③

另一种观点则忽视革命战争，把经济建设看成一切任务的中心。在敌人疯狂的"围剿"面前，若战之不胜，建设何用？国之不存，家犹何在？因此，经济建设必须围绕党的中心任务——夺取反"围剿"战争胜利来开展。毛泽东明确提出："在现在的阶段上，经济建设必须是环绕着革命战争这个中心任务的。革命战争是当前的中心任务，经济建设事业是为着它的，是环绕着它的，是服从于它的。那种以为经济建设已经是当前一切任务的中心，而忽视革命战争，离开革命战争去进行经济建设，同样是错误的观点。只有在国内战争完结之后，才说得上也才应该说以经济建设为一切任务的中心。"④

毛泽东所批评的以上两种错误观点，都是因为没有看到二者之间的辩证统一关系，把经济建设同革命战争对立起来、割裂开来所致。

在统一党内外认识的基础上，毛泽东针对根据地农村的实际情况，提出和制定了苏区经济建设的正确方针。这就是："我们的经济

①②③④ 这是毛泽东在1933年8月12—15日召开的中央革命根据地南部十七县经济建设大会上所作的报告的一部分，收入《毛泽东选集（第一卷）》，题为《必须注意经济工作》。

政策的原则，是进行一切可能的和必需的经济方面的建设，集中经济力量供给战争，同时极力改良民众的生活，巩固工农在经济方面的联合，保证无产阶级对于农民的领导，争取国营经济对私人经济的领导，造成将来发展到社会主义的前提。”“我们的经济建设的中心是发展农业生产，发展工业生产，发展对外贸易和发展合作社。”毛泽东制定的这个苏区经济建设的总方针，阐明了经济建设与革命战争的辩证统一关系，提出了苏区经济建设的目标、方向和中心任务，是完全切合苏区实际的科学方针。所以，要正确处理革命战争、红色政权与经济建设之间的关系。①

革命战争环境、红色政权的建立是苏区国有资产管理的客观存在条件。若无革命武装斗争、红色政权的存在，苏区国有资产管理就不可能存在与发展；同样地，若无国有资产的存在与发展，武装革命斗争、苏维埃红色政权就会因缺乏物质基础而丧失巩固与发展的机会。革命战争、红色政权与经济建设之间是辩证统一的关系，这一关系得到中央苏区党和政府的正确认识与积极实践。例如，苏区的东固根据地和闽西根据地在党的领导下初步建立了红色苏维埃政权之后，党和政府又及时地领导根据地军民创办了消费合作社、生产合作社和粮食合作社，还建立了平民银行、工农银行等金融机构，促进了根据地经济的快速发展，为根据地红色政权的巩固与发展提供了有力的保障作用。而苏区第四次反“围剿”取得胜利后，苏区中央政权进一步得到巩固与发展，这为苏区经济、国有资产经济管理的发展创造了良好的、相对稳定的外部必要条件。

（二）革命与建设两手都要硬

反“围剿”、反封锁是苏区国资监督管理所面临真枪实弹外部之敌的战场，而反教条主义的斗争则是面临内部“隐蔽之敌”的另一个

---

①毛泽东：《必须注意经济工作》，载《毛泽东选集（第一卷）》，人民出版社，1991。

战场。教条主义危害不亚于明面之敌。以毛泽东为代表的中国共产党人，坚持马克思主义与中国革命实际相结合，在抵制与纠正脱离实际的“左”的教条主义的经济政策中，丰富了经济建设及其关于国有企业、国有资产管理的理论与实践。

一是在关于革命战争与加强经济建设问题上，毛泽东批评、反对了那种一讲建设就指为“右倾”的错误认识。毛泽东指出，“革命战争的激烈发展，要求我们动员群众，立即开展经济战线上的运动，进行各项必要和可能的经济建设事业”，那种“以为革命战争的环境下不应该进行经济建设的意见，是极端错误的”。

二是抵制与纠正取消红军筹款的错误。在红军筹款的问题上，“左”倾路线实行取消政策，以致加重了本来就非常困难的地方财政负担。为抵制错误，中央政府综合施策，采取开辟税源、红军筹款、发展经济、坚持节省的原则安排财政支出，多管齐下，为缓解财政收入困难开辟了切实可行的途径。

三是坚决纠正了照搬苏联模式管理国有企业的政策。针对1931年“左”倾教条主义下制定的《中华苏维埃共和国劳动法》，刘少奇、陈云等同志通过全总苏区中央执行局，采取有力措施纠正了强行“八小时工作制”等高福利、高待遇的错误，努力减少了损失。1933年10月15日，苏维埃中央执行委员会作出了《关于重新公布劳动法的决议》，新的《劳动法》删改了脱离实际的条文，较妥善地处理了劳资关系，缓解了矛盾，避免了失业危机，恢复并促进了发展。

二、因地制宜、多措并举

（一）保持国有资产保值增值

苏区时期的公营企业，主要分为国有企业与合作社企业两大类。在这些企业中，由政府直接经营的国有资本集中在军需工业、粮食流通、对外贸易、钨矿、纸业以及交通邮政运输业。对更大量的国有资产，政府采取的是间接经营的方式。管理工作千头万绪，但无论是直接经营还是间接经营，各级苏维埃政府都扭住“管资本”这个牛鼻子，由此入手迅速打开了资产保值增值、满足苏区军需民用的新局面。

——实行股份制。苏区企业所以普遍实行股份制，有其必然性。一是股份制可以有效地弥补苏维埃政府发展经济资本金严重不足这个“短板”。因此，即便是由政府控股、直接经营的粮食、外贸、钨矿和纸业，当年也通过股份制大量地吸收了民营资本，甚至国家银行在开办之初也向社会发行了股票募集资本金；二是实行股份制可以有效地调动各级政府和苏区广大军民发展经济的积极性，容易收到“吹糠见米”之效。因此，除关系国计民生的重要行业，如军需工业外，苏区绝大多数公营企业都普遍实行了股份制。特别是遍及所有苏区的各类合作社，其间不仅有地方各级苏维埃政府投入的资本，更有大面积的民营资本。股份制的推行，使公营经济规模迅速壮大，经济建设步伐大大加快。从 1931 年 11 月到 1934 年 10 月这三年，各行各业活力迸发，经济建设一片欣欣向荣。

——公债转资本。发行公债的本质是构造国家信用，依靠人民群众的力量进行经济建设。毛泽东说：“为着发展国营企业和帮助合作社运动，人民委员会在群众的拥护之下，发行了三百万经济建设公债。这样依靠群众的力量来解决经济建设的资金问题，乃是目前唯一的与可能的方法。”发行经济建设公债，将公债转为国有资本，继而以国有资本投资兴办国有企业，引领创办生产合作社、消费合作社、粮食合作社及其他专业合作社，对引导商业繁荣、打击奸商盘剥、粉碎经济封锁、保障军民生活发挥了积极作用。当年遍布城乡、社会广泛参股的各类合作社，是灵活运用国有资本、依靠军民并造福苏区的伟大创举。

——资产优化组合。从实际和战争需要出发，对由政府直接经营、关系国计民生的重要行业资产，实行优化组合。如中革军委归并了各地的小型修械厂，建立起中央兵工厂，优选印刷企业建立起了中央印刷厂等，从而直接扩大了生产规模，提高了国有资本的运营效率。

——国产租赁经营。租赁经营是苏区国有资本管理的一种有效形式，它与苏区生产力水平相适应，符合实际情况，它直接解决了国有资本弱小与繁荣经济之间的矛盾，得以广泛实行。

一是开展国有资产的清理登记。苏维埃授权各级财政部国产管理部门，负责对国有资产进行清理登记的基础性工作，为国有资产实行租赁经营并收取租金打好基础。1932 年 12 月 14 日，中央财政部在《整理旧帐手续》中要求，从 1933 年 1 月 1 日起实行国库制度，将此前“收入数目分开税款、租款、国有财产收入款”进行登记造册。1932 年 12 月颁布的《财政机关交代规则》规定：各财政机关负责人前后任交代时，应由上级财政机关派员监视盘点，卸职人员将国有财产及物品等全数移交接任人员，接收人员将移交款物按表册单据，盘点清楚、一一接收。

二是对国有山林和矿产资源实行租赁经营。苏区地表资源和地下资源十分丰富。1930 年 9 月，闽西第二次工农兵代表大会《修正山林矿产法令》规定：一切山场归苏维埃政府公有，大的山场进行拍卖，小的山场出租予原耕山人或其他农民耕种，政府按照租山多少，征收其卖得青山价款 20% ~40% 的所得金。1932 年 8 月，中央财政部《关于矿产开采权出租办法》规定：“一切矿产的所有权与开采权都属于国家，但现为增加矿业生产及发展社会经济起见，国家准将各种矿产开采权出租予私人资本投资开采。”“凡承租人必须向当地县政府订立租借合同，订明承租年限，应纳租金。”“承租人除履行合同条件，按月交纳租金外，必须依照苏维埃一切法令，如劳动法、登记条例等，并须依照税则缴纳所得税，否则依照法律处分。”1934 年，苏维埃中央政府人民委员会发布的《山林保护条例》规定：“凡属国家管理的山林，不准任何私人砍伐。如工农贫民为建造或修理房屋或制器具而本人无树可用的，在经当地苏维埃批准之后，可准其缴纳相当价值向公山购买。但买五根以下的由乡苏批准，五根以上的由区苏批准。”“需要砍伐与种植时，由当地苏维埃组织当地群众执行之。”对国有山林进行乱砍滥伐等行为作出强迫劳动、处一年以上三年以下劳役的处罚规定。以上法规明确了山林、矿产等国有资源均属国家所有，其经营、开采及租赁等行为都按规定列入了监管范围。

三是对店房等国有资产实行租赁经营。1932 年 8 月，中央财政人民委员部部长邓子恢签发的《店房没收和租借条例》规定：“凡为苏维埃政府没收来的商店及作坊的房屋，商人作坊主要向县或市苏维埃政府重行订定租金，填写租据，按期交租。”“各圩场及各街市、摊寮归苏维埃没收的，过去有租金者，也照店房条例重新订定租金，或由苏维埃规定最低租额，招商投票以多为得。”“订定租金以店房等的码头地位，建筑大小，并参照生意衰旺为标准增加或减少，以能增加苏维埃利益，不妨碍商业发展为原则。”1932 年 12 月 5 日，中央财政人民委员部部长邓子恢签发《关于商业税与店租之征收事宜》的第 2 号训令，强调：“除城市外，全县各圩场特别是大市场之店租和商业税必须征收，乡村中盈利为目的的纸槽、木排、樟脑厂、铁厂，及各项工厂等资本在一百元以上者，亦应照商业税税率征收营业税。”按照以上规定，中华苏维埃共和国境内的所有店房、作坊、摊寮等都开展了租赁和租金征收工作，为苏维埃财政增加了收入。

——优惠税赋政策。1931 年 11 月 28 日，颁布了《暂行税则》，规定苏区实行统一的累进税，废除国民党军阀政府的一切田赋丁粮厘金、苛捐杂税，苏区暂时只征收商业税、农业税和工业税三种；规定商业税税率和征收办法。商业税按资本多少确定税率，从 200 元至 10

万元，分为13个等次征收税款。《暂行税则》规定的税率都较轻，体现了苏维埃政府将税负主要放在剥削者身上，保护小商贩、小业主和农民的原则。临时中央政府对商人还有一些免税的特殊规定。1931年规定肩挑小贩和商业资本在200元以下者一律免税，1932年改为商业资本在100元以下者免税。对于出口苏区的土特产品以及从白区输入苏区急需的工业品者，予以鼓励，一律按其应纳的营业税折半缴纳，以此来降低经营成本，激励发展赤白贸易。

（二）促进多种经济成分共同发展

为了推动苏区经济发展，坚持依靠人民群众筹措与积累国有资本。依靠群众，解决经济发展中的国有资本金不足问题，“乃是目前唯一的与可能的方法”。中央苏区时期采取的最为行之有效措施，一是通过发行300万元经济建设公债，将其转化为国有资本金，有效地缓解了国有资本不足的问题；二是通过吸引广大军民入股合作社，撬动了民营资本，放大了经营资本，从而发挥了国有资本引领其他经济成分共同发展的能动作用，促进了规模发展。

抓大放小，分级管理。按照毛泽东一方面要“尽可能地发展国营经济”，发挥国有企业的主导作用，另一方面，在条件艰苦，人力、物力和财力有限的苏区，要坚持多种经济成分并存，有计划地恢复和发展。“进行各项必要和可能的经济建设事业”，“国家经营的经济事业，在目前只限于可能和必要的一部分”。毛泽东在讲话和文稿中多次强调“必要”“可能”，在实践中，其实就是抓大放小、分级管理。国有资本主要集中在“必要的”产业业态，如军需、金融、外贸、粮食和合作社，中央政府的国有资本集中投放在国家银行、中央兵工厂、中华钨矿公司、对外贸易总局和粮食调剂局等部门，并对这些业态实行直接经营；而“可能的”领域范围，则是分级调动地方政府和人民群众创业的积极性。地方政府的国有资本主要投放在创办军需民用的各种公营企业与各种类型的合作社，除部分“必要性”企业由地方政府直接经营外，大多数业态实行的是股份制经营，实行混合型所有制经济共同发展。

1930年10月7日，江西省苏维埃政府颁布的《宣布本府成立及政纲》中规定："除军阀官僚及反革命分子所经营的商店、工厂一律没收外，凡是确遵苏维埃政府一切法令的私人资本，准许其自由经营商业。"特别是在1934年1月全苏二大中，毛泽东特别指出："我们对于私人经济，只要不出于政府法律范围之外，不但不加阻止，而且加以提倡和奖励。因为目前私人经济的发展，是国家的利益和人民的利益所需要的。私人经济，不待说，现时是占着绝对的优势，并且在相当长的期间内也必然还是优势。"最终全苏二大通过了《关于苏维埃经济建设的决议》，决议规定："一切苏维埃的商业机关必须尽量利用私人资本与合作社资本，同他们发生多方联系。"

中央苏区时期的经济结构中，存在国营经济、合作社经济、私人经济多种成分。国营经济虽符合历史发展要求、有不可限量的发展前途，但由于中央苏区位于赣南和闽西农村的地理位置，以及受战争环境的影响，整体力量仍很薄弱。毛泽东指出："国家经营的经济事业，在目前只限于可能的和必要一部分。"在这种情况下，合作经济适应当时经济的发展需求而出现，受到苏区群众欢迎而得以大规模发展起来，并逐渐成为中央苏区的主体经济。对于私人经济，毛泽东认为："合作社经济和国营经济配合起来，经过长期的发展，将成为经济方面的巨大力量，将对私人经济逐渐占优势并取得领导的地位。所以，尽可能地发展国营经济和大规模地发展合作社经济，应该是与奖励私人经济发展，同时并进的。"①

① 毛泽东：《毛泽东选集（第一卷）》，人民出版社，1991，第133－134页。

三、党的领导贯穿始终

（一）坚持党的领导

坚持中国共产党的领导是国有资产管理的根本特点，也是国有经济发展的基本保障。中国共产党对国有资产经济的领导通过思想领导、组织领导、业务领导等方式进行。[①] 这里我们以鄂豫皖革命根据地为例，从一个侧面了解中国共产党是如何在发展国有经济过程中坚持党的领导的。

1. 政策引领、完善制度

由于认识到国有经济在促进根据地经济建设、巩固根据地军民建设方面的重要性，于是从政策、制度方面加强了对国有经济的领导与管理。鄂豫皖边区特委就边区经济建设问题召开了相关会议，制定了相关政策、制度，以鼓励、推动边区经济的发展。1931 年 2 月上旬，在特苏党团等扩大会议上专门讨论了财政经济工作，明确规定：一是完全实行自由贸易；二是大力发展金融事业，开办银行，开展低利借贷，以打击投机商业和高利贷；三是大力发展经济公社及各类合作社，以促进经济建设和商业贸易；四是促进工业和商业的共同发展，尤其是军事工业，以支持武装斗争。1931 年 7 月 1—8 日召开的鄂豫皖苏区第二次代表大会再一次就经济建设问题作出了比较全面的政策扶持：一是实行统一累进税；二是容许自由贸易；三是建立银行、经济公社和合作社；四是低利借贷，反对投机商业和高利贷；五是监督和发展生产。通过会议政策与制度规定，边区党与政府制定和明确了根据地财政经济政策，明确了经济公社的基本职能作用和经营方针，为各级经济公社开展工作指明了方向，实现了对边区经济的

① 刘华实、薛毅：《鄂豫皖苏区经济公社初探》，《河南社会科学》，2008 年第 5 期。

政治思想领导。

2. 加强组织领导

鄂豫皖苏区第二次苏维埃代表大会选举产生了鄂豫皖区苏维埃政府。区苏维埃政府由执行委员会推举组成人民委员会作为经常执行政府工作的政权机关，人民委员会下设财政经济委员会，组织机构这里规定了经济公社实行双重领导，既受财政经济委员会领导，又受人民委员会的指挥和监督。上下级经济公社之间没有领导与被领导的从属关系，但有业务指导和联系。上级经济公社主要指导业务，同级政府主要在党政组织以及业务方面进行领导和管理。向县开展业务时，既受上级经济公社业务上的指导，又要和地方政府的财政经济委员会密切结合。由于根据地各县区之间交通不便，武装斗争频繁，政治形势变化很大，所以各级经济公社主要由当地政府领导和管理。

3. 加强业务领导

业务领导主要体现在公社经济的资金管理方面。在资金管理方面，党和政府加强了对公社经济的投资与扶持。公社经济的资金除了自身利润的积累，主要来源于政府投资，也有银行拨款或贷款。经济公社总社当时约有资金十几万元，一般县区经济公社有资金几百元、几千元或上万元不等，资金不多、规模较小者占多数。除了资金来源，经济公社直接经营货物的销售价格利润比例也取决于苏维埃政府的规定，一般为百分之一，所得利润上缴为苏维埃政府财政收入。

4. 及时发现和纠正经济中存在的问题

经济公社在生成与发展过程中必然会出现各种矛盾与问题，“合作社（群众的）和经济公社，这些建设各乡都有，不过范围很小，而且组织不好，其中有一部分因为党员、苏维埃政府、赤卫军赊欠而至停滞（在麻城），现都在整理。在九月初要举行合作社的代表会议，改变私人谋利的企图为群众谋利益的方针”。针对发展过程中出现的问题，党和政府起到领导作用，及时提出了一系列具体的整改措施。

（二）重视宣传教育工作

苏区时期，动员和组织一切积极因素参加经济建设以支援革命战争，是苏区工会的一项基本任务。为了调动工人生产的积极性，共产党人通过广泛的宣传教育，提高了工人的觉悟，使工人对自发生产有了更为深刻的认识，增强了工人的主人翁意识。苏区群众出于对自己政权的拥护和热爱，充分信任并积极参与经济公社的经济活动。在党和苏维埃政府的宣传教育下，工人逐渐认识到要从苏区经济建设大局、整体长远利益的实际出发，不能只顾眼前利益而牺牲长远利益和根本利益，不能贸然举行罢工活动，不能随意破坏私人厂店的生产资料和生产设施。因此，工人更为积极地参加劳动竞赛，这促使了劳动生产率和产品质量的不断提高。

对于无产阶级政党来说，思想政治教育的有效性依赖于统治阶级意识形态的主动性灌输与被接受者自主性学习的有机结合。为此，1932 年 3 月 2 日，中央苏区人民委员会发布了《政府工作人员要加紧学习》的第 6 号命令，明文规定各级苏维埃政府工作人员，尤其是主要领导干部要学习马克思主义基本理论，增强拒腐防变的能力，做具有无产阶级人生观价值观世界观的人民公仆。8 月 10 日中央苏维埃组织局发出《关于党内教育计划致各级党部的信》，要求各级机关“应当有计划有目的地提高党内政治理论水平，以马克思列宁主义的思想武装所有新旧同志的头脑，进行经常性有组织的教育工作”①。为保障这些政策的有效落实，使无产阶级革命教育规范化、常规化、深入化，1932 年 8 月，中央苏维埃政府创办了苏维埃大学。毛泽东、周恩来、董必武、洛甫、任弼时等都在苏维埃大学讲过课，苏区领导人亲自进

① 傅克诚:《中央苏区廉政建设》,中央文献出版社,2007,第 131 页。

课堂对苏区党政干部进行了系统的无产阶级革命观的教育，这对苏区领导干部形成廉洁奉公、克勤克俭的好风气起到了积极作用。

（三）加强组织建设

根据毛泽东和苏维埃中央政府关于发展经济建设的指导思想，刘少奇等早期共产党人在苏区经济实践活动中，确立了苏区工会工作的三项任务：一是建构真正群众性的阶级工会组织，保障工农群众生产活动；二是尽力改进国家工厂生产条件，改善工人群众的经济文化生活；三是发动工农工会会员参加苏维埃政权建设和红军队伍。在苏区工会组织建设方面，刘少奇着力建立健全工会组织系统，根据当时苏区手工业比较分散的实际情况，工会组织方式改变为按行业组织工人的做法。刘少奇坚决反对将工会工作与苏维埃政权建设对立起来的错误倾向。根据当时革命发展形势，刘少奇确认工会组织成分，凡出卖自己劳动力的苦力工人，无论籍贯、民族、年龄、社会地位和宗教信仰，均可以加入苏区工会。他指出，“目前的革命阶段，还是无产阶级领导的工农民主革命的阶段”，“一般的职员是工人阶级里面的一部分、一个阶层，除开极少数的管人外，应吸收加入工会”，对于“有一小块土地的工人、雇农、苦力，……是要吸收他们加入工会的”。1933 年 4 月初，刘少奇领导召开了苏区农业工人第一次代表大会，做了《目前的政治形势与中国农业工人的任务》的重要报告，提出组织和动员中央苏区农业工人加入农业工会，组建白区农业工人工会组织，提高农业工人阶级的思想政治水平和经济生活水平。

四、体现革命理想和精神

（一）革命理想教育

中华苏维埃共和国时期国有企业的创建与发展，人民红色政权中国有资产监管体系的构建与探索，是中国共产党独立自主、完整系统地领导经济工作的开端。毛泽东在主持苏维埃中央政府的工作中，日理万机，殚精竭虑，以极大精力领导和推动了苏区经济建设。以毛泽东为代表的中国共产党人，把马克思主义经济学原理与中国革命根据地经济建设实际相结合，在抵制与纠正脱离实际的“左”的经济政策中，开展了国资监督管理工作的伟大探索和实践，极大地丰富了毛泽东经济建设的思想和理论，积累了国有企业和国有资产监督管理的宝贵经验，培养造就了中国共产党一大批优秀的经济管理人才。中央革命根据地国有企业和国有资产管理战线的革命先辈和军民身上所体现的为革命理想而不息奋斗的精神，彪炳史册，是永远耸立在人民心中不朽的丰碑。

中央苏区是由赣南、闽西两个区域组成的，鼎盛时期辖有江西、福建、闽赣、粤赣 4 个省 60 个行政县。蒋介石视中央苏区为“眼中钉、肉中刺”，不断使用军事“围剿”和经济封锁的手段，试图扼杀其于摇篮之中。为冲破蒋介石的封锁，中央苏区一方面自力更生，发展生产；另一方面，克服困难，动员和组织企业开展多种形式的商品交换和流通活动。在一无资金、二无技术、三无可借鉴经验的情况下白手起家办企业，其难度可想而知。一大批党领导下的革命者，敢于冒着敌人的炮火，克服重重困难，创办红色企业，发展苏区经济。正是对革命事业的坚定信仰，使他们相信革命事业一定会在自己和革命同志们的牺牲中取得成功与胜利。

（二）无私奉献精神

习近平总书记曾经指出：“在革命根据地的创建与发展中，在建立红色政权、探索革命道路的实践中，无数革命先辈用鲜血和生命铸就了以坚定信念、求真务实、一心为民、清正廉洁、艰苦奋斗、争创一流、无私奉献等为主要内涵的苏区精神。这一精神既蕴含了中国共产党人革命精神的共性，又显示了苏区时期的特色和个性，是中国共产党人政治本色和精神特质的集中体现，是中华民族精神新的升华，也是我们今天正在建设的社会主义核心价值体系的重要来源。”①

中央苏区在青山绿水间，炉火熊熊，锤声铿锵；在车间院落里，机杼轰鸣，夜以继日；山路崎岖，赣水苍茫，封锁线上，斗智斗勇，留下了无数可歌可泣的英雄事迹。中央苏区工人听党话，跟党走，平时努力生产，战时响应苏维埃号召，拿起枪杆参加红军、投入战斗，无私地为共和国奉献着青春和热血。至今，我们依然能深切感受到苏区工人宣誓的革命豪情。弘扬苏区精神，就是要学习先辈们艰苦奋斗、甘于奉献的革命精神，不忘初心，砥砺奋进，为实现中华民族伟大复兴的中国梦而努力奋斗。

（三）艰苦创业精神

1931 年 11 月，中华苏维埃临时中央政府成立后，提出了发展农业、发展工业、发展外贸和发展合作社的经济建设四大目标。中央苏区企业的干部和群众，开始走向同甘苦、共患难，自力更生、艰苦创业的道路。“发展经济，打破封锁，为巩固和扩大中央苏区而努力”的共同目标，造就和培育了中央苏区企业艰苦创业、团结协作的精神。在这种企业精神的指引下，中央苏区的军工和民工企业都得到了迅速的发展。1933 年初，临时中央政府总结江西群众的经验，提出大办合作社的主张，当时整个中央苏区只有 1432 个合作社，到 9 月，仅仅半年时间，合作社就发展到了 2400 多个。合作社的发展，不仅使共产党领导下的苏区红色企业形成了一定的规模，使合作社经济成为中央苏区的主体经济，同时，合作社的发展壮大，还在红色区域内消灭了落后的封建经济基础，使社会经济结构发生了深刻变化，形成了国营事业、合作社事业和私人事业三者紧密联系的新型经济层次，从根本上改善了苏区群众的生活。中国共产党在中央苏区时期关于艰苦奋斗打

① 《习近平总书记在纪念中央革命根据地创建暨中华苏维埃共和国成立 80 周年座谈会上的讲话》,《人民日报》2011 年 11 月 5 日第 1 版。

江山、团结协作谋发展的创业思想，是在坚持实践的基础上形成的，解决了当时的一系列实际问题，也为后来社会主义市场经济的确立奠定了一定的实践和思想基础。

（四）诚实守信精神

在蒋介石的经济封锁下，苏区物资极度匮乏，供需矛盾十分突出。因此，把苏区出产的纸张、煤炭、烟草、钨矿输出去，换回苏区军民急需的食盐、布匹、药品，成为苏区企业的一项十分重要的任务。中央苏区企业一方面组织职工群众，以私营和个人的方式，到国民党统治区采购商品；另一方面制定关税优惠政策，吸引和鼓励国民党统治区的商人到苏区交换紧缺物资，以满足中央苏区的巨大需求。在创新商品流通方式的同时，临时中央政府还要求苏区企业诚实守信、以身作则、维护“商德”。如1934年初，由于第五次反“围剿”的失利和敌人的造谣捣乱，苏区货币流通受阻。在此情况下，担任国家银行行长和钨矿总经理的毛泽民，指示金库拿出光洋、银圆，公开兑换苏区纸币，挽回了民众特别是国民党统治区商人对苏区货币的信任。正是中央苏区共产党人勇于创新、诚实守信的精神，打破了国民党军事和经济的重重封锁，使苏区商品经济的发展出现日益繁荣的景象，为推动中央苏区政权和经济建设发挥了极为重要的作用。①

① 黄如棠：《中央苏区时期的企业文化建设》，《管理探索》2010年第11期。

第六章　中央苏区国有资产布局

从1931年11月中华苏维埃共和国临时中央政府的成立开始，到1934年10月红军主力撤离中央苏区为止，中央苏区经济建设进入了三年蓬勃发展时期。按照“一苏大会”通过颁布的《中华苏维埃共和国宪法大纲》《中华苏维埃共和国关于经济政策的决定》等法规，出于红色政权生存和革命战争的需要，苏维埃政府大力发展各种可能的经济成分。中华苏维埃共和国的经济，包括了国有经济、合作社经济和私人经济，而国有经济在中央苏区的经济中则居于领导地位。在这一时期，苏区军民被广泛动员起来，为粉碎国民党反动派的军事“围剿”和经济封锁，开展生产自救。各种经济组织遍布苏区城乡，呈现出热火朝天、欣欣向荣的景象。对事关国计民生和大局的军需工业、国家银行、粮食流通、贵金属矿产、大宗进出口商品以及交通、通信、邮政等事业，由临时中央政府直接筹资经营管理；一般军需民用的各类小工厂、小作坊、小商店和小兵工修械厂（所），则放手支持各革命根据地的省、县、乡苏维埃政府或合作社以及私人创办、经营和管理。

在这一时期，诞生了完全意义上的国有企业。国有公营的工商企业在基础薄弱的条件下，迅速起步。国有工矿业企业的建立，除来自从敌人手里没收的外，主要依靠人民群众创办。极少部分的军需品是机器方式生产，大部分是作坊式的手工业生产；商业流通企业中，国有资本虽然规模不大，但通过对有限资本采取杠杆式的撬动，放大了资本规模，在引领工商企业发展中发挥了主渠道作用。

在这一时期，从临时中央政府到地方，各种经济政策的制定和管理机构的设置，迅猛向前推进。在以毛泽东为主席的中央执行委员会的领导下，与苏区生产流通水平相适应的国有资产监督管理体系逐渐成形，建立了分级分类运营与管理的国有资产机构。这些机构主要集中在人民委员会的财政部、国民经济部和中革军委的总供给部。苏区的国有资产和国有资产监督管理体系，成为中国共产党执政之基的重要组成部分。

一、壮大中央企业与地方公营工商业

（一）大力发展军需、矿业、纸业与印刷业

中华苏维埃共和国临时中央政府成立后，一场轰轰烈烈的群众性的经济建设运动，在中央苏区兴起。这是以毛泽东为代表的中国共产党人，在中央苏区领导革命战争的同时开展大规模的苏区经济建设的伟大尝试。

在连续取得第一、第二、第三次反“围剿”战争胜利后，中央政府主席毛泽东这时也有暇致力于苏区经济建设方面的运筹和决策。由于政治方面的原因，1932 年 10 月，在临时中央“左”倾错误的影响下，毛泽东被撤销红一方面军总政委职务，不再直接参与前方战事而专做政府工作。因此，毛泽东自然成为领导中央苏区经济建设的主帅。

曾任苏区国民经济部部长的吴亮平同志在回忆录中写道：“中央苏区的经济建设，是在毛泽东同志的亲自领导下进行的。为了团结群众，发动群众搞好经济建设，毛泽东亲手制定在经济建设方面的一系列的方针政策和具体措施。那时王明路线主要是在军事路线表现最激烈，而对中央苏区的经济建设的干扰，不像军事上那么严重，那么激烈。”在回答战争年代能不能搞经济建设的问题上，“毛泽东用历史唯

物主义的观点，分析了经济建设和革命战争的关系，认为夺取革命战争的胜利就要依靠群众，发动群众，搞好经济工作，解决群众生活问题”。关于经济上的领导权问题，“毛泽东强调国营经济领导个体经济。当时，国营经济的力量还很小，毛泽东就领导群众发展合作社运动，组织对外贸易，经营钨砂、造纸、樟脑等，此外在苏区内部也办些小手工业。例如发动群众熬硝盐，解决了民众的食盐问题，而且解决了军事上用的火药。此外还发展对外贸易，将苏区的农副产品运出去，再把白区的东西买进来”，“对内还组织了粮食合作社。因为江西的粮食，各地的产量相差很大，因此成立了粮食调剂局和运输合作社，把民船组织起来搞运输。毛泽东同志很重视合作社运动。解决资金的办法主要是靠集股。另外，国家也要给点钱，这些钱从哪里来呢？主要是发行经济建设公债。发行了三百万元经济建设的公债。这叫作进行需要和可能的经济建设”。①

在毛泽东经济思想的正确指引下，从 1931 年 11 月到 1934 年 10 月，中华苏维埃临时中央政府制定了一系列正确的政策措施，苏区近三年的经济建设，取得了举世瞩目的成就。苏维埃的旗帜深刻映入了全国工农劳苦大众的心目中，中央苏区成为独立、民主、光明的新中国的雏形。

1. 中革军委管理的军需工业

——中央兵工厂。1931 年 10 月，苏维埃中央军委决定，将中央修械厂、江西省苏维埃政府修械处、红三军团修械厂合并，在兴国县莲塘区官田创办中央军委兵工厂（又称官田中央兵工厂）。

官田村，地处中央苏区“创造第一等工作”的模范县兴国县，与于都县和反“围剿”战争主战场宁都县、宜黄县交界。这里群众基础

① 吴亮平:《毛泽东同志在中央苏区领导经济建设和作长冈乡调查》,载陈毅、肖华等:《回忆中央苏区》,江西人民出版社,1981,第 447 页。

好，周边崇山峻岭，地形十分隐蔽。初办时，设立有枪炮科和弹药科，枪炮科下设修理、制造、木壳、牛皮、刺刀等股；弹药科下设炸弹股、子弹股。“三厂合并成立中央兵工厂时，有二百多把锉刀，一百多把老虎钳子，四座打铁炉”。到 1933 年，官田中央兵工厂发展到 440 人，人员最多时达一千多人。中央兵工厂厂长吴汉杰回忆：“官田兵工厂一共配置了四万多支步枪、四十多万发子弹，修理了两千多挺机枪、百多门迫击炮，造了六万多枚手雷、五千多个地雷。这些武器弹药，装备了红军，狠狠地打击了敌人。”

1934 年中革军委开始筹建规模更大的“中央红军兵工厂”。厂址设在宁都、于都、瑞金三县交界的长胜县渡头区冈面乡竹园村（今属瑞金县冈面乡），构建了 8 栋厂房；4 月，官田兵工厂开始往冈面乡动迁；8 月，各分厂迁移工作完成。冈面中央红军兵工厂具备月产手榴弹 8 万枚、修枪 2000 余支、造子弹 40 多万发的能力。厂长韩日升（后为刘广臣），政委范启明，党总支书记杜绍棠，职工委员会委员长马文，特派员谢石林。

——中央被服厂。中央被服厂由福建军区被服厂和军委总经理部被服厂合并而成。被服总厂设瑞金县七堡村，第二被服厂设长汀县城东门周祠和新万寿宫，第三被服厂设宁都县城。被服厂主要生产军装、军帽、挂包、绑腿、米袋、子弹袋等。

——中央印刷厂。创办于 1931 年 8 月 16 日，从兴国东固迁到宁都青塘，再迁瑞金下陂坞，1933 年 4 月搬到沙洲坝。以印刷厂铅印部和石印部为基础，在瑞金分设中央印刷厂、中革军委印刷厂和中央财政部印刷厂，分别承印中央的文件、布告、中央机关报《红色中华》、《斗争》杂志、《红星》报和军事读物，以及钞票、公债票、邮票、米票、股票等。

——中央造币厂，即国家银行造币厂，存续时间为 1931 年 11 月至 1934 年 10 月，厂设洋溪，全厂 150 多人。厂业务部下设有熔银部、绞皮部、冲床部、绲边部、洗银部、包装部、修理部和银库等，具备每天生产1万余块银币的能力。设在长汀的熔银部将“熔好的金银铜送国家银行造币厂，造银圆和毫子”。为便于流通，造币厂不仅铸造银圆，1932年还铸造了面值贰角的银币，面值壹分、伍分的铜元。

——中央卫生材料厂。创办于1931年冬，归中革军委总卫生部领导，厂址设于北区（后改为胜利县，今属于都县）琵琶垅村。从苏联留学回国的唐义贞任厂长。该厂有上百工人，拥有手工压片机、打丸机、蒸汽消毒器等设备；卫生材料厂分为四个车间：制药车间，用各种中草药制成中成药；敷料车间，制作纱布、绷带、急救包、药棉等；水剂车间，制作无菌医用药水，如蒸馏水、碘酒等；器械车间，制作简单的手术器械器皿，如手术刀片、镊子、止血钳等。1933年8月，中央卫生材料厂从琵琶垅村迁往瑞金县的下院村。同时，在瑞金的朱坊村、高陂乡的石含村等处，也都设有一些就地取材中草药，生产加工膏、丹、丸、散和中药饮片的医药机构。

——中央通讯材料厂。前身为中革军委无线电通讯材料处，1931年11月在瑞金成立。成立之初只有六七个人，一把钢丝钳、一把扳手和几支改锥，主要修理损坏的收发报机、充电机。1932年初迁往于都县北部平安寨山洞里，几个月后又迁回瑞金，改为中革军委通讯材料厂，涂作潮由主任改任厂长。全厂增加了设备，共有20多名技工和学徒，配备了警卫班，可生产少量无线电零配件。

——红军斗笠厂。设长汀县城，全厂有工人108人，月产斗笠6000顶，1934年1—9月共生产斗笠20万顶。起初斗笠产品为夹箬尖顶，1932年冬毛泽东视察该厂时建议改为生产夹油纸的平顶斗笠，改进的平顶斗笠深受红军指战员欢迎。

2. 国有资本经营的钨矿业

——中华钨矿公司。1930年冬，驻扎在铁山垅分水坳的红三军某部，组织会昌县三区七乡群众拾捡露头块钨、挖掘表层矿苗，筹集给养经费。1931 年，苏区成立了首家国有公营的丰田（铁山垅）钨矿和白鹅洗砂厂，招募当地矿工和农民，加上红军官兵共 1000 余人，编组为 5 个中队 15 个分队，分别在大窝里、分水坳和杨坑山等矿场进行开采作业，并对钨原矿进行初选。当时，矿山以每百斤 8～15 块银圆的价格，收购民工采掘的钨砂，规模逐渐扩大。

1931 年 12 月，中华苏维埃共和国中央临时政府财政人民委员部和国家银行，根据毛泽东关于发展苏区经济的指示精神，提出了恢复和提高钨矿生产的方案。1932 年春，红色政权下第一个由苏维埃中央政府直接经营管理的钨矿企业——中华钨矿公司在于都铁山垅成立，由公司负责领导与发展苏区钨矿生产与经营管理。公司首任总经理为胡功克，任职期间为 1932 年春至 1932 年冬，因犯官僚主义和特殊化等错误被上级组织撤调；继而由国家银行行长毛泽民兼任，任职时间为 1932 年冬至 1933 年秋，这一时期是中华钨矿公司整顿发展并取得显著成效的时期；从 1933 年冬至 1934 年公司总经理一职先后由丘金山、谢日东担任。

毛泽民兼任总经理后，选派干部进驻民办矿场，担任工会委员长并负责钨砂的产购销。1932 年冬至 1933 年春，仁风山（盘古山）、上坪、庵前滩、吴坑和蜈蚣山等矿区相继组织成立了钨砂生产合作社。1934 年 4 月，公司招聘一批技术人员，抽调一个中队和新组织一个中队，增设公营小垅钨矿开山采矿。至此全公司下辖 2 个公营矿场、1 个公营洗砂厂、5 个钨砂生产合作社，成为赣南苏区的钨业中心和工业骨干。中华钨矿公司曾决定计划从 1933 年 12 月到次年 3 月，用 4 个月的时间，增招 15000 名工人进行大规模开采，这个计划由于战争形势影响，虽然没有全部实现，但钨矿生产仍然取得了相当发展。钨砂的年产量从 1931 年的数百吨增加到了 1934 年的 3324 吨。

中华钨矿公司所辖的丰田矿（今铁山垅钨矿）、仁风山矿（今盘古山钨矿）和上坪矿场，加上后来开办的泰和县小垅矿场，共有 5000

余工人。从1931年到1934年10月红军长征前夕，中央苏区共产销钨砂4193吨，出口总值430多万元。这些钨砂由对外贸易局组织出口到白区，换回大量现洋和苏区紧缺物资，成为中央苏区经济收入的重要来源。其中1931年至1934年秋，盘古山一个矿场的产值就达到了200多万银圆，有力地支援了革命战争和根据地经济建设。

钨矿是一种具有较高价值的资源，是战备物资中一种极其重要的原材料。当时，一担钨矿的价值相当于四担粮食，而且在全世界紧俏。而中央苏区恰恰是盛产钨矿的地区。毛泽民等苏区银行骨干在了解情况后，着手成立了中华钨矿公司，由毛泽民担任总经理。这就是如今中央直属企业、国有企业的前身。在成立中华钨矿公司之后，毛泽民通过各种渠道，找到了广东军阀陈济棠谈判、合作。陈济棠既是军阀又做生意，在全世界倒卖钨矿产品。经过协商，双方最后达成了一个重大的钨矿贸易合同，即由中央苏区提供钨矿原料，由陈济棠负责收购和销售。仅1932—1934年，整个中央苏区就向德国出口了4190吨钨，价值上千万。自1933年起，整个中央苏区的财政开始暴涨，其中钨矿贸易出口量达到了1200万大洋，其贸易成果相当于10个漳州战役的战果。中央苏区的贸易活动也极大地刺激了周边军阀，导致其纷纷倒向苏区政府并与之进行贸易往来。对于国民党中央政府的“围剿”计划，周边军阀由于与中央苏区政府存在贸易关系，也纷纷采取了观望和消极的态度，间接缓解了红军的外围军事压力。[①]

根据何长工的回忆记载，长征前夕中央红军与广东军阀陈济棠部签署停战协议，中华钨矿公司与广东军阀的贸易往来对达成停战协议起到重要作用，为中央红军长征从广东顺利借道打开了一道缺口。

---

① 杜吟滔:《论苏区银行的曲折发展与历史贡献》,《辽宁经济职业技术学院、辽宁经济管理干部学院学报》2017年第1期。

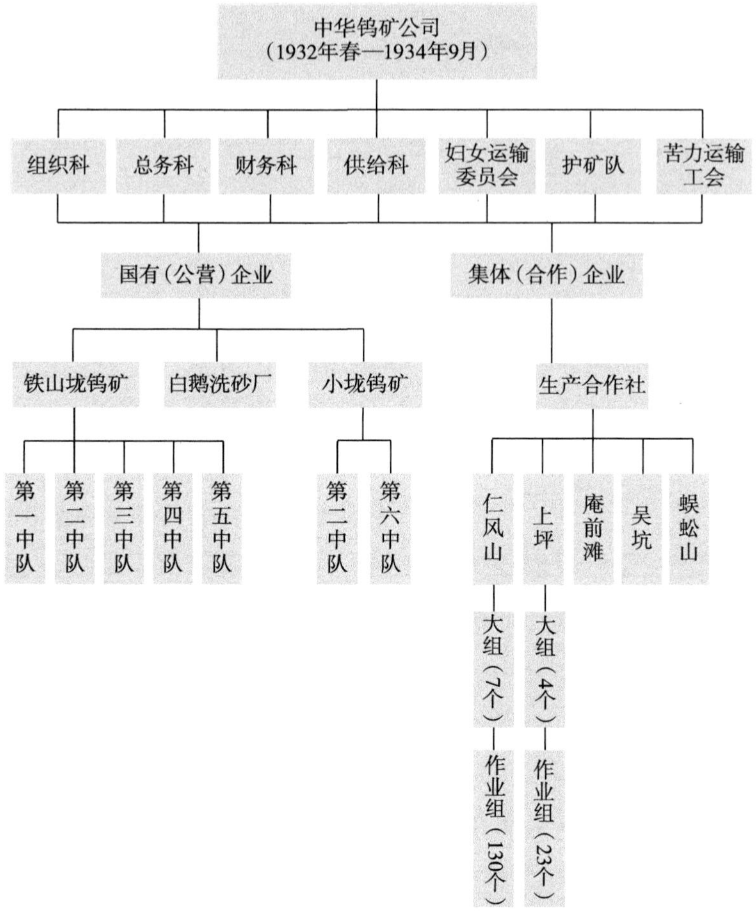

图6－1　中华钨矿公司组织结构图

注：1. 铁山垅钨矿、白鹅洗砂厂与生产合作社开发经营期间是1932年春—1934年9月。

2. 小垅钨矿开发经营期间是1934年4月—1934年9月。

3. 第二中队于1934年4月调小垅钨矿。

3. 国有资本引领发展的纸业

走进中央苏区，竹海茫茫，苍翠欲滴。

近代中国纸业产地与苏区在地域上具有高度的重合性。中央苏区的两大核心区域——赣南、闽西，囊括了瑞金、石城、长汀、上杭、连城等重要产纸区，著名产纸区铅山县，则属于方志敏、邵式平等人创立的赣东北苏区的辐射区域。赣南、闽西以及赣东北等丰富的毛竹和石灰石资源，为苏区纸业发展提供了取之不尽、用之不竭的原材料。

苏区各地政府就地取材，利用传统工艺组织生产毛边纸（又称土纸），其产量不仅满足了红色政权宣传教育和出版工作的巨大需求，而且通过突破国民党的封锁线，外运白区销售乃至出口到南洋，换购回了大量的西药、布匹、煤油、食盐、印刷材料、手电筒等紧缺物资，这些物资销往根据地各县供军需民用。

苏维埃政府积极推动纸业恢复和发展。国民党反动派对苏区实行军事“围剿”和经济封锁，以致交通阻隔、金融紧缩，对纸业产生了严重的冲击与破坏。苏区几个主要产地县如宁都、石城、瑞金的纸业生产陷于停顿状态。中共瑞金县委在1932年的工作报告中提及：“在敌人经济封锁许多出品无法运出，因此这些大大的出产，已比以前大大地减少了，特别纸和烟叶。”1930年，闽西各县的纸产量明显下降。如龙岩县减少60%，旧年积存40%；上杭县减少50%，旧年积存10%；永定县减少50%，积存30%；长汀县减少80%，积存30%。[①]

1931年中华苏维埃共和国临时中央政府成立后，为扩大财政来源和安置失业工人，采取多种措施推动纸业恢复与发展，使其成为中央苏区对外贸易的重要产业。苏维埃政府对作为纸张生产主要原料的国有石灰矿藏，实施对民众免费开采的鼓励政策，并将山地竹林以较低租金优惠给纸槽纸寮经营。同时苏区政府采取灵活措施，通过拨付适当的资本金，扶助纸业合作社，引领纸业发展，通过合作社与私人资本合股生产、定购出口，放大了纸业经营资本，使政府与业主都获得了较好的收益。

合作社是苏区政府恢复发展纸业普遍采取的组织形式。国民党政

---

① 江西省档案馆、中共江西省委党校党史教研室编《中央革命根据地史料选编（上册）》，江西人民出版社，1982，第299页。

府一位基层官员在分析苏区应对经济封锁效果时，就提及“福建省工联组织造船合作社，与大规模之纸业生产合作社”。[①]

1932年冬，苏维埃共和国国民经济部决定，以国有资本为主导，大规模发展纸业，投资20万元成立了中华纸业公司。中华纸业公司通过汀州市纸业合作社与私营纸行合股生产经营，“公司每年春天将生产资金发放给纸业合作社，由合作社转贷款给纸农或槽户，并与他们订购土纸。夏季后就可以大量收购土纸。公司把购来的土纸，一部分卖给各印刷厂，刊印各类书籍、报纸、杂志。其余通过突破国民党封锁线外运到广东潮汕一带销售”。[②] 1932年闽赣纸业工会为了促进“运纸出口”，专门发出通知要求下属工会“督促纸行老板经常设法运纸出口来流通苏区经济”，“利用老板去打通各个路线……吸引白区商人来营业和接洽或在边界收买，互订营业条约”。[③]“放了贷款，增加了纸张生产”。[④]

由此，赣闽两省苏区的纸业呈现出复苏繁荣景象。中共福建省委的报告说：“闽西最大的工业——纸业生产，自被敌人严密的经济封锁后，差不多完全停槽，自八月来经过纸工的坚决斗争，与党、政府及工会的领导，已恢复九十余槽，纸价已提高一倍。”[⑤] 瑞金、宁都、会昌以及赣东北根据地、闽北崇安县等地，也纷纷建立了纸槽、纸厂或纸业生产合作社。[⑥] 赣东北苏区“除了原有的铅山河口、弋阳丁山造纸厂外，还在上饶茗洋关、德兴重溪等地兴建了一些造纸厂，开头只能生产草纸和毛边纸，后来改进了造纸技术，能生产尚光纸（印刷

---

① 《新丰特别区政治局局长刘千俊报告》,《军政旬刊》1933年第7期。

② 中共长汀县党史工作委员会编《长汀人民革命史》,厦门大学出版社,1990。

③ 《革命根据地财政经济斗争史》编写组编《土地革命时期革命根据地财政经济斗争史资料摘编(五)》,1978。

④ 曹菊如:《曹菊如文稿》,中国金融出版社,1983。

⑤ 江西省档案馆、中共江西省委党校党史教研室编《中央革命根据地史料选编(上册)》,江西人民出版社,1982,第510页。

⑥ 《革命根据地财政经济斗争史》编写组编《土地革命时期革命根据地财政经济斗争史资料摘编(四)》,1978。

苏区钞票用)、京方纸，不但解决了根据地的用纸，而且每年有三千吨至五千吨纸出口”。[①]

为使苏区军民能够认识与理解纸质媒介上的文化符号，苏维埃政府迫切需要提高军民的识字能力，从而大力兴办学校，发展教育，这又进一步刺激了纸张的生产。中央苏区的四大印刷机构——中央政府印刷厂、中革军委印刷厂、中央财政部印刷厂以及毛铭新印刷所（后扩充为闽西列宁书局)，共承印红军和地方各类学校课本、临时教材、青年读物、儿童读物等几十万册。

苏区纸业的发展，有效地缓解了纸业工人的失业危机，大多数纸业工人以积极生产的方式支持苏区革命。1933 年成立的中国纸业工人工会，是苏区四大工会之一，该工会“直辖福建省、闽赣省纸业工人工会，中央造纸业职工会，以及部分县、区纸业基层工会”。[②]

传播革命的基础媒介毛边纸。革命需要大量纸张。苏区时期，由于口语传播易受环境、方言及空间阻隔等限制，以纸为媒介的书写传播在宣传动员中的重要性无可替代。中共第六次全国代表大会关于宣传工作的决议案中曾指出：“在残酷恐怖阻碍口头宣传与鼓动的条件之下，各种形式的刊物宣传（报纸、传单、小册子、宣言等等)，便获得极重大的意义了。”[③] 随着中央苏区的形成和巩固，加之苏区纸业的充足供应，中华苏维埃政府利用刊物宣传革命的形式几乎不受限制地在苏区范围内扩展。

曾在瑞金中央印刷厂工作过的马永年忆及，中央苏区的两份名刊——《红色中华》和《斗争》“纸张用的是土制毛边纸”。邓小平任中共瑞金县委书记时，成立了《瑞金红旗》报社，“步权乡山坑乡的纸槽闻讯，立即送来了几担优质毛边纸”。玉扣纸、毛边纸等纸品

---

① 陈群哲:《闽浙赣苏区的经济建设述评》,《中国社会经济史研究》1985 年第 2 期。

② 《江西省工会志》编纂委员会编《江西省工会志》,方志出版社,2003。

③ 中央档案馆编《中共中央文件选集第四册(1928)》,中共中央党校出版社,1989。

在苏区政治生活中得到广泛应用。毛泽东调查农村社会的著名文献《长冈乡调查》和《才溪乡调查》也是用毛边纸油印了1000多份，发给每个代表。在这种繁密的文化宣传活动中，“中央政府和中央印刷厂等机关每月需纸五千元”[①]。

纸业工人与革命。中国共产党不仅重视产业工人集中的矿山，对规模偏小、较为分散、僻处乡间的纸业工人同样予以关注。积极推动中共组织在纸业工人队伍中的发展。

1932年，福建省工联第一次执委会在关于目前工作计划的决议中，决定其主要的中心工作“是木船工人、纸业工人、雇农苦力，并注意汀州工作和闽北的中心城市。因为这些地方，是与中央苏区有关系”[②]。

“四都地区又有许多纸坊，纸槽工人多数是贫苦农民兼做纸工的，受高利贷盘剥很重，生活很苦，群众运动比较迅速开展起来。”[③] 1928年中共闽西特委派蓝夏桥赴瑞金酝酿革命，他首先在古城找到卖纸的邱作顺，再通过邱与邓希平等人取得联系，后来他们不仅在长汀古城成功发动了一次纸业工人罢工，还组织了汀（长汀）、瑞（金）纸业工人总罢工。[④] 1930年方志纯等人赴资溪县南山开辟新的革命根据地，“不久就发展了造纸工人周天赦、胥长禄等7人为党员，于1930年11月，建立了南山党支部”，并针对姚坊纸行老板发动了一次暴动。[⑤]

纸业工人积极要求参加红军。闽北崇安县党组织的一份报告说：“在崇安的工人很少，只有纸厂工人，茶厂工人，船厂工人比较更多。纸厂工人多是江西抚州人，他的斗争情绪很高，向厂主进攻也很激烈，

---

① 南薰:《以无产阶级坚强领导开展广泛的合作运动》,《红色中华》1933年10月15日。

② 中央档案馆、福建省档案馆编《福建革命历史文件汇集(1928—1934)》,1985。

③ 中共长汀县委党史资料征集研究委员会编《汀江红旗:党史资料汇编(第一辑)》,1983。

④ 中国人民解放军历史资料丛书编审委员会编《土地革命战争时期各地武装起义·江西地区》,解放军出版社,1997。

⑤ 政协资溪县委员会文史资料委员会编《资溪县文史资料(第一辑)》,1988。

在过去他也会另结团体，常有增加工资的罢工行动；现在已经组织了好几个工会（共五百余人），因纸（厂）倒闭工人失业的原故（纸价低落）许多工友都来参加红军，不复有工会的名义存在；他们斗争情绪很激烈。”① 1930年，以数百名船工、纸工为基础，在崇安成立了闽北红军教导团。中共福建省委巡视员邱泮林在巡视闽北后的报告中也提到崇安“西乡百多的纸工都参加红军”②。现宁化县的治平乡，时为汀东县长宁区，“盛产毛边、玉扣纸，有纸槽300多处，造纸工人较多”，1932年长宁区纸业工会成立时共有会员390余人，正是在纸业工会的基础上，苏区唯一一支以纸业工人为主体的游击队——闽光纸业工人游击队于1933年成立，并从“最初的80余人发展到486人，以后编入红军”。③

在苏维埃政权中，有许多纸业工人成为共产党和各级政权组织的领导和骨干。如1929年冬指挥震惊闽赣两省古城暴动的参谋长刘宜辉，自幼就生长在一个赤贫的纸农之家；曾任区委书记和县苏主席的彭胜标（古城梁坑人，1955年被授予少将军衔），13岁就进了纸厂当学徒；锡纸工人康维雄曾任县总工会主席；纸工吴少亮是市苏政府裁判部长；长汀纸业工人为革命队伍输送了大批优秀干部。1934年，中央主力红军长征后，纸业工人队伍仍然在共产党的领导下坚持革命斗争，有许多以纸寮作掩护而建立起来的地下交通站和秘密联络点，直至全国解放。

红色纸业基地——汀州。

长汀县，史称汀州。位于福建省西部，武夷山脉南端。西靠瑞金，东邻连城，南毗上杭、武平，北接宁化、清流。境内丘陵起伏，山峦

---

① 中央档案馆、福建省档案馆：《福建革命历史文件汇集（1928—1931）》，1985。

② 中共中央党史资料征集委员会征集研究室编《中共党史资料专题研究集·第二次国内革命战争时期（二）》，中共党史资料出版社，1988。

③ 宁化县总工会、《宁化县工会志》编写组编《宁化县工会志（二稿）》，1987。

绵亘，竹林荣茂，万竿竞翠，造纸资源非常丰富。流经全县的汀江发源于北部武夷山脉的上坪山，迤逦南流，经上杭县、永定县，流入广东省的韩江，注入南海。久负盛名的汀产玉扣纸，通过民船航运出口，畅销东南亚。

种竹关生计，连山带笋香；谁知文字贵，先赖纸工良。

清朝的郑克明如此赞颂了长汀人民种竹造纸的业绩。纸业的发达，催生了印刷业的发展。用汀州玉扣、毛边、连史纸版印书籍，成为地方特色产业。

中央苏区以“毛铭新印刷所”为基础组建的红军印刷厂和“闽西列宁书局”，就在长汀县城。毛泽东在长汀时曾说过：“我们的革命宣传好比是向敌人发射的精神炮弹，印刷所好比是制造这种精神炮弹的兵工厂。这个印刷所是革命活动的一个据点，我们不可随便丢失，要想法掩护它……”[①] 当时，玉扣纸除用于印刷《红色中华》《青年实话》等革命报刊和党政机关的文件、传单、布告外，还用于印刷股票、邮票、公债券等有价证券。毛泽东在长汀疗养期间，曾用玉扣纸写下了《关心群众生活，注意工作方法》这篇光辉著作。

长汀纸业机构。第二次国内革命战争后期，闽西苏区和赣南苏区连成一片，组成中央革命根据地。长汀毗连红都瑞金，是闽赣两省边陲要冲，具有重要的战略地位和经济力量，成为闽西和赣南整片中央苏区最重要的经济和商业中心，成为通往赣南和粤东的重要交通枢纽。手工纸是长汀主要的、大宗的外贸物资。

1930 年 3 月，闽西工农兵第一次代表大会制定和通过了《合作社条例》；代表大会在宣言和决议案中提到，闽西革命的任务之一是集

---

① 毛钟鸣:《制造精神炮弹的兵工厂》。

中一切力量向内外发展赤色区域，尤其要向漳厦潮汕发展……使内地纸、木、烟出口，外来生活必需品输入，以解决整个闽西的社会经济问题……要求各级政府切实保护纸、木、烟来往，不准扣留没收。……各级政府要经常召集纸、木、烟商人开会，讨论输出办法，并说明政府保护的意义，使他们去招徕外商。由政府出护照，保护纸商货品出口，非得批准，不得没收商品，违者严办。省总工会也作出决定："用最大的力量和努力创办合作社，开展合作运动，……组织大规模的纸业生产合作社。"

1931 年冬，长汀城乡开展了轰轰烈烈的组建合作社运动，纸业合作社和其他 20 余种手工业合作社应运而生。已登记发证的纸业生产合作社 4 个（宣成、南岩、四都、湫水）。纸农、槽户积极加入纸业合作社（亦称生产合作社），因为可以不受高利贷者的剥削。资金来源由合作社集股筹办。纸业生产合作社由群众自愿合股集资组成，规定股金每股 5 角，每个社员不超过 10 股。只有劳动群众才有权加入。当时闽赣省纸业合作社股票用 16 开大小的毛边纸印刷，当中画有列宁像，像两旁是股票金额，像下方印有"第×××号，×年×月×日"，右下端印有"发展生产"方章，左下端印有经理人印章。

1932 年 4 月临时中央政府发布《关于合作社暂行组织条例》，规定合作社必须坚持自愿与民主办社的原则。1933 年 3 月 15 日《红色中华》第 119 期载："福建省工会决定：用最大的力量和努力，创办合作社，开展合作化运动。（1）组织造船合作社……（2）组织大规模的纸业生产合作社。"

1932 年冬组建的苏维埃中华纸业公司，是苏区第一家工贸性质的纸张专业经营机构。公司由纸业工会支部长吴斗生（江西兴国人）兼任经理，负责组织纸业合作社和手工纸槽户的生产和购销。为了搞好纸业生产与经营，公司先发放生产资金给纸农、与槽户订购纸张。购到的土纸，一部分交各印刷厂印刷革命书籍，其余则冲破国民党封锁运至潮汕、广州一带销售，换回苏区军民必需的药材、盐巴、布匹、军用器材等物资。中华纸业公司年销量达357.08吨，是苏区主要的经济来源之一。

苏区纸业的发展和贡献，离不开苏维埃政府与总工会的关怀和支持。全国总工会委员长刘少奇和副委员长陈云经常到长汀指导工会工作和工人运动。1932年底至1933年夏，陈云多次来到长汀视察工作和调查研究，并撰写了《关于苏区工人的经济斗争》和《怎样订立劳动合同》等文章，正确地指导了苏区工人运动。纸业工人就是根据他所指导的汀州京果业的示范合同，和资方改订了劳动合同。

1932年省市总工会按行业组织工会，仅汀州市区纸业工会就有会员100多人。纸业盛产地长宁区，有纸业工会会员390余人，成为汀东县工会的一支重要力量。纸业合作社和纸业工会的建立，促进了苏区纸业的恢复和发展。仅闽赣边界纸区长宁区（属汀东县，今长汀、宁化交界处）就有300余个纸槽生产，年产1250吨。1933年6月中国共产党福建省委报告说："长汀纸业生产恢复了三分之二。"

1933年6月11日《红色中华》载："汀州市先后恢复了四十多个纸业合作社和私营的造纸厂坊。平均每天生产毛边纸达1.33吨，每刀时价二元五角，日产值可达715元，而且纸质闻名内外，远销广州、上海、汕头等地。"①

实施纸业发展扶持政策。苏维埃政府在制定新的经济政策上，保护、鼓励、支持和促进苏区纸业生产的大力发展。在石灰石开采、竹山分配、银行信贷、关税条例、组织合作社、成立纸业工会等诸多方面，为苏区手工纸业提供了优惠的条件。

1932年6月30日，闽赣纸业工会发出《关于纸出口问题作下列决定》的通知：

---

① 玉扣纸每24担为1吨，每1担为7刀；毛边纸每担10刀，每1刀为200张；节包纸每1片为20刀，每1刀为40张。以此为换算标准。

(1) 在沿途河道旧存的纸，督促纸行老板设法运纸出口来流通苏区经济，要他们运出纸的钱拿回苏区来营业，不准他们有任何企图投机怠工关门逃跑。

(2) 实行多找小道，建立交通路线。

(3) 各地都要联合各个合作社和木船苦力贩卖运纸出口。

(4) 为用经济力量（指公营企业）和互助力量（指合作社企业）战线、资本，使纸价提高、组织贩卖合作社，扩大贩卖合作社的资本，到边界卖或到白区卖。

(5) 由长汀、宁化往洋口。

(6) 瑞金、石城重纸，长汀纸，路线上分4路：1）往上杭的。2）由长汀、宁化往顺昌洋口、福州的。3）由瑞金和横岗下赣州的。4）由瑞金下会昌、筠门、蕉岭往大埔广东的。都要建立起来。一面利用老板去打通各个路线，一面自己刻苦耐劳进行建立路线，吸引白区商人来营业或在边界收买，互订营业条约。5）在运纸出口上要注意的，贩卖合作社、联合个别出口。6）为了运纸出口工作是很重要的，每县要调二个干部来办理进行这一工作。

1932年8月26日，以主席毛泽东，副主席项英、张国焘名义颁发的《中华苏维埃共和国临时中央政府人民委员会第二十号命令》提出了为几种商品减税问题：“……凡是从苏区输出产品——如……木、烟、纸及一切农产品运往白区发卖者……照其应纳交营业税额，一律减半收税。”福建省苏维埃政府对银行发出支持手工业生产的指示：“对手工业生产要大力发展，积极支持，给资金困难的手工业以低息贷款。大力扶植纸业生产，要给造纸业小生产者低利贷款，推动纸业的发展。”当时的闽西工农银行对急需的造纸、铸铁等手工业给予了必要的投资或贷款，纸业合作社得到贷款后，生产迅速恢复发展起来。

汀东县纸业公司发放贷款（每担纸产量贷银币2至3元），并由上级工会责成纸行资本家贷款，长宁区恢复纸业生产，不收利息（共贷2万余元苏维埃纸币），产纸卖出后还贷。纸农工资收入亦普遍提高了几倍。调查表明：纸业工人革命前每月最高工资10元，苏区时最高工资35元；革命前最低工资3元，苏区时最低工资31元。

遍布全县的纸农、纸工、槽户，充分利用丰富的竹山资源，生产手工纸，运销外地，加强了苏区的经济力量，增加了群众收入。

1934年底，红军主力撤离中央苏区，长汀复归国民党政府管辖，设于长汀的纸业公司资产被国民党政府没收。1935年2月8日国民党统治区下的上海《申报》以“长汀造纸概况”为题，间接报道了苏区时期长汀纸业经营的盛况：

长汀所产之纸，多取道韩江至潮汕出口，年来虽洋纸盛行，但国内需用连史毛边等国产纸者仍不少，故产量仍丰，占长汀土产输出之首位。自长汀陷匪后，二十二年十一月，瑞金伪中央政府之中华商业公司，特组织造纸公司一所，委一兴国人为经理，资金二十万元，曾将出品一部，由伪商业公司逾越汀杭封锁线，运至潮汕出售，获利甚丰。国军克复长汀后，查出此项匪产，当予没收并经善后委员会第三次临时会议决，设“公营造纸公司”，现该公司地址设长汀中正路范家祠，于十二月二十一日正式营业。据该公司负责人谈，前伪造纸公司之详细账目，均已遗失，各槽纸款若干，无据可查，但各槽尚存有支据，暂以为凭。出纸区域，兼及江西省境，计在江西境者有太雷、日东、洋地、桃阳四区，在福建境者有馆前家、量坊、四部、东坡、张地、长宁、镇华、七古树下等八区，共十二区二百三十八槽，各区以长宁纸槽最多，有二十四槽，年产九千余担，总计各槽资金在前伪造纸公司时约十万余元，纸产二万余担，经公营造纸公司成立办理登记后，已有张地等区前来登记，计有九千余担，长宁区亦经前往调查

后，其他尚有四区因地方为靖，暂缓进行，已缴来之纸三百余担，现尚存放未售云云。（二月六日）

纸张对苏区经济的贡献。长汀手工纸的主要品种玉扣纸、毛边纸，采用传统的“生料制浆法”工艺制造，其流程类似制造宣纸。主要生产流程为：修山护笋→备灰→修理湖塘→砍竹麻→溜竹麻→裁筒→削竹麻→剖竹麻→落湖→洗漂竹麻→刚竹麻→耘槽踏竹麻→捞纸尾→榨纸→焙纸→裁纸→包装过秤入库。1929 年红四军首次入闽，利用长汀较好的印刷条件，用大量的毛边纸刊印了《红四军布告》《中共六大文件》《十大纲领》《告民众书》和《告商人及知识分子书》等文告和传单，宣传苏维埃政策，鼓舞人民的斗志；还刊印了《国家与革命》《社会进化简史》《共产主义浅说》《纪念我们的马克思》等一大批马克思主义书籍，成为当时红四军和苏区各学校的重要教材。另外，共青团中央局机关报《青年实话》周刊，也用长汀玉扣纸印刷。周刊的式样大小为 32 开，每期约 32 页、印数约 3 万册左右。1931 年闽西苏维埃政府迁设汀州，闽西列宁书局印发了革命领袖马克思列宁像，白底红墨，形象逼真。

1931 年冬，闽西工农银行搬迁长汀。银行的任务是调剂金融、保存现金，发展社会经济，实行低利借贷。在长汀发行纸币，保存现金。凡财政及其他收入的银圆，规定必须交银行作为存款，交付时则只给纸币。纸币持有者可随时向银行兑换银圆。当时，中央委托黄亚光设计苏区纸币。由于条件简陋，只能用毛笔在毛边纸上作画稿设计，中间画有革命导师列宁的像，供财政部印刷厂石版印刷。

1932 年 9 月—1933 年 1 月，毛泽东在长汀老古井疗养期间，一边治病，一边深入各基层工会、商店、工厂和居民群众家中调查，起草了革命历史文献《关心群众生活，注意工作方法》这篇光辉著作，然后用 4 开毛边纸抄正，贴在墙上，并亲自念给汀州市苏维埃政府领导干部听，从而改变了当时只管扩大红军和动员群众运输队而不关心群众生活、不注意工作方法的官僚主义作风。

苏维埃时期教育事业飞跃发展。列宁小学、补习班、识字组，犹如烂漫山花，遍及每个乡镇、山村。《识字课本》等文化书籍需要大量的纸张印刷，长汀玉扣纸为此作出了重大贡献。

1934年1月，在筹备召开第二次全国苏维埃代表大会期间，毛泽东把《长冈乡调查》和《才溪乡调查》手稿亲自交黄亚光刻写（共3.3万多字），然后用长汀毛边纸油印1000多份，发给了每个与会代表。

中央苏维埃政府发行的革命战争和经济建设公债、邮票、合作社股票等有价证券，也都用玉扣纸印制。红军医院还用玉扣纸代替药棉，弥补因国民党经济封锁造成的药棉供应不足。

1935年夏天，瞿秋白在长汀狱中，用汀纸写下了《浣溪沙》《卜算子》《梦回》等诗词。

中华苏维埃时期，在中国共产党和苏维埃政府领导下，长汀纸业工人，高举革命红旗，为苏区的经济建设努力生产，为中国革命流血牺牲，在中国的纸业史上谱写了光辉的一页。

4. 国家经营的出版印刷业

中央苏区的出版印刷业是党和苏维埃政府直接经营的特殊行业，它为中国革命作出了特殊的重要贡献。与列宁领导的苏俄革命不同，列宁从事宣传活动时，严重缺乏纸张，而中国苏区自产的纸张却是自给有余，所缺的是印刷机械和油墨。

昔日印制传统文化典籍的纸张，在中央苏区成为既是译介马克思、列宁等革命导师革命经典和思想的媒介，又是传递革命舆论讯息、塑造革命话语权、建构社会实体的工具。这些知识的生产者和传播者，不仅包括革命领袖，还包括中共和苏维埃政府的各级组织。“翻印”，在苏区作为文件传递的一种形式经常出现。在日常生活中，用于管理物质供应和社会关系的各种票证更是司空见惯，革命领袖的肖像、广泛发行的纸币、邮票等渗透到苏区军民生活的方方面面。苏区纸张的大量使用，成为推翻反动统治、夺取政权、改造社会的红色历史见证。纸张，在苏区不仅是一种经济物资，更是一种政治物资，其媒介功能是赣闽盛产的钨砂、茶叶、夏布、木材等经济物资所不具备的。毛泽东的著名论点是，出版印刷业所支撑的革命文化，“它服务于无产阶级政治路线，是无产阶级用来‘团结人民，教育人民，打击敌人，消灭敌人’的有力武器，帮助人民同心同德地和敌人作斗争”。因此，出版印刷业作为一个与敌人战斗的特殊武器平台在中央苏区得以迅速发展壮大。

毛铭新印刷所和闽西列宁书局。

闽西是中央苏区出版印刷业最早开展的地方，以毛铭新印刷所为基础，创办了中央苏区第一个出版印刷和发行机构——闽西列宁书局。

1929 年 3 月 14 日，毛泽东、朱德、陈毅率红四军从赣南首次入闽，解放了长汀县城。当晚党支部书记段奋夫在毛泽东住处——水东街的“辛耕别墅”向他汇报当地党组织活动的情况，特别介绍了长汀县有印刷技术专长的共产党员毛钟鸣以及“毛铭新印刷所”。毛泽东详细询问情况后对毛钟鸣和全体党员说：“印刷所有共产党员、印刷设备，有石印又有铅印，条件很好，应该为革命发挥作用。我们有很多宣传品正需要大量印刷。”他当即指定毛钟鸣专门负责这项工作。红四军在长汀工作 17 天，利用这里的印刷条件，印制了大量文件、布告，如《中共“六大”决议案》《十大政纲》《红四军司令部布告》《告商人及知识分子书》《告绿林兄弟书》等。红四军即将离开长汀时，毛泽东特地再次找到县委负责同志及毛钟鸣，要求大家想方设法保护好印刷所。

毛钟鸣，字炳耀，中央苏区印刷业的开拓者。1901 年 3 月 21 日出生于长汀县一个贫民家庭，共有 7 兄弟，他排行第三。1921 年，大哥毛焕章从潮州拜师学得印刷技术后，在众亲友支持下开办了毛铭新印刷所。毛钟鸣及其兄弟们都学了一手精湛的印刷技艺。毛钟鸣早在中学时就接受了新思潮，1926 年 5 月，汀州青年学生为纪念上海“五卅惨案”一周年，他曾撰写《五卅的流血》《汀州学生联合会对于五卅惨案一周年纪念宣言》两篇战斗檄文。10 月，毛钟鸣和张赤男等进步青年参加北伐，任国民党中央联席会议秘书处干事。1927 年蒋介石发动“四·一二”反革命政变后，毛钟鸣被迫离开国民政府办公厅返乡从事印刷业。9 月，周恩来、贺龙、叶挺、朱德、陈毅率“八一”南昌起义部队南进途经长汀。在北伐军中得到熏陶的毛钟鸣主动接近起义部队并找到原北伐军的老上级吴玉章同志，遂参加革命队伍。任长汀县革命委员会秘书厅总务科长。吴玉章对毛钟鸣几个兄弟说：“印刷所对革命很重要，列宁当年进行革命斗争时，常因没有印刷所而苦恼。你们要设法把这个印刷所办下去，以应将来革命的需要。”这些话给了毛钟鸣兄弟巨大鼓舞。“八一”起义部队离开长汀后，毛钟鸣坚持办好毛铭新印刷所，积极支持地方党组织的各项工作，1928 年 4 月他光荣地加入了中国共产党，随后他的两个弟弟毛如山、毛旭初也都参加了党组织。

1931 年 11 月，中华苏维埃共和国第一次工农兵代表大会在瑞金召开。为适应中央苏区各项建设，急需发展出版印刷业。此时毛铭新印刷所已经培养和锻炼了一批印刷技术人员。于是以毛铭新印刷所为基础，由毛钟鸣指导，从白区秘密采购部分印刷设备和用品，在瑞金先办起了临时中央政府印刷厂、中央革命军事委员会印刷厂和中央财政部印刷厂，分别负责承印中央文件、布告、《红色中华》报、《斗争》杂志和《红星》报以及钞票、邮票、公债票等。毛铭新印刷所专门负责印刷共青团中央主编的《青年实话》和教育部编写的各学校课本和各类儿童、成年人读物。4 个印刷厂（所）共承印报刊 17 种、总发行量 20 余万份（册），还有红军和地方各类学校课本、教材、儿童读物几十万册。

毛铭新印刷所为创办官民合办、群众集股的闽西列宁书局打下了物质基础。1930 年 3 月 25 日，闽西第一次苏维埃代表大会通过了《文化问题决案》，提出“要废除国民党党化课本，另由闽西文化委员会编制新课本”，“闽西政府应开设书店，采办各种革命书籍”。同年 8 月，闽西苏区将出版事业列入《闽西苏维埃政府目前文化工作总计划》并着手筹备。1931 年春，中央苏区第一家印刷出版兼发行的机构——闽西列宁书局在长汀县城开业，当地苏维埃政府主持了热烈的开业典礼。

闽西列宁书局下设印刷所、编辑室、会计科、事务股、发行部等机构，全书局约有工作人员 30 余人。印刷设备有石印、铅印，其中除部分设备由毛钟鸣捐献外，大部分从国统区采购来。技术骨干主要是原毛铭新印刷所的成员。书局负责人实行主任制，初期由闽西文化委员会主任兼任。创办之初，书局曾因资金困难一度影响业务。1931 年 3 月书局发行了“闽西列宁书局股票”，发行对象面向闽西苏区全体工农群众，股票面额为一元，任意购买，入股自愿，退股自由。书局规定凡入股者可优惠购买书局的各种书籍，年终按股份参与红利分配。由于群众支持创办书局，股票发行顺利，仅 1931 年便发行股票 1 万余元，解决了资金困难的问题。

闽西列宁书局主要出版介绍党和政府有关方针政策的小册子及各种布告、文件、政治文化教育图书。据不完全统计，自书局成立到 1934 年长征前，先后出版 300 多种图书和文件近十万册，并出版革命刊物和报纸，如早期的《红旗报》《战线报》和后来的《闽西红旗》《红色福建》《红色闽赣》等报刊。由于书局业务量不断扩大，后经闽赣省苏维埃政府主席邵式平批准，在永定县设立“闽西列宁书局永定分局”，负责永定县及毗邻苏区的出版印刷业务。

闽西列宁书局始终将革命利益摆在首位，一切服从革命战争。工作人员为了完成生产任务，夜以继日，废寝忘食。由于它是官民合办且吸收有群众股份，因而坚持了定期向群众公布账目的制度。如1932年9月20日，书局就在《红色中华》报上发表了《闽西列宁书局和二期会计科决算书启事》，详细公布了第三季度书局印刷收支情况。[①]

闽西列宁书局的创办，为1931年11月临时中央政府成立后建立中央出版局、中央印刷厂、中央发行部以及工农红军书局等机构，提供了宝贵经验。1932年4月毛泽东率东路军入闽时，再度到闽西列宁书局看书局出版的样品陈列室，他观看了一年多来出版的书报后说："闽西书局是苏区出版业的老大哥，你们要为革命多出书，出好书！"

· 中央苏区的出版发行机构

临时中央政府成立后，苏区的出版发行事业一片繁荣。毛泽东认为，只有在苏维埃政权下面，每个工农群众才能接受到新的教育，消灭他们在文化上的落后。为了加强对出版的领导，尽管当时还处于战争的紧迫环境，中央临时政府机构很精简，却设立了较为完整的出版印刷机构网络。

——苏区的编审出版机构有：

中央出版局。成立于1931年底，隶属临时中央政府领导。该局下设编辑部、发行部，是中央苏区新闻出版和发行工作的管理机构。它除了负责检查和审批报刊、书籍的出版与发行之外，还经常自己编纂书稿出版。

中央教育人民委员部编审委员会。成立于1932年6月，隶属教育人民委员部领导。

中央教育人民委员部编审局。成立于1934年4月，隶属教育人民委员部领导，负责中央苏区文化教育类书籍（教材）的编审工作。

马克思共产主义学校编审处。成立于1933年3月，主要职责是担

① 孙家骅、刘云主编《江西苏区文化研究》，2001，第559页。

负马克思共产主义学校教材的编纂和审定工作。

中共中央局党报委员会。成立于 1933 年 1 月。该委员会下设编辑部，编辑出版党中央机关报《斗争》，并指导苏区各级党报的工作。

中央革命军事委员会出版局。成立于 1932 年 1 月。是军委领导红军出版工作的机构，行政上属总政治部领导。该出版局设有印刷所，先后出版了《中国的军队》《战术与战略》《战术讲授录》等军事书籍。

中央革命军事委员会编译委员会。约成立于 1932 年冬，它是中央军委为了加强对外国军事著作的翻译出版工作而设立的专门机构。曾将苏联等国家的一些军事论著或资料翻译成中文，由军委出版局出版。

中央军事政治学校编审出版科。成立于 1931 年 12 月，是中央军事政治学校政治部的下设机构，负责全校教材的编审与出版工作。

中国工农红军学校出版科。成立于 1932 年 5 月，下设编辑室、印刷所、发行所，曾编辑出版了许多关于军事、政治、文化等方面的书籍和教材。

中国工农红军卫生学校编审出版科。成立于 1932 年春，是红军卫生学校政治部的下设机构，负责全校教材的编审出版工作。从现存的由中央苏区各单位出版的书籍来看，红军卫生学校是出版书籍较多的单位之一。

中国工农红军大学出版科。成立于 1933 年 10 月，其前身是“中国工农红军学校出版科”。负责红军大学的教材编纂与出版工作。

——苏区的发行与推销机构有：

中央出版局总发行部。成立于 1932 年 4 月，其前身是《红色中华》报社发行科，有工作人员 20 余人。

中央局发行部。成立于 1933 年 4—5 月，又称“中央发行部”，是中共中央从上海迁入瑞金后，为了从组织上加强对发行工作的领导，经过调整、改建而设立的发行管理机构。

工农红军总政治部出版发行科。成立于1933年5—6月，简称“总政治部发行科”。

工农红军学校发行所。成立于1932年5月，隶属红军学校出版科，是专门负责红军学校各种书刊的对外发行和校外图书代售的机构。该发行所曾颁布图书推销发行办法，规定凡购买工农红军学校发行所的书籍，五本以上九折，十本以上八五折，五十本以上八折，一百本以上七折半，五百本以上七折，一千本以上六折半，红军享受半价优惠。

工农红军卫生学校发行部。成立于1932年春，隶属红军卫生学校政治部领导。该校发行部建立了较完整的发行网，使卫校出版的大量医药卫生书籍能够较快地发往中央苏区各地销售。

《青年实话》总发行所。成立于1931年12月。该总发行机构起初设福建汀州，1933年8月迁瑞金。该总发行所在博生、汀州、黎川、会昌等处建立了分发行所，还在红军的各地书局设立了分销所、代销处，形成了完整的发行网络。1933年冬，《青年实话》发行量达3万份，是中央苏区畅销报刊之一。

工农红军书局。约成立于1932年下半年，设瑞金县城。该书局是中革军委出版局、红军总政治部、红军各学校联合经营的图书销售机构。它共有工作人员10余人，下设经理部、营业部、财务部及推销代派部。为了扩大图书的销售业务，该书局除了经常在报刊上登载售书启事外，还与各地的“红色书店”“推销代办处”建立了密切联系。

红色书店。又称“赤色书局”。它是地方苏维埃政府文化部门直属的书刊报纸销售店。1933年前后，在江西省的兴国、瑞金、博生、胜利等县都设有这种书店。福建、闽赣、赣南等省的一些县域也有这样的书店。红色书店分布在各地，为苏区军民购买书刊报纸提供了方便条件。

推销代派处。是中央苏区各出版发行机构或书店在各地设立的固定推销点。一般由某机关团体或个人兼营，代派处通常按其推销书刊多少的比例收取报酬，名为“手续费”；也有一些单位和个人不收取报酬，义务从事苏区书刊报纸的推销工作。

叫卖队。中央苏区一些城镇设立的专门推销书刊报纸的群众性组织。其成员大多是当地群众，每队多则十数人，少则三五人。因队员们都是以沿街叫卖的方式推销新出版的书刊报纸，故称为“叫卖队”。每个队员均按其推销的比例提取一定的劳务费作为报酬。①

·国有公营印刷企业

苏区“有规模的出版是从1930年开始的，1932—1934三年是出版活动最盛的三年”②。这些报刊、书籍与小册子，绝大多数是用苏区出产的毛边纸印刷。

闽西列宁书局。1931年成立于福建省长汀县，是中央苏区成立较早的一个印刷出版兼发行机构。其前身是长汀县毛钟鸣主办的“毛铭新印刷所”。

中央印刷局。成立于1931年底，是临时中央政府的下属机构，主管中央苏区的印刷工作。由于中央印刷局管辖中央印刷厂，因而从1931年底至1932年底，凡中央出版局出版的书籍均不标明“中央印刷厂印刷”，而标明“中央印刷局印刷”；直到1933年之后，才改而标明“中央印刷厂印刷”。

中央印刷厂。是中央苏区规模较大的国营企业之一。于1931年9月正式成立，又称“中央政府印刷厂”，隶属中央印刷局和中央出版局管辖。该印刷厂下设编辑、铅印、石印、铸字、刻字、裁纸装订、油墨等8个部。厂部设有党团支部、工会以及总务处、财会处、材料科等机构。全厂职工多达200多人，该厂设备比较齐全，有5台对开

① 江西省文化厅革命文化史料征集工作委员会、福建省文化厅革命文化史料征集工作委员会编《中央苏区革命文化史料汇编》，江西人民出版社，1994，第432页。

② 叶再生：《出版史研究（第三辑）》，中国书籍出版社，1995，第32页。

印刷机、圆盘印刷机，11 台石印机，曾印刷了大量的书籍和报刊，多次受到中央有关部门的表扬。

青年实话印刷所。成立于 1933 年，是团中央机关报《青年实话》报刊的印刷所。它设有编辑、校对、排字、刻字、印刷等部，有职工 30 余人。除了印刷《青年实话》以外，还负责印刷“青年实话丛书”和团内有关文件及学习材料等。

中央教育人民委员部印刷所。成立于 1933 年春，隶属教育人民委员部领导，主要承担中央苏区教育类图书和教育法规文件的印刷。

中央革命军事委员会印刷所。成立于 1933 年 5—6 月。直属军委领导。该印刷所以铅印为主，下设石印部、铅印部、排字部、刻字部等机构，有职工 70 余人。主要负责印刷军委机关报《红星》和红军总政治部编辑的《革命与战争》，此外还印刷军委文件和红军各种教材等。

江西省苏劳动感化院印刷所。成立于 1932 年 5 月，地址宁都县，曾印有《国语课本》（石印，32 开）等书。

福建省苏劳动感化院印刷所。成立于 1932 年夏，地址长汀县，主要印刷教育类图书，如《共产儿童读本》《儿童唱歌集》等。

胜利县平安寨工人印刷合作社。约成立于 1932 年，是当时胜利县（今江西于都县境内）平安区苏维埃政府开办的小型印刷合作企业。该印刷合作社有石印设备，也能搞雕版印刷，经常承担当地的文化教育书籍以及苏维埃政府的各种文件的印刷。

当时的苏区，不仅中央及省级的党政机关和红军纷纷编印报刊，各县也办有很多报刊，此外还有大批书籍、小册子以及难以计数的传单等等。《苏维埃区出版物通览》一书详尽辑录的苏区书籍、小册子共 695 种，报刊 291 种，合计 986 种。其中报刊总量 300 余种，而中央苏区的报刊达到 200 多种。影响最大的四种报刊的发行量，按照毛泽东在第二次全国苏维埃代表大会的报告中所说，“《红色中华》，从三千份增至四万份，《青年实话》发行二万八千份，《斗争》二万七千一百份，《红星》一万七千三百份”。①

——报刊类。由中共中央、苏区中央局及其所属部门出版的报刊有《布尔什维克》《战斗》《每周宣传纲要》《实话》《党的建设》《斗争》等。由临时中央政府及其所属部门出版的报刊有《中华工农兵苏维埃第一次全国代表大会日刊》《红色中华》《无线电材料》《春耕运动画报》《苏维埃文化》《选举运动周报》《选举运动画报》《突击》《赤邮通讯》《工农报》《教育通讯》等。由中国工农红军出版的报刊有《红军报》《红星》《苏维埃政权》《战士》《政治工作》《革命与战争》《党的工作》《政治简报》《红星画报》《健康报》《红色战场》《红色卫生》《兵运材料》《铁拳》《战士报》《战士副刊》《挺进》《武库》《政治生活》《火线》《猛进》《火炉》《努力》《三师生活》《时事简报》《工作通讯》《猛攻报》《新闻汇报》《红光报》《拂晓报》《红色战线》《战线》等。中央级群众团体出版的报刊有《青年实话》《苏区工人》《少年先锋》《反帝战线》《战斗》《互济画报》《加紧准备大检阅画报》《反帝拥苏通讯》《时刻准备着》《列宁青年》等。

省级机关团体出版的报刊有江西的《省委通讯》《红的江西》《通讯》《司法汇刊》《江西工人》，福建的《红旗》《烈火》《政治通讯》《福建红旗》《红色福建》《反帝周刊》，赣闽省苏的《红色赣闽》，粤赣省的《粤赣省委通讯》《前线》等。

省以下的特委级机关团体和县级机关团体也出版了许多报刊。

——图书类。马克思主义著作有《共产党宣言》《国家与革命》《三个国际》《列宁主义问题》《列宁概论》等。

党政建设和群众团体建设书籍有《土地问题》《苏维埃政权》《职工运动指南针》《插田运动指南》《怎样做宣传鼓动工作》《党员须

① 江西省档案馆、中共江西省委党校党史教研室编《中央革命根据地史料选编（下册）》，江西人民出版社，1983。

知》《革命标语集》《武装保护秋收》《共产党、共产青年团》《新的领导方式》《青年团员读本》《工农专政》《乡苏维埃怎样工作》《区乡苏维埃怎样工作》等。

政治经济法律书籍有《阶级斗争》《政治问答》《苏维埃组织法》《土地法》《婚姻条例》《中华苏维埃共和国经济政策》《劳动法、土地法》《中国工农红军优待条例》《全国苏维埃代表大会选举条例》《苏维埃教育法规》《反对帝国主义瓜分中国》等。

军事理论和军事技术书籍有《三十条作战注意》《红军号谱》《野战筑城学概要》《游击队怎样动作》《粮秣经理教程》《筹款问题训练问题大纲》《步兵是主要兵种》《作战知识手册》《实兵指挥》《军队的参谋工作》《战术讲授录》《巷战战术草案》《政治工作与政治部》等。

文化教育书籍有《红色小学校儿童读本》《学生识字课本》《算术常识》《看图识字》《苏维埃公民》《士兵识字课本》《群众课本》《夜校课本》《地理纲要》《工人千字课本》《农业常识》《科学常识》《理化常识》等。

医药卫生书籍有《医学常识》《病理学》《卫生运动纲要》《实用外科手术》《实用内科学》《简单绷带学》《最新创伤疗法》《药物学》《西药学》《临床便览》等。

（二）繁荣地方公营工商业

经济繁盛之冠汀州—闽西苏区工商业的发展。

早在红四军从井冈山转战赣南闽西之初，毛泽东和朱德就对汀州（即今长汀）留下了极为深刻的印象。当年红四军在汀州城没收反动豪绅财产，罚款2万余元，向商人筹借军饷3万元，共筹款5万余元。这是当时红四军自井冈山以来所筹得的最大一笔款项。毛泽东后来在给中央的信中说：“给养已不是问题，士气非常振发。”打下汀州后，红四军还向党中央汇出了3万元巨款，红四军每人也发了4元零用钱。

史沫特莱在《伟大的道路》一书中写道："许多有关长汀的情景铭刻在朱德的记忆里，……朱将军在提到这批缝纫机时（编者注：指红四军从郭凤鸣军阀军服厂缴获的缝纫机），连声音都亲切了许多，朱将军说：'这批机器对我们非常重要，因为在那以前，我们身上的全部衣服都是用手缝的。可是我们现在终于有了第一批正规的红军军装。新军装的颜色是灰蓝的，每一套有一副裹腿和一顶红星的军帽。它没有外国军装那么漂亮，但对于我们来说，可真是其好无比了。'"由于国民党的封锁，苏区军需民用物资极度缺乏。在毛泽东关于革命根据地经济建设思想的指导下，福建省苏维埃政府依托汀州较为深厚的经济基础，领导广大群众扎实进行经济建设。创造了前所未有的国营、合作、私营三种模式并存的苏维埃工商业，农业、财经、外贸等方面也取得显著成就。国营企业在汀州市诞生并迅速增加，合作社蓬勃发展，私营商店林立，航运发达、市场繁荣，成为中央苏区的经济中心，被誉为"红色小上海"。中国共产党人在这里探索国家工厂管理的崭新课题，锻炼、培养了一批治国安邦的栋梁之材。1931 年 12 月 25 日周恩来在致中共临时中央政治局的信中说："汀州的繁盛，简直为全国苏区之冠。"

大力创办国营企业。中央临时政府首先在汀州大力创办国营工商企业，探索国家工厂管理的新颖课题。中国共产党人以前所未有的勇气，摸索国有企业科学组织生产、责任制、激励机制以及如何建立真正的工厂制度等问题。汀州国营企业占中央苏区同类企业的半壁江山，这些骨干国营企业，在对敌作战、解决军需民用中作出重大贡献，成为中央临时政府和中央苏区的重要经济支撑。

1933 年初，中华全国总工会委员长刘少奇，从上海来到中央苏区从事工人运动。他多次深入汀州市公营工厂和基层工会检查了解工作，总结"工运"经验。刘少奇在 1934 年 3 月 31 日《论国家工厂的管理》一文中提出要"科学地组织生产"，建立"个人负责制"，"在工资制度上刺激工人来努力增加生产"，"建立真正的工厂制度"。

迅速发展生产合作社。汀州也是闽西传统手工业和商品消费最活跃的地方，因此各种手工业工人及日常消费品、副食品加工等生产者众多。为打破敌人封锁、改善人民生活，把个体手工业者组织起来、大力创办生产合作社，是苏区经济建设的重要任务。汀州的生产合作社在著名的闽西工农银行的扶持下，迅速得到发展。“闽西工农银行的资金投入闽西政府及各级政府百分之十，投入各种合作社百分之二十五，社会保险百分之七，投入苏维埃商店和土地生产百分之十五。”① 汀州各种生产合作社从无到有，迅速壮大，成为汀州经济建设的重要力量。

组织外贸打破封锁。为粉碎敌人封锁，按照临时中央政府统一部署，汀州苏维埃政府大力组织整修水、陆运输线，建成了以汀州为中心通往中央苏区以及闽西各县的陆路运输网，形成了以汀州为中心的汀江水路货物集散地。汀州成立了各级对外贸易分局，开办了国有资本或合作社资本控制的贸易公司、纸业公司、商业公司等公营企业，大力从事“赤白贸易”，为缓解苏区的经济困难作出了重要贡献。

汀江的红色交通线还担负着把在中央苏区战斗中缴获的黄金、白银、现钞交给党中央的任务。1931 年吴德峰到中央苏区提款，通过汀江红色交通线一次就带走 20 万元。

表 6－1　苏区汀州国营企业发展情况

厂名	地点	成立时间	原有规模	发展情况
红军被服厂 中央被服厂 第二分厂	东门周家祠	1929 年 3 月	工人 60 人， 12 台缝纫机	1932 年，工人 300 多人

① 《闽西苏维埃政府经济财政土地委员会联席会议决议案》，1930 年 9 月 25 日。

续表

厂名	地点	成立时间	原有规模	发展情况
中华织布厂	三官堂前黄家祠	1930年夏	工人60多人，40多台织布机	1931年9月，工人400多人，织布机、手摇纺纱机300多台，月产布匹和医用纱布类18000多匹
福建军区军工厂	四都同仁村	1930年8月	工人40多人	1932年，职工140余人，月产200支枪，后以该厂为基础，扩充为中央兵工厂
红军斗笠厂	西门张家祠	1931年冬	工人100多人，月产军用斗笠6000顶	1933年，工人300多名，年产斗笠20多万顶
濯田炼铁厂	濯田	1932年	工人100多名，日产生铁0.8吨	1933年，工人200多名，12位技工，日产生铁15吨
水口造船厂	濯田水口			有工人100多名，日产木船1艘
中华商业公司				
造纸厂	长汀			
红军印刷厂《青年实话》印刷厂		1931年底	发行量5000册	发行量25000册
长汀弹棉厂	长汀城关	1931年冬	原为个体分散无组织	工人20余人，日弹棉400多斤，日做棉被30多床
长汀熬盐厂	长汀城关6个	1934年	60余工人	日产盐20多斤
长汀熔银厂	福建分行内	1932年3月		
长汀樟脑厂				
砖瓦厂若干个	分布城乡			
石灰厂若干个	分布城乡			
造纸厂若干个	分布城乡			

表6－2　苏区汀州国营商业一览

名称	地点	成立时间
汀州市粮食调剂局	长汀城关	1932年春
中华纸业公司	长汀城关	1932年冬

续表

名称	地点	成立时间
中华贸易公司福建省分公司	长汀城关	1933 年
中华商业公司汀州分公司	长汀城关	1934 年
红色旅馆	长汀城关	1932 年
红色饭店	长汀城关	1932 年
红色商店（小小商店）	长汀城关	1932 年
红色米市场	长汀城关	1932 年

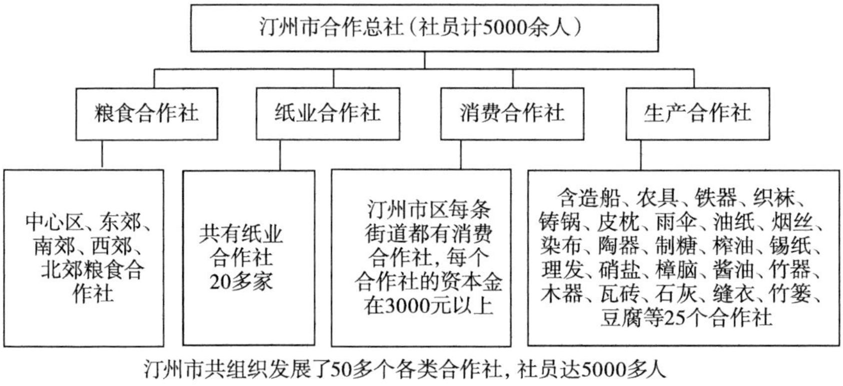

图 6－2　汀州市合作社组织架构

江西苏区工商业的发展。地处偏僻山区的江西苏区各县原来只有一些小规模的手工作坊，工业生产非常落后。建立革命根据地后，省苏维埃政府为适应大规模革命战争发展的需要，以军需工业为龙头，带动其他产业的发展。按所有制关系划分，江西苏区的工业可分为国营工业、生产合作工业和私营工业三大类。

国营工业主要是为战争服务的军需工业，由于革命战争需求迫切，其规模最大，发展最为迅速。仅瑞金一个县就有 20 多家军需工厂。在发展军需工业的同时，民用工业也得到了一定的发展。各县苏维埃政府因地制宜，利用当地资源，自力更生创办小型工厂。如：兴国有锅炉厂、樟脑厂、被服厂等；瑞金有纸烟厂、缝纫厂等；宁都有夏布厂、纺织厂、草鞋厂、石灰厂等；于都有铁厂、铁矿、煤矿、石灰厂、造船厂、锅厂、农具厂、碗厂等。为了解决因敌人封锁造成食盐严重缺乏的困难，各级苏维埃政府发动群众广泛开展熬硝盐运动，大小熬盐厂星罗棋布，其中于都岭背区成为苏区熬盐的先进地区。

工业生产合作社遍布全省。1932 年 5 月，江西省第一次工农兵苏维埃代表大会根据 4 月 12 日《中华苏维埃临时中央政府关于合作社暂行组织条例的决议》精神，根据江西实际情形，拟订了恢复和提高生产的计划。政府积极鼓励工农群众组织合作社，按照全苏大会和中央政府规定，政府在经济上、物质上给予其实际的帮助和指导。

1933 年 12 月，江西省第二次工农兵苏维埃代表大会通过的《经济建设决议案》决定："发展和恢复各地工农业生产，应首先恢复各地的主要生产部门（如夏布、锅厂、开煤厂、木厂、铁厂、石灰、碗窑、纸厂、棉布厂、做樟脑等），在这上面应实际帮助群众，特别是失业工人，集股组织生产合作社，并帮助发展与恢复家庭手工业（如织布）。同时苏维埃还须尽可能的举办各种国有工厂，首先在公略县开设棉布纺织厂，博生开办夏布纺织厂、草鞋厂，博生、胜利、永丰每县设立一个石灰厂，胜利设立一个铁厂和锅厂，并在最短时间建立省纸业合作总社来恢复与发展全省各地的纸业。"

此后，刨烟、染布、制糖、榨油、做豆腐、雨伞、斗笠、木器等行业都办起了合作社。据 1933 年 9 月对全省 11 个县的统计：店员手艺工人有 30880 人；于都县有刨烟合作社 4 个、铁器合作社 2 个、锅炉合作社 2 个、纸槽 63 个、砖瓦合作社 2 个、榨油生产合作社 9 个、织布生产合作社 5 个、石灰生产合作社数十个；永丰县有纸槽、染布、锅炉、生产、石灰等合作社 25 个。

扶持消费合作社与粮食合作社。为搞活苏区主要物资的流通，江西省苏维埃政府设立了生产、消费、粮食、信用合作总社，17 个县苏维埃也都设立了相应机构。1933 年全省第二次苏维埃代表大会时，消费、粮食合作社社员总人数发展到 25 万人之多。

消费合作社是为社员提供日常必需消费品、使之免受私商中间剥削的群众性合作经济组织。其资金主要由群众自愿入股、地方苏维埃政府提供帮助。社员既是股东又是消费者。合作社所得利润，大部分留作资金积累，一部分作为红利分给社员。消费合作社由县总社管批发，区分社与乡支社管零售。为方便群众，基层消费合作社还组织"货郎担"到广大苏区的田间屋场，送货上门，流动营业。

粮食合作社是调剂粮食丰欠余缺与经营粮食流通业务的群众性合作经济组织，是粮食调剂局的基础。粮食调剂由苏维埃政府出资主导，合作社则由群众自愿以交钱或缴谷方式集股，秋收时合作社以高于当地市场谷价向社员收购稻谷，除存储一部分供来年青黄不接时社员作急需外，大部分运至粮价高的地方出售或出口至白区。盈利的资金一部分留作公积金，一部分拿出给社员分红。至1934年2月，兴国、瑞金、宁都、于都、胜利等县实现了中央政府提出的每乡一社的目标。

省苏对合作社实行扶持政策，准许广大的工农群众真正照章程来开办合作社，"苏维埃政府坚决站在工农利益上不收税"。同时省苏维埃政府还采取比白区税率更低的鼓励政策，吸引白区的中小商贩到苏区经商，对合法经营的私商加以保护。如在上犹的营前，圩集日从唐江、崇义、桂东、遂川等处来的商贩多达200余人，他们巧妙地躲过国民党军警的哨卡，挑送来苏区紧缺的食盐、布匹、药材和其他日用品，从苏区换回去猪仔、荞粉、豆豉、食油等农副产品，苏区的经济也因此而活跃起来。

积极推销认购公债。为动员人民群众支援革命战争，江西省苏维埃政府坚决执行中央推销公债的训令。全省实际完成公债数额为：第一期16县达36.71万元，占全苏区发行总额的一半以上；第二期为38.7万元。为筹措第五次反"围剿"经费，中央政府于1933年7月发行了第三期公债300万元，苏区群众又踊跃认购，以实际行动支援了革命战争。

筹划创办工农银行。1930 年 11 月 27 日，以赣西南地区的贫民银行、东固平民银行和赣西南银行为基础，正式成立了江西工农银行，发行纸币，铸造铜元。1933 年 4 月 5 日，《江西省苏维埃政府命令》：“国家银行发行之纸票，原是代理国库发行之国币。为统一苏区币制，便利资金周转，发展苏区经济，早经中央屡次布告有案。”“以后凡属苏区内日常货币之周转流通，一律概用国票。所有收到的现金一律缴交国库转交银行或兑换处去，以资应付兑现。但到白区去采办货物者可用白色区域之钞票。”苏区金融事业的产生和发展，为军民的生产生活提供了便利条件，确保了革命战争和经济建设的顺利进行。

大力发展江西交通邮电事业。1932 年 5 月江西省第一次工农兵代表大会决定，以于都为中心建立于会、于瑞、于赣、于宁、于兴吉及于兴万等交通干线，到 1933 年基本完成。按照 1933 年 11 月 12 日中央政府关于修筑根据地内 22 条干线及县、区、乡支路规划的第 18 号训令，规定区道 8 尺、乡道 6 尺、村道 4 尺。兴国至赣州、银坑到宁都等干线如期开通。水上航运方面，贡江、梅江、绵江沿岸各县河流都进行了修整，可通木船和竹筏，于都通往赣州的河道，成为赤白贸易的主要运输线。

1930 年 3 月，赣西南苏维埃政府成立后，在原交通站基础上成立了赣西南赤色邮政总局，局址设吉水枫田。赣南设分局，各县设支局，区设交通站。11 月省苏发布《迅速组织军事交通站以便传递消息》通告要求：“为着要便利军事上迅速传递捷报，故急需设立军事交通站，交通站每 10 里设 1 站，设站长 1 人，交通员 4 人，一切供给由乡区政府。无论天气晴阴风霜雨雷，均不能片刻停留，如遇有信，应飞快跑步送去为要。”1932 年 5 月，中华苏维埃共和国邮政总局成立，下设省局、县局，县局辖若干分局和代办所。经办业务有平信、挂号信、快信（普通、特别两种）邮件、印刷品、包裹、汇款等。邮票分为半分、1 分、2 分、3 分、8 分、1 角、3 角和欠资票等 8 种。红军家信免贴邮票。江西邮政管理局从成立到1933年1月22日，共召开了3次全省性邮务工作会议，为统一苏区的邮政，建立和健全邮政制度，便利军事民用信息传递和畅通作出了很大贡献。1933年，江西苏区的瑞金、于都、兴国、宁都、会昌等县都架设了电话线路，县与县之间可互通电话。

二、积极开展商贸流通

（一）国民党对苏区的经济封锁

红色政权的建立与红色割据的存在，令国民党反动政权如芒在背，竭尽其绞杀之能事。在政治军事上，对苏区残酷实行“石头要过刀，茅草要过火，人要换种”的白色恐怖。在经济上，实行严密封锁，极力斩断苏区军民与“国统区”的贸易联系，断绝生活必需品的一切商业供应，欲置苏区军民于死地。苏区群众往往为了一斤盐、一尺布，要付出血淋淋的代价。为剿灭新生的革命力量，国民党当局在对苏区进行军事“围剿”的同时，还运用严酷的政治与经济手段，对苏区形成政治、经济、军事、宣传舆论等各方面全面进攻的战略，对苏区构成巨大的威胁。[①] 毛泽东在《井冈山的斗争》一文中就曾感叹：“因为敌人的严密封锁和我们对小资产阶级的处理失当这两个原因，（红区白区）两区几乎完全断绝贸易，食盐、布匹、药材等项日常必需品的缺乏和昂贵，木材、茶、油等农产品不能输出，农民断绝进款，影响及于一般人民。贫农阶级比较尚能忍受此苦痛，中等阶级到忍不住时，就投降豪绅阶级。”[②]

自围攻井冈山开始，国民党的封锁政策再也没有中断过。1932年8月20日，赣闽粤边区“剿匪”总司令部颁布了《封锁“匪区”纲

---

① 吴晓荣:《中央苏区时期的经济封锁与反封锁》,《中国井冈山干部学院学报》2014年第2期。

② 毛泽东:《毛泽东选集(第一卷)》,人民出版社,1991,第70页。

要》，其险恶目的在于“使匪区物资困乏，交通断绝，日久自行崩溃”。该纲要规定：凡是军用品以及日用品，不论批发，还是零售，均严禁输入苏区；苏区的物资也严禁输出，唯有苏区人民携带物资“出逃”，经严格盘查后，才准予放行。苏区人民只准出来，不得再入苏区。邻近苏区的国民党邮电局，必须将出入苏区的邮电一概扣留。邻近苏区各商店的货物，不准批发，只准零售，居民购物须经保甲长出具“良民”证明，店主量其所需，出售货物，并将买主的姓名、所购物资数量等登记成册，以备日后检查……凡是苏区或邻近苏区的各县，由县长负责，按纲要对苏区进行封锁，不得因循延误……凡是违反封锁纲要者，严加惩处，“一、主犯者枪毙；二、放纵者枪毙；三、查获隐瞒不报及报不符实者监禁；四、藉端敲诈良民者监禁；五、故意留难良民者重惩”。

1933 年 5 月，蒋介石以国民党军事委员会名义，向国民党江西省政府主席熊式辉发出快邮代电，通报了江西省东南部各县商人接济苏区物资的情况：

国民政府军事委员会封锁令（第 4073 号）

江西政府熊主席鉴，据报近来赣东南各县，仍有奸商偷运货物接济匪区之事，发现（一）布匹大半系由乐安偷运；（二）洋油系由南丰偷运；（三）食盐由赣州茅店偷运；（四）中西药以西药为主，由南城经南丰偷运，并调查其偷运之法，系由奸商设法在各该县商会领取通行证，运出城后即走山僻小路输入匪区等情，除分电外，希转各该县长，对各商号严加取缔，认真查缉，以后如查有偷运之事，在何地查出，即与该管县长是问。

蒋中正

中华民国二十二年五月六日发

南京国民政府军事委员会委员长南昌行营自认为封锁政策自施行以来，“成效显著”，只是先后颁布的法令“漫无统计”，各县经常“顾此失彼”，于是将关于封锁苏区的各项规则及各通令14种汇编成册，定名为《封锁法规汇编》，发往各地，其目的就是加强对苏区的经济封锁。

1932年以后，国民党为了配合对苏区的军事“围剿”，在邻近苏区的国民党统治区设立专门的公卖处，实行“计口售盐”“计口售油”。按其规定，盐“每人每天，只许购买3钱，五口之家，得购1两5钱，余类推，但购时必须凭证，失证请求补发，手续甚繁。离赤区稍远之地，或可通融，一次购备3日之用”。至于旅客所需食盐，也实行严格的控制。“有些客栈，留了外来的旅客，所需食盐，是叫旅客们亲自到公卖处买，数量自然是勉够一餐之用。有些饭铺，居然贴出‘小帐可免，盐钱照加’的红纸条子。于此，不但可见食盐封锁之严密，并可想知盐价之因封锁而日高涨。”①

为了统一江西各地的封锁政策，控制一切货物的流通，国民党江西省政府主席熊式辉设立了“赣江封锁处”，任命省政府参事俞次平为主任。赣江封锁处“秉承行营命令，管理赣江各县一切封锁事宜”。国民党在邻近苏区的各城镇设立了“封锁匪区管理处”。赣州是江西的第二大城市，章、贡二江在此合流汇成赣江北上。赣州离苏区赣县茅店仅10公里。国民党地方当局在赣州设立了“赣县封锁管理处”。敌人在赣州城门口，各水陆要道上设关卡、布岗哨，进出都要搜查。同时还强迫老百姓沿城墙构筑工事，挖了几丈宽的护城河。沿江在建春门浮桥头、泥湾子、华林寺、塔下谢坑和乐桥渡口，直到信丰江口都筑了碉堡，派兵封锁赣江江面。无论白天、黑夜，水上、陆地，敌人都有巡逻兵、流动哨、侦探四处活动。凡是被逮住贩运物资到苏区

① 赓雅:《赤区经济封锁的现象》,《申报月刊》1934年第3卷第3号。

的人，均以“济匪罪”论处。

国民党对福建省的汀江同样进行了严密的封锁：“凡汀江上的船只只准顺流行驶，不准回汀。往宁化、清流、连城、永定、广东的陆路要严格设站检查，不准药品、盐、煤油和其他工业品运往汀州内地。同时，也不准汀州出产的土特产外运，断绝贸易往来和商品交换。”①

1933 年夏，国民党的封锁政策进入极端严厉时期。蒋介石说：“以军事围剿、政治攻势和经济封锁三管齐下，而将共区经济封锁，无疑为我们一个最重要的战略。务必严密封锁港口码头和河道水口，断绝与共区的一切经济往来，使敌无粒米勺水之救济，无蚍蜉蚊蚁之通报……”② 蒋介石还说：“匪区数年以来，农村受长期之扰乱，人民无喘息之余地，实已十室九空，倘再予以严密封锁，使其交通物质两相断绝，则内无生产，外无接济，既不得活动，又不能鼠窜，困守一隅，束手待毙。”③ 1933 年 5 月 21 日，第五次“围剿”总指挥机构国民政府军事委员会委员长南昌行营成立，管辖江西、福建、浙江、湖南、湖北、安徽、河南、江苏、山东、陕西十省以及上海、南京、武汉三个特别市，负责“处理赣、粤、闽、湘、鄂五省剿匪军事及监督、指挥剿匪区内各省党政事务”。行营成立后，即开始实施封锁具体事项。南昌行营先后颁发了 13 种封锁令，对封锁事项、封锁组织、封锁办法等逐一作出详细规定。主要在物质、交通和通信三方面实行封锁：“出入邻匪区半匪区者，须持有通行证，始可通行。其他如河道山地之间，两县交界之地，均划分职责，严加封锁。”④ 在三种封锁

① 黄玉书:《对汀州市总工会的回忆》,载中央苏区工运史征编协作小组:《中央革命根据地工人运动史》,改革出版社,1989,第 176 页。

② 《大公报》,1934 年 12 月 18 日。

③ 国民政府军事委员会委员长南昌行营:《处理剿匪省份政治工作报告(下册)》,内部资料,1934,第 1 - 2 页。

④ 南昌行营:《军政旬刊》1933 年第 1 期,第 119 页。

中，核心是物资封锁。物资主要包括粮食、食盐、布匹等必需日用品和药材以及钢铁、铅等军用品的材料。

国民党的经济封锁使得苏区食盐、布、药材和火油等产品严重短缺，苏区物质资源的不足日渐显现，苏区经济日益困难。国民党的经济封锁使得苏区商业萧条，商店大量倒闭。如闽西长汀，原本商业繁荣，大大小小的店铺很多，但1932年后，近“80%的店铺因没有进货无生意可做而停业关门”[①]。整个中央苏区内“食盐、土布、煤油、西药等工业品，十分奇缺，价格越来越高”。经济封锁还给苏区的农业生产造成极大的打击，扩大了工农业产品价格的“剪刀差”。“一方面外来工业品，如布匹、洋油、洋火、食盐等减少输入，价格日渐高昂；另一方面内地农产品，如纸、木、豆、烟叶、夏布、粮食等销不出去，价格大跌特跌。”[②] 有些农产品如木材、纸、烟草等，因为苏区内部对这些产品的消费非常有限，几乎成了废物。

有封锁就有反封锁。早在1931年中共方面就已意识到：“目前敌人尚未下绝大决心来封锁苏区，所以日常用品许多还可以入口。但我们要知道，阶级斗争日益尖锐和剧烈，敌人也就必然的更严密的来封锁苏区。我们为巩固政权，进攻敌人，在经济上须有充分的准备。”[③] 为了解决所面临的经济困难，苏维埃临时中央政府号召群众来共同打破封锁，一方面发展中央苏区的工业生产，另一方面争取扩大与国民党统治区的贸易。湘赣省苏区还规定：“省军委必须负责在上饶、横峰、弋阳、德兴积极的去布置向有盐与有布匹的地方坚决行动，以解

---

① 中央苏区工运史征编协作小组：《中央革命根据地工人运动史》，改革出版社，1989，第169页。

② 中国社会科学院经济研究所中国现代经济史组编《革命根据地经济史料选编（上册）》，江西人民出版社，1986，第315页。

③ 井冈山革命根据地党史资料征集编研协作小组、井冈山革命博物馆编《井冈山革命根据地（上册）》，中共党史资料出版社，1987，第368页。

决目前的食盐与布匹问题。”①

（二）国有资本主导的商业贸易——封锁线上的赤白贸易

苏区早期开辟的贸易交通线。早在土地革命前期（1927 年秋至 1929 年初），井冈山人民为了打破敌人经济封锁，地方党曾建立了一条赤白贸易线。1928 年底，边界工农兵政府在赤白交界处成立了竹木委员会，通过各种渠道向白区输出根据地盛产的竹、木、油、茶等。土地革命中期（1929 年初至 1931 年秋），1930 年闽浙赣根据地的赣东北工农民主政府决定在各县建立对外贸易处，以管理并监督苏区与非苏区的贸易，并在信河北岸设立了船舶检查所。

中央苏区较早地建立了具有贸易性质的机构。1930 年秋，闽西建立了由国家政治保卫局领导下的工农通讯社，各县设有通讯社分支机构，下设交通大队和大、中、小交通站。工农通讯社开辟了几条通往上海党中央领导机关的交通线，主要有闽赣线、粤赣线、闽东北线和闽西线。每条线上配有专门的武装交通员。工农通讯社的主要任务是“传送党的机密信件，护送领导干部出入苏区，采办军需物资并保护这些物资输入根据地”。地下交通员开辟了一条又一条地下交通线，把大批富有军事、政治工作经验的干部安全护送到苏区去，采购了大量的军需物资到内地，为粉碎敌人的封锁“围剿”作出了重大贡献。工农通讯社采购的主要物资有布匹、食盐、药品、纸张、电讯器材、印刷器材、军械器材。运输物资主要依靠群众，通讯社则负责护送。“群众很有组织，一叫就来，不论雨天黑夜。以后分为日夜班，分工负责运送。日班在苏区内部，夜班来往于红白交界区。当时大埔是白区，到青溪运货要夜晚走，不能点火，不能讲话，只能以暗号联络。青溪到古木督来往一趟要走 90 多里，一个晚上赶回来。群众看见穿黑

① 中共福建省委党史研究室、中共浙江省委党史研究室、中共安徽省委党史工作委员会、中共江西省委党史资料征集委员会:《闽浙皖赣革命根据地(上册)》,中共党史出版社,1991,第 465 页。

衫，带驳壳枪的交通员一来，就主动备好工具等待来叫挑担。”①

苏区的赤白贸易在反封锁、反奸商的斗争中产生。在严酷的军事与经济现实面前，苏维埃政府勇于担当，组织领导苏区军民在封锁线上斗智斗勇，开展赤白贸易，以国有资本为主导的商业贸易应运而生。从 1931 年 11 月临时中央政府成立后，开始有组织地开展对外贸易工作。起初主要是组织商人、合作社和边界地区群众，利用各种渠道，通过各种关系进行贸易，这时政府主要是宣传、鼓励并制定正确的政策加以指导。1932 年春，临时中央政府决定成立中华钨矿公司，开始有计划地组织钨砂出口。1933 年 2 月，中央政府人民委员会为适应革命战争发展和苏区经济发展需要，召开了第三十六次常委会，决定成立国民经济人民委员部，下设对外贸易局，钱之光同志任局长。1933 年 9 月国民经济部长吴亮平分析了开展对外贸易的条件与可能：“第一，因为现在白区的工农群众甚至商人，是迫切的需要和我们进行商品的交换；第二，因为我们红军的伟大胜利与游击队的积极行动，使敌人不能很好的把封锁线建立起来，而我们以各种可能来打破它；第三，军阀的贪利及其内部的矛盾，使他们不能彻底地进行统一的经济封锁。因为这些原因，所以我们如果能够以更大的努力，利用各种方法，那末经济封锁的打破是可能的。我们应该用大的力量来实现这一可能，使我们能够得到必需品的供给。”② 同年 4 月 28 日，临时中央政府人民委员会第十号训令印发关于《中华苏维埃共和国各级国民经济部暂行组织纲要》，规定对外贸易局的任务是：“管理苏区对外贸易事宜，设法打破封锁，保证苏区境内的生产品与境外的商品，得有经常的交换，消灭农业生产品与工业生产品价格的剪刀差现象。”中央设外贸总局，省、县或重要市镇相继设立分局，重要口岸

① 罗助发、张福贵、张发太：《早期的武装交通机关》，载《党内交通史料选编》，1981，第 301 页。

② 吴亮平：《经济建设的初步总结（第一卷）》，1933 年 9 月 30 日，原载《斗争》第 29 期，1933 年 10 月 7 日。

设立采办处，逐步形成了苏区的对外贸易管理网络。其中，两个最大的贸易分局是江口贸易分局和新泉贸易分局。江口分局高峰时一天“购进四千多斤食盐，出售了一万多斤稻谷”，“每圩都有赣州商人的成百条货船，载着一船一船的盐和布到江口圩来”。1933年夏，江口分局和赣州市大商户“广裕兴”互派代表，开展贸易，广裕兴后台是广东军阀李焕奎和陈济棠，江口分局在广裕兴设立秘密采购站组织货源，“苏区急需的物资，有百分之七十以上都通过这里以各种方式向赣州采购”。①

“我们有计划地组织人民的对外贸易，并且由国家直接经营若干项必要的商品流通，例如食盐和布匹的输入，食粮和钨砂的输出，以及粮食在内部的调剂等，现在是异常需要的了。这一工作，闽浙赣边区方面实行得较早，中央区则开始于一九三三年的春季。由于对外贸易局等机关的设立，已经得到初步的成绩。”② 这里毛泽东提到的是“有计划地组织”和“国家直接经营”，因此国有资本作为领导力量参与其中，实属顺理成章。粮食为苏区最大宗的出产，粮食出口是苏维埃政权及苏区工农换取必需工业品及现金的最重要的手段。1933年，对外贸易局成立后，“在8、9、10三个月中，以1万元的资本加上2千担谷，做到进出口33万担左右的商品流通，相当减少了工业品与农业品的剪刀现象，开展了赤白区的商业关系，提高了苏维埃贸易的信用。”③ 为了发展苏区对外贸易，“迅速开展经济战线上的进攻”，1933年4月，国民经济人民委员部成立，工作重心在于“调剂粮食，指导合作社运动和发展对外贸易”④。

在设立各级贸易局之外，苏维埃政府还创办各类合作社把广大群

---

① 陈毅、肖华等:《回忆中央苏区》,江西人民出版社,1981,第347页。

② 毛泽东:《我们的经济政策》1934年1月23日,载《毛泽东选集(第一卷)》,人民出版社,1969,第119页。

③ 曾洪易:《对于经济建设中的几点意见》,《斗争》1934年1月12日。

④ 《国民经济委员会成立积极筹划发展苏区经济》,《红色中华》1933年4月20日。

众组织起来，调剂粮食与一切产品的产销，发展对外贸易。到1934年2月，苏区各类消费合作社总数达到1140个，社员295993人，另外还有中央消费合作总社。合作社大量地输出苏区农产品，输入急需的工业品，并通过广泛吸收群众资金解决贸易所需资金问题，源源不断地输入食盐和军用品。

为了鼓励赤白贸易的开展，苏区对商人采取许多措施加以保护，并对紧缺的工业品实行低关税政策。中共闽西特委鉴于“剪刀差”问题严重，通过专门的商人条例，规定：“第一，商人遵守政府决议和法令，照章缴纳所得税，政府给予保护，不准任何人侵害；第二，允许商人自由贸易，政府不会限制其价格；第三，商家来往账目，政府不予取消；第四，各地船只、货物来往，除非违反苏维埃禁令物品者，否则其输入与输出，政府一律予以保护；第五，所有武装团体不得借口逮捕犯人，骚扰商店；第六，除非经县政府审判商人有罪，并获得闽西政府批准，否则，不得没收其商店；第七，商人不得私藏枪械……”[①] 临时中央政府成立后，仍然坚持保护守法商人，扩大赤白贸易的政策，规定：“凡遵苏维埃一切法令，实行劳动法并依照苏维埃政府所颁布之税则，完纳国税的条件下，得允许私人资本在中华苏维埃共和国境内自由投资经营工商业。”[②] 因为苏区市场的需求，以及中共的优惠政策，白区商人在与苏区的商品交易中赚取了较高的利润。因此，他们也积极寻找商业渠道，开辟各类通商途径，把大批的食盐、布匹、药材运到苏区。

临时中央政府还以税收作为杠杆，沟通赤白贸易。征税的原则则以苏区群众需要为标准。“不要的抽重些，要紧的抽轻些，一定要的

① 中国社会科学院经济研究所中国现代经济史组:《革命根据地经济史料选编(上册)》,江西人民出版社,1986,第296页。

② 《中华苏维埃共和国临时中央政府关于对工商业投资暂行条例》,《红色中华》1932年1月13日。

就免税，比如盐、洋油、洋火、棉布、米谷、石灰、铁等等都是苏区目前极要紧的，所以进口税都免抽。其他洋布、洋袜等则不是十分需要的，所以抽些税。另一方面出口的东西，我们有多的抽轻些，不够的抽重些，必要的禁止出口，比如黄豆等是我们有多的要他出口，所以抽轻些，石灰、铁器却是我们不够用的，所以抽重些。”①

与此同时，针对国民党的油盐公卖政策，中共中央局白区工作委员会要求在边区组织武装贩盐队参与贩盐，党组织和游击队要帮助白区来贩盐的小商贩。“在这里加紧领导这个反对食盐公卖的斗争，是我们苏区各县委及白区工作部第一等紧急的任务”，“边区与白区党必须去帮助继续在拼命贩盐的成千成万的群众，反抗国民党团匪的屠杀与拦抢，赣县、南雄、寻乌、安远、永定、上杭、宁化、黎川、南城、宜黄、公略等重要边区的党，应该派积极勇敢的同志到贩盐的群众中去参加贩盐。他的任务，去组织盐贩，组织贩盐的武装队伍。”② 为了运盐到苏区，苏区群众想出了很多办法，千方百计藏匿食盐，并冒着生命危险穿越严密的封锁线将盐输送到苏区。他们有的把粪桶做成双层，上面装粪底下装食盐；有的打通竹子里面的关节将盐装在里面；有的把食盐化成水浸泡衣服，晒干穿在身上带进苏区，然后水洗再晾成盐；有的还利用出殡的棺木运盐。

江西、赣东北和闽西地区盛产纸张。有一段时期由于忽略组织纸张出口，苏区内的纸业生产衰落，处于停闭状态。各地外贸局重视纸张出口后，纸业复兴，如赣东北的纸由于生产量很大，每月的出口量达3000至5000担。赣南苏区蕴藏着丰富的钨矿资源。1932年春，中央政府决定成立中华钨矿公司，负责恢复钨砂的生产，组织钨砂的大量出口，使苏区获得了一项重要的经济来源，换进了苏区急需的食盐、

① 江西省税务局等编《中央革命根据地工商税收史料选编》，福建人民出版社，1985，第245页。

② 《中共中央局白区工作委员会关于国民党油盐公卖致各县委及白区工作部的信》，《斗争》1933年。

布匹和药品。

江口对外贸易分局的赤白贸易。赣县的江口地处赣江上游，与赣州城仅相距 20 公里，属于赤白交界区。江口对外贸易分局成立于 1932 年 4 月，这是苏区一个非常重要的赤白贸易中心。

为提高分局工作人员的政策业务水平、尽快打开赤白贸易局面，对外贸易总局举办了一期训练班，从各地抽调人员进行短期培训，每个地方调 5 名学员，该期共有学员 20 多人。姚名琨与肖仁、侯文涛、李楷玉和陈秀元一起，先是送到江西省苏维埃政府所在地宁都学习了一星期，再由江西省国民经济部送往瑞金学习。钱之光、林伯渠、吴亮平分别授课，主要讲授贸易工作的重要性、党的贸易政策、分局如何健全组织机构、怎样打开工作局面……还组织大家介绍各分局的情况，交流经验。学员培训半个月结业，分配到各分局工作，姚名琨分在江口对外贸易分局任局长。

当时姚名琨思想有些包袱，因为江口距赣州不远，全家人都在白区赣州城，只有他一个人在红区，因此要求调动。林伯渠做他的思想工作，嘱咐不要有顾虑，换过名字。故那时他改名为姚玉生。

分局刚挂牌成立时的半个多月，来江口做生意的白区商人很少，门庭冷落，大家心里很焦急。姚名琨到瑞金请求指示，林伯渠说困难肯定很大，要找白区商人，认真贯彻好苏区赤白贸易的政策。

姚名琨回到江口着手调查研究。听说白区商人都到离赣州城 15 公里的茅店做生意，便与采办员李楷玉一起，前往茅店了解情况。发现从赣州来的商船有几十条，还有许多肩挑小贩也在离茅店不远的地方摆摊设点。他找了几个商人，询问他们为什么不到江口做生意。商人们回答担心红军没收其货物，当作密探被逮捕，所以不敢去。针对这种情况，他与江口苏维埃政府及关税处联合起来，在边界地区张贴标语，宣传苏区的赤白贸易政策：苏区实行贸易自由，白区商人只要不违犯苏维埃政府的法律，不偷税漏税，一律予以保护。经过半个月的宣传，一些小商贩陆续来到江口与分局做生意。一次有个商人卖了几十斤盐给分局，营业部按市价付了银圆，可这位商人在柜台边总是反复敲打着银圆，仔细地辨别银圆发出的声音。为打消他的疑虑，姚名琨让营业员抬出一箱银圆，全是清一色的“鹰光边”，让其任选银圆款式。同时趁热打铁，说明分局急需购买大量的盐和布，请他串联其他商人前来江口做生意。这个商人见分局买卖公平，便打消了顾虑，爽快地答应了将剩下的几百斤盐也卖给了分局，还带来了几十个白区商人一起来到分局营业部。江口贸易分局当天就收购了食盐 4000 多斤，出售稻谷 10000 多斤，打开了江口赤白贸易的局面。

后来的四个月间业务量翻了好几倍。赣州商人有成百条船到江口，还有肩担商，每个圩日多至五六百人。江口分局的主要进口物资是盐和布匹，其他重要物资还有西药、油墨、文具、军用品等。江口分局根据货物紧缺的情况分为 7 种利润率给小商贩，让其有利可图。

从江口分局出口的货物也很多，兴国方向来的竹筏每圩就多达数百条。出口物资主要有钨砂、纸张、生猪、烟叶、生铁、樟脑、竹木、油、米、豆类等。赣州有一家叫“广裕兴”的大资本商号，他有广东军阀李焕奎和陈济棠做后台。江口分局通过与“广裕兴”互派代表设立秘密采购站组织货源。因此使江口对外贸易分局的营业额迅速增长，每月进口营业额少有 60 余万元，最多达 150 万元。苏区急需的物资有 70% 以上都是通过这里以各种方式向赣州采购，尔后运往苏区。

1933 年 8 月 15 日，毛泽东主持召开了中央苏区南部 17 县经济建设大会，会议决定：“按照各地出口货物情形，应在最近建立 10 个采办处，设立采办处的地点由国民经济人民委员部规定，各县苏主席团国民经济部于 9 月底负责筹备妥当。”据此，赣县江口贸易分局就辖有储潭、大湖江、长洛、沙石埠和兴国 5 个采办处。有的县还设立了代办处或采购站。8 月底，对外贸易总局在国民经济部领导下，从每县选出有经商经验并长于交际和管理才干的同志，又举办了包括对外贸易、粮食调剂、合作社的骨干训练班，为活跃赤白区域的商品流通作了进一步的组织准备。

分局刚成立时只有4个人，随着业务的拓展，分局机构人员相应健全扩大。此时又配备了副局长谢育发，设立了会计、出纳、采办、保管、运输和总务6个科室，工作人员增加到30多人，1933年江口对外贸易分局达鼎盛时期，共有107人。分局设有2座仓库：一个设在峡山，专门存放金银等贵重物品；另一个设在江口金背洞，专门存放货物。分局配备有4条自造的专用货船，每条船上配4～5个人。另外有一支30多人的运币队伍。为加强分局与瑞金的联系，沿途设立了12个交通联络哨。分局局长或会计每月都要到瑞金汇报。采办处的工作人员不拿工资，1933年时吃饭都要自己带，家里的田享受红军家属待遇，由代耕队耕作。

1933年夏，赣州查禁苏区中央造币厂制造的货币“大头洋”和“小头洋”，赣州商人不愿接受苏区银币，导致外贸额急剧下降。姚名琨极为焦急地报告了对外贸易总局。国民经济部部长吴亮平仔细询问了姚名琨，得知赣州市面上流通的货币是“老鹰头”，而苏区造币厂没有“老鹰头”的机器钢模。于是国民经济部把从上海采购新的造币机和马金钢的任务交给了江口贸易分局。姚名琨接受任务以后，千方百计找来了一位得力的商人，通过赣州的一位大商家，到上海负责采购。不久，造币机和几大箱马金钢运抵江口石角塘，分局迅速将它们送往中央造币厂。造币厂很快就生产出赤白贸易所需要的“老鹰头”银圆，一度衰退的赤白贸易又兴旺起来。江口贸易分局受到中央财政部和国民经济部表扬，配给江口分局一个连的警卫队伍，还奖励了一支手枪和一匹马。

1934年7月，第五次反“围剿”形势严峻。红军战士伤亡严重，西药奇缺。中央国民经济部部长吴亮平主持召开对外贸易分局局长会议，商讨7月和8月赤白贸易任务，决定除完成正常的进出口贸易任务外，4个对外贸易分局还要完成10万元的西药采购任务。其中福建汀州对外贸易分局2万元，会昌筠门岭分局1万元，吉安值夏分局1万元，而赣县江口分局为6万元，占任务的60%。会议结束后，江口分局局长姚名琨骑马连夜赶回江口传达。随后总局局长钱之光和副局长刘炳奎也亲自来到了江口，主持召开紧急会议进行动员部署。经过近40天的艰苦努力，江口贸易分局完成了8万元的西药采购任务，不仅超出原计划数量40%，还比原计划时间提前了20天。江口贸易分局冲破国民党封锁线，沟通赤白商品贸易，成绩突出，受到江西省第二次工农兵代表大会的表彰。

1934年8月，由于受到赣州敌人的突然袭击，江口分局遭受了严重破坏和损失。为整顿和恢复江口分局贸易业务，姚名琨从采办处调回江口负责。业务刚刚恢复，10月下旬就得到通知，收拢货币，停止营业。后来姚名琨被编入二十四师，准备突围长征。

闽西新泉对外贸易分局的赤白贸易。1933年8月，在福建新泉成立了对外贸易分局，负责沟通赤白之间的贸易。新泉贸易分局配备经理，陈禄春等十余人为采购员。为保护对外贸易的财产和人员安全，还配备了有10个人的警卫队。外贸分局下设两个采购站，一个设在上杭的由鱼坝，另一个设在庙前。庙前还设有海关，检查双方交易的货物，严格限制违禁物资外运。

贸易分局的主要任务是管理输出和输入物资工作。输出货物主要是农副土特产品和从江西运来的钨砂。输入货物主要是煤油、食盐、布匹、棉花、中西药材、火柴、电池等。

新泉贸易分局允许白区商人来苏区贸易，不没收、不强购其货物。外贸分局与白区商人之间的交易方式，完全靠信誉。双方常常约定在一个山头上进行交货付款，若商人已将货物运来，遇有突然变故，可以将货物放在山上，分局再派人将货挑回，货款以后再付。如遇特殊情况，双方还可再约定时间地点协商，也不需要订立合同。对于苏区商人外出采购，实行保护和优待政策。苏区商人到白区进货需要现洋，分局帮他们兑换；当采购的货物需要运回来时，他们往往在货物上标上朋口乡团总的名字，以免途中民团盘查，这些货物名义是运往白区的连城、朋口、吕溪，但到中途便改运苏区的新泉。

新泉贸易分局利用官商进行贸易。1933 年冬和 1934 年春，十九路军占领龙岩，揭起“抗日反蒋”旗帜，成立了“福建人民政府”。苏维埃临时中央政府与十九路军代表签订协议，双方商定共同抗日，恢复贸易往来，互不侵犯。订立协约后，赤白双方开始公开贸易。苏区需要的食盐、布匹、棉花、药材等从十九路军那里采购，双方以货换货或以现洋交易。十九路军需要苏区的钨砂，每百斤钨砂价格为 50 块光洋，贸易分局就把钨砂从长汀运至新泉，再运到庙前过去一点地方，对方在那边设站收购，十九路军再将钨砂护送到龙岩。

赣江办事处的赤白贸易。全国总工会委员长刘少奇和副委员长陈云亲自抓反封锁的斗争。在全国总工会的直接领导下，1932 年 6 月在赣县江口成立了赣江办事处。赣江办事处的工作范围较广，从瑞金到赣州，沿赣江到吉安、南昌，直到九江，赣江办事处“负有赣江流域采购与转运的重要任务”。江口贸易分局成立以后，赣江办事处又负责“协助江口贸易局扩大贸易，组织动员赤白区群众开展反封锁斗争”。此外，还要在白区和沿赣江发展党的组织，扩大革命力量，探听敌情，从事工人运动工作。

为统一工作部署，赣江办事处成立了联合党支部，由江口贸易分局、赣江办事处、东郊区委和赣县苦力工会负责同志共同组成。钟魁任书记，潘得圣兼任组织部部长和白区工作部部长，王贤选负责白区工作。下辖河西、梅林、下窖、七里、大庙前、下角坪、灯掌塘支部。白区城内还有田螺岭、八境台和姚衙前 3 个支部。每个支部都有具体分工。河西支部担任蟠龙、凤岗、唐江一线的盐、布、西药采购运输；

下窖和七里支部担任沙石、沙河、赣城一线的布、西药采购转运；七里支部负责采购棉花、蜡纸、油印机、氯化钾的任务；梅林支部担任信丰江一线的采购和转运工作；大庙前支部担任城市盐、布的采购和转运。

赣江办事处根据江口贸易分局开出的购货单，组织各个支部发动群众，按列出的货物名称和数量办货。如果支部缺乏资金，可由赣江办事处介绍，到江口贸易分局预支货款。各支部为了完成任务，分别派出可靠的同志，采用各种巧妙的办法，冲破重重封锁，将物资运进苏区。

河西支部的同志将从唐江采购来的食盐，装进打通竹节的竹筒，封好口后放入水中，扎成竹筏运送，在凤岗采购来的食盐，则利用晚上肩挑到水西，再改用坛子、瓶子装好封好口，趁黑浮水送到水东苏区。下窑、七里、沙河支部的同志采购到赣州城内的盐、布、西药等物资，运输方法多种多样：有的将桶做成夹底或桶的周围做成夹层，将盐藏在里面挑运出城；有的在箩筐上面装灰，下面装盐，肩担出城；有的将盐藏在棉衣裤夹缝中，里面缠上布带出城；有的妇女则将盐捆在大腿上，混出城去。而运送西药的方法又不一样，妇女将西药藏在空糕点盒内，佯装走亲戚提过河去，甚至用抬棺材出城的办法运送西药和军用品。

后来，国民党哨卡加强了封锁，搜查得更加严密，许多办法被敌人识破。地下党不得不改用其他运送办法。分别在城内的东大街、米市街等地建立秘密的物资转运站，将采购物资通过“钻地洞”“坐飞机”的办法运送出城：所谓“钻地洞”，就是利用城内东大街水岔口的下水道，输送物资出去；而“坐飞机”，就是从城墙上把物资吊到城外，再由城外接应装船运走。何三苟会染布，他就在濂西路开了家每天能染 120 匹布的“永源生染房”。该染房紧靠城墙，墙外就是河沿。晚上趁哨兵换防之机迅速将打好包的布一捆捆地搬到城墙上，推下城去，由城外的同志接应上船，抢运过河。

在国民党对苏区实行全面封锁的情形下，赣州这座孤城却割不断与苏区的经济联系。在中央苏区各县财政部部长会议上，财政部部长邓子恢说，赣州在整个苏区物资进出口中占据重要地位，百分之六七十的盐、布、棉花、西药、炸药原料，多从赣州进口；苏区出产的物资如粮油、豆子、钨砂等，从兴国、宁都、于都、瑞金、盘古山运出，基本上运往赣州，在赣州或从赣州再向外进行交易。但是这种交易却又被封锁了，以致当下的交易都是小生意，跟不上日益扩大的苏区建设的需要，因此必须在赣州找些大商人来苏区做生意。邓子恢指示由江口贸易分局和赣江办事处具体负责。

赣江办事处秘密派出干部到赣州开展统战工作，运用各种社会关系，与粤籍商人接触，寻求通商途径。

粤系军阀是个有实力的政治经济军事集团，与蒋介石保持着貌合神离的关系。赣州城内规模最大的利民百货商场，就有驻赣粤军第一师师长李振球80%的股份。在赣州经营南杂货的广裕兴、广裕丰、泰来祥等商号，均有粤军作后台。国民党政府颁布食盐、煤油公卖办法，但利民百货受利益驱使，却从南雄购进300桶煤油在赣州高价出售，还将济丰商店库存的400桶煤油承揽私贩。粤系军阀阳奉阴违地执行着国民党的经济封锁政策。

广裕兴老板曾伟仁与驻军师长李振球是同乡关系，而广裕兴又是陈济棠设在赣州从事钨砂开采和出口业务的双田公司合作商家。经王贤选等人的努力，广裕兴代表与江口贸易分局代表在梅林党支部书记丁友生家里进行了谈判，双方就钨砂交易互派贸易代表等事项达成了协议。王贤选后来回忆说："我们和广裕兴交换货物都比较安全。我们出售钨砂，交换一次就几十吨，换回布200多统（一统20匹，一匹合5丈）、盐几十吨、几千元的西药，广裕兴的货物都是从外地运到边区，再由我们武装接收。盐是从南雄用汽车运到信丰，布匹是从新干附近的三湖用船运到良口。”[①] 苏区与广裕兴号进行贸易的时间最久，数量也最大。1934 年8 月10 日，李振球部袭击了江口贸易分局，没收了钟先清为广裕兴收购待运的钨砂。曾伟仁立即向李振球请求通融，李振球唯恐事件败露，令三师师长钟达以“济匪”为名，将钟先清处决。

赣江办事处还争取了赣州的胜记大布庄以及恒孚、恒隆等12 家商号与江口外贸分局建立多种形式的贸易关系。赣江办事处与大商号约定，商号从南昌等地采购的货物有些不必运赣州，而是直接运到赣江两岸的采办处。当年进口苏区的货运路线有两条：一条是从新干三湖运棉花、布匹和西药到良口，中间有一段很长的水路，由赣江船运到良口后，苏区派武装接收；另一条是从广东南雄到信丰，用汽车运送食盐。尽管商人们与苏区的贸易风险很大，但利润高，对商人有很大的吸引力，这些商人往往与国民党军官合伙取得庇护，军官从中牟取高额利润。[②]

工农通讯社的赤白贸易。中央苏区形成后，开辟了从瑞金到上海的红色秘密交通线。从上海经香港、汕头、潮州、大埔、永定沿线建立秘密交通站。瑞金建有交通总站，香港、闽西虎岗建大站，永定等地建小站。交通站对外称“工农通讯社”或“分社”。其主要任务除了传送机密文件、护送干部外，还负有“采办军需物资并保护这些物资输入根据地”的任务。

在交通站工作的同志们积累了丰富的斗争经验。为了完成物资采购运输任务，他们创造出开店铺的办法，苏区缺什么物资他们就开什么店铺，这样既解决了交通站的问题，又避免了采购物资被敌人发现的问题。交通员不一定知道哪个铺子是自己人开的，但可以告诉他们

① 王贤选、何三苟:《中央苏区反经济封锁的片断回忆》，载陈毅、肖华等:《回忆中央苏区》，江西人民出版社，1986，第356 页。

② 舒龙、谢一彪:《中央苏区贸易史》，中国社会科学出版社，2009，第143 页。

到哪里进货更为便利。铺子里的人也不一定知道是苏区来的人，只要按一般做买卖的规矩行事就行了。有时光靠交通站的同志完成不了开设店铺的任务时，就报请中央由特科（特工部门）去完成。

交通站还争取商店老板在敌占区为苏区采购物资。粤军叶维贺占据永定时，交通站曾争取李永源等老板出面开办“源记号”“万斗布庄”和“裕兴祥京果店”等5家商号，作为苏区的物资采购点。通过这些店铺大量采购苏区需要的各种物资，以少量货物放在门市应付铺面。后来这些店铺被敌人发现遭到查封，李永源、张荣喜、张利传、吴昌禄等老板惨遭杀害。

交通员们经常从苏区带着黄金、白银和港币，通过秘密交通线到香港、上海采购无线电器材、军用望远镜、药品等。他们平时生活艰苦，但每次都安全地将这些财物带回交通站，从未发生过贪污遗失事件。永定交通站运送的物资有布匹、食盐、药品、纸张、电讯器材、军械器材，运输依靠群众，通讯社负责护送。群众很有组织，一叫就来。群众看见穿黑衫、带驳壳枪的交通员一来，就主动准备好工具等待前来挑运。永定县苏维埃政府将溪南、合溪、湖雷、太平等地区的赤卫队几百人组成永定运输队，经常前往大埔、青溪一带搬运物资。

工农通讯社的交通员们采购了大量苏区紧缺物资，为粉碎国民党的经济封锁作出了重要贡献。

（三）开展粮食调剂

国有资本主导的粮食调剂活动，是苏区最重要的商业活动之一。粮食调剂局的任务是：通过购、销、调、存业务，打击奸商，平抑粮价，保证军需民食；同时，有计划地组织粮食出口，换回食盐、布匹、药材等日用必需品。粮食调剂局在打击奸商、平抑粮价、调节民食、接济军粮、改善工农生活等方面发挥了显著作用。

据1933年的统计，中央苏区全境前方部队和后勤保障人员共112万人，其中主力红军达12万余人。按当时16两制为1斤、每人每天消耗粮食 12 两计算，每日需求粮食就达 84 万斤。粮食供给问题成为保障革命战争长期需要而刻不容缓的重大问题。中央国民经济部以此作出了粮食调剂和紧急征粮计划。

苏维埃政府结合当时经济社会实际，灵活地制定了粮食调剂局、粮食合作社和发行公债的政策，通过细致的组织动员和宣传工作，加上计划周密的运营，极大地缓解了当时军需民用的困难。1933 年 7 月，苏维埃中央执行委员会作出《发行经济建设公债的决议》，同时颁布《发行经济建设公债条例》，公债“以三分之二作为发展对外贸易，调剂粮食，发展合作社及农业与工业的生产之用，以三分之一作为军事经费”。

始于闽西的粮食调剂活动。1929 年夏收时，闽西各地出现谷贱伤农的“剪刀差”现象，曾一度造成整个社会经济的恐慌。为防止并解决好这个问题，闽西苏维埃政府“想出了一个好办法，这就是粮食调剂局”。1930 年 6 月 1 日，闽西工农民主政府经济部发表了《调剂米价宣传大纲》，大纲以平实的语言，对如何进行粮食调剂作了详尽的宣传解释。全文如下：

米价低落贫民吃亏。六月割禾的日子快要到了，在割禾谷几个月当中，我们贫农有桩苦事，就是米价过分的低落，譬如去年早收后，大池、小池、古田、蛟洋一带，米价跌到三斗以下；虎岗、龙门一带，跌到二斗以下，若照平时工价物资计算，则农民所投下田中的人工肥粪食用，收不到一半回来，这样农民尤其是贫农，仍然受了很大剥削。当时割起禾来，米谷便宜粜出，到了今年三四月间，又要籴回贵米，大家想想这是谁吃亏呢？

米价低落会使商场冷落工人失业。农民既然吃了大亏，必然日益穷苦下来，结果只有自己省俭；要买的东西便不敢而且不能去买了，因此便形成商场的冷落。同时农民穷了，不能做衣服，整房屋、置用具甚至连剃头、吃烟的钱都没有。结果使工人失业日多，造成社会的恐慌。

米价低落影响到生产减少。再则，农民穷了，更没本钱去经营副产品（如杂粮、山林品等），对于田地，因没有充分的肥料和工力，也不能改良，因此土地生产，也会逐渐减少下来，结果便是粮食减少，山林荒废，手工业停顿，影响到整个社会经济的恐慌。

调剂米价是目前重要工作。根据上述各点，则调剂米价，确是发展社会经济的重要工作。现在六月又要到了，我们要马上设法进行这一工作，我们要知道这一工作不是随便可以做到，必须事前有充分的准备，才不致临时慌张。假如我们现在准备得好，将来米价可以提高一点，则农民不至吃亏过甚，每个人都有余存，使大家有余力来购买货物，置备用器，经营生产事业。这样，一面可以使市场发达，另一方面又可以使工人有工做；结果，全体群众便活动起来，所以，调剂米价是目前苏维埃和全体群众的重要工作。

米价低落的原因。我们要调剂米价，先要明白米价低落的原因。去年米价低落的原因是：(1) 群众怕白军摧残，将米贱价出售，预备出走，(2) 分田后籴米者少粜米者多，(3) 农民要开发工钱买盐买油，而无处借贷，只得便宜粜米以资应付。今年呢？群众恐慌大概是不会了，但农民无钱开工钱买油盐，仍是一样的，所以，今年米价仍会低落；其主要原因便是农民无钱可借，如果政府有一大批款子借给农民，农民当然不肯便宜粜米了，但农民借了钱去，假如没有归还，那政府资本散失岂不是一年就拉倒吗？所以借贷方法还是不好。此次，闽西政府经济委员会想出一个好的办法，这就是粮食调剂局。

高价买谷。这个粮食调剂局对调剂米价有两个办法：第一是高价籴谷，由政府筹大批款子做基金，于新米登场时，用高价向贫农收买谷子，这个价格要比普通市价贵三分之一，如市价每担谷子二元，我们大概可定价二元七角收买。这样，贫农自然不会到圩上去粜米了，但富农之谷，我们不必收买，因为富农自己还有钱用，不必政府设法。

而且，我们是要先救多数贫农，我们不能为富农谋利益，致犯了富农路线的错误而脱离贫农群众。

这个高价籴米（来）的谷子，要好好地用谷仓储藏起来，到了三个月或六个月后，照原价九五扣粜还原主：如农民将谷粜出后，还可以籴回，便不至吃贵米。其农民籴不完的谷子，则发到米贵的地方去出粜，赚得之款由调剂局保存起来，以扩大调剂局的基金。

高价买米。第二个调剂米价的办法，是高价籴米，除在乡收买谷子外，米价仍旧低落时，调剂局在可能范围内，可拿出一部分款子，向市场高价采来食米，同时可以相当限制米价，这籴来之米，可运到米贵的地方出粜，以资周转，但不准运出白色区域。这个高价籴米办法，要在财政有可能的时候，无论如何不能放弃籴谷工作，而单做籴米工作，这是要注意的，因为我们是要把米谷储藏起来，调剂数个闽西的米价，不是只顾到某一处米价的调剂而已。

中央革命根据地的粮食调剂局。1931 年，中央革命根据地因未注意粮食储备、组织调剂，也未控制粮食出口，致使个别地区于 1932 年发生夏荒。当时临时中央政府为了解决粮食问题，采取了一些重要措施。如 1932 年 8 月，临时中央政府人民委员会发布了《发展粮食合作社运动问题》的第七号训令，号召各地成立粮食合作社，同奸商富农斗争。10 月 25 日，中央政府又颁布了第十三号布告，号召各地工农群众，“应当尽量的种杂粮菜蔬，以补充谷米的不足”。1933 年初，因上年部分地区受灾，粮食歉收，奸商乘机哄抬物价，囤积居奇，边界地区不断遭敌骚扰、抢掠和烧毁粮食，国民党反动派又开始了第四次反革命“围剿”，红军这时已扩大到 10 万人，需要粮食更多，以致在中央革命根据地许多地方发生粮荒。边界地区、红军驻地、医院近旁，粮食更缺。粮食问题的解决，对中央革命根据地来说，不仅是一个经济问题，更是关系到能否打破敌人反革命“围剿”、关系到苏区存亡的严重政治问题。

针对中央革命根据地粮食紧张的严重情况，临时中央政府人民委员会于1933年2月26日召开第三十六次常会，研究了“举行普遍的借谷运动，以供给红军粮食，好去彻底粉碎敌人的大举进攻”，同时对创办粮食调剂局进行了详细讨论并作出了决议。3月4日，中华苏维埃共和国临时中央政府人民委员会颁发《为调节民食接济军粮》的第三十九号命令，命令中详细分析了阻碍粮食流通的原因，决定成立粮食调剂局，明确了粮食调剂局与粮食合作社的关系。命令全文如下：

近据各地报告，苏区各县，许多地方禁运谷米，甲县乙县，划成界限。许多地方发生粮荒，米价飞涨，有钱无市。这是十分严重的现象，查苏区之内，粮食情形不同，有些地方多余，有些地方缺少，边区地方，敌人抢劫发生米荒。红军驻地、医院近旁，粮食更缺。各区各县的互相调剂，不但关系一般民众的日食，是十分严重的事情，关系红军及后方医院的给养，乃是打破敌人四次进攻不可一天缺少的条件，尤其重大的很。

阻碍粮食流通的原因，不外以下三种：（一）粮食不足的民众恐本地流出多，五六月间要吃贵米。（二）粮食有余的民众，想留到后头，可得高价。（三）富农奸商操纵谋利，乃至故意捣乱，破坏革命战争。各地政府不加考察，就实行禁阻起来，哪知道怕本地五六月间要吃贵米，别地老早就吃贵米了，永定每元三升半，上杭每元四升，汀州七升，瑞金也到了八升，其他缺米地方，都是一天贵似一天，城里工人，没有耕田，卖工度日，一家老少，以少少的工钱，吃昂昂的贵米，全部红军正在前线同敌人拼命，靠着后方运送军粮，各地政府，要把这些理由，告诉当地群众，一定要全苏区都有饭吃，尤其要红军有饭吃，同心合力，打破敌人，才是出路，要告诉那些粮食有余的人家，不要只想高价，别地在挨饿，前方缺军粮，大家不能坐视不理，须知全体不好，红军不胜，你们自己的利益也是得不到的。至于富农、奸商，恨了政府采办军粮，恨了合作社调剂民食，或故意积藏，或暗中操纵，甚至大造谣言，煽动群众，这是反革命的举动，各地政府要领导革命群众给他们以严厉的制裁。须知全体的利益与战争的胜利，是一切利益的第一位，各地政府和民众应有深刻的认识。

中央政府已决定了粮食调剂的计划，设立了粮食调剂局，各地政府应领导群众，快快组织粮食合作社，在粮食调剂局领导帮助之下，努力进行。办米之外，还要办盐，以抵制富农奸商的积藏操纵，以防备国民党的严厉封锁，以调节各地的民食，以接济前方的军粮。各地政府须知去年中央苏区的收成不丰，今年的春荒问题必然要来得严重，领导群众解决这个严重问题，是苏区政府的一件大工作，从省苏维埃起，到城乡代表会止，都要有详细的讨论、精密的计划、广大的宣传、努力的行动，才能完成这个工作。这是群众的切身大问题，这是打破敌人四次围攻的大关键，要使苏维埃政府成为真正代表群众利益的政府，要使苏维埃政府成为有力地领导战争的政府，对于这个问题是不能丝毫忽略的。

除由中央内务人民委员部发出布告外，特此通令各地各级政府切实遵照执行。

1933 年 3 月 5 日，中央内务人民委员部发布关于解决粮食问题的布告，阐明了成立粮食调剂局的重要性。全文如下：

中央苏区全境 群众数百万人 粮食问题重大 缺少调节流通 现在战争形势
敌人大举进攻 接济红军给养 关系更属非轻 江西福建两省 情形各有不同
田地有多有少 收成有歉有丰 并且有些边地 敌人抢劫一空 都是工农阶级
父母姐妹弟兄 应该同心合力 向着困难斗争 粮食调剂设局 中央正在经营
粮食合作设社 各地都要进行 甲县运到乙县 不能阻挡留停 大家有了饭吃

大家好打白军 省县区乡政府 拿住这个中心 要向群众解释 发展阶级同情
倘有造谣操纵 不论奸商富农 定要严拿办罪 法律决不宽容

何叔衡

一九三三年三月五日

1933 年 4 月 28 日，中华苏维埃共和国临时中央政府正式决定成立国民经济人民委员部，下设粮食调剂局等机构。要求省县两级成立国民经济部，下设相应机构。

四五月间，中央根据地各县及中心市镇纷纷设立粮食调剂分局。如兴国粮食调剂分局“在中央财政部的指示下，已于4 月 12 号正式成立了，在成立开始的这一天，各区苏及各群众团体都很热烈地送彩联绸匾和爆竹。自晨至午，极形热闹。各区并派代表参加庆祝大会，在大会上县一级各机关的代表都先后致辞，都说要为充裕粮食而斗争”。又如：“胜利县粮食调剂分局于 5 月 18 号上午召集第一次代表会议，会场布置甚为壮丽，各级政府各群众团体都送到了很多彩匾、爆竹，并有刨烟，分社和各消费合作社开茶话会庆贺，于 9 点钟进行开会，经主席团报告开会意义后，再有各参加人相继致辞来庆祝该分局的成立，且各代表在大会上热烈讨论了今后工作方针。该晚有附近群众举行提灯大会，高呼口号；有县一级各机关表演新剧，来参看者千余人，灯火辉煌，鼓乐喧天，热闹非常，翌日上午 8 点钟继续进行开会，至 11 点钟大会就完全成功而闭幕了。”

7 月 14 日，中央国民经济部对“粮食调剂局与粮食合作社的关系”作出详细规定：

一、粮食调剂局系调剂苏区粮食，保证红军及政府给养，并帮助改善工农生活的国家机关。而粮食合作社则是广大工农群众抵制奸商、富农剥削，改善自己生活的群众经济组织。

二、粮食调剂局与粮食合作社，虽然性质各不相同，组织系统各不相混，可是他们在工作上应该发生最密切的关系，粮食合作社可以说是粮食调剂局的群众基础的组织，经过粮食合作社，调剂局可与群众发生密切的联系。

三、粮食合作社与各县粮食调剂分局或支局发生关系。

四、粮食调剂局与粮食合作社的关系如下：

（一）粮食调剂局向粮食合作社购买政府及红军所需要的粮食，在新谷上市时，要使谷价不致跌得过低，在青黄不接的时期，要使谷价不致涨得太高。

（二）区乡二级政府及其他工作人员，所需粮食，可用粮食调剂局所发米证向粮食合作社领取，最后，由粮食合作社向粮食调剂局支钱。

（三）粮食调剂局应帮助粮食合作社来获取农民所必需的其他粮食的供给（如盐等）。

（四）在粮食合作社非常急迫需要现款时，调剂局可设法帮助借款，反之，在调剂局急需时，亦可向合作社暂时借用，迅速归还。

（五）粮食调剂局应经过粮食合作社来帮助农业生产的发展，设法供给农民以必需的肥料（如石灰等）、种子、农具等。

（六）粮食合作社应该帮助粮食调剂局来运输粮食（如帮助政府发动运输粮食的伕子等），在未设运输站的地方，该地粮食合作社在必要时，应该为粮食调剂局执行运输站的工作。

（七）在粮食调剂局建有谷仓的地方，粮食合作社应共同帮助调剂局的谷仓的管理。

五、只有在粮食合作社普遍发展，粮食调剂局与粮食合作社发生密切关系的条件之下，调剂局才能很好地起到调剂政府红军及群众粮食的作用，同时也只有在调剂局的领导与帮助之下，粮食合作社才得到很好的发展与巩固，各级粮食调剂局与粮食合作社，应该根据上述几点，切实执行。

粮食调剂局的作用和成绩。1933 年 4 月 28 日颁布的《中华苏维埃共和国各级国民经济部暂行组织纲要》规定："粮食调剂局，管理粮食的粜粜，运输及仓库存储等事宜，使粮食有合理的分配，以适应红军、政府机关及全体国民的需要。"粮食调剂局在打击奸商、平抑粮价、调节民食、接济军粮、改善工农生活等方面，发挥了显著作用。1933 年，根据 12 个粮食调剂分局的报告，在四、五、六三个月中间，他们能够有 40 万元的商品的周转，并得到盈余 1 万元。粮食调剂总局从四月到八月的五个月中，有 27 万元的商品流转，并得 7000 余元的盈余。这就是说，在中央苏区内，每月已经有了 20 万元的粮食的商品流转，经过了国家调剂。虽然这一数量在苏区全部粮食的商品流转中，还占据极小的地位，但是调剂局的这一工作，对于粮食价格的调剂与红军给养的解决，毫无疑义发挥了极其重要的作用。

通过粮食调剂工作，当年的储存粮食，平抑粮价、粮食进出口取得了很大成绩。1933 年底，"在江西、福建和瑞金县集中了 60 万元的公债谷，各分局收集的公债谷约 1 万 5 千担，出口谷约 6 万担，粮食贮藏计划在东线、北线瑞金汀州共贮 21 万担"。1934 年，在激烈的第五次反"围剿"战争中，因王明"左"倾路线在军事上的错误，根据地越打越小，人力、物力的消耗越来越大。为保障红军供给，支持革命战争，在这期间，粮食调剂局（这时已改为粮食部），在中央政府领导下先后三次完成了粮食收集运动，保证了红军的给养，取得了显著的成绩。[①]

三、扶持发展合作社经济

苏维埃中央政府成立伊始，就面临着工人失业、物资缺乏以及奸商投机等问题的困扰。为解决这些问题，中央政府除了发展国营企业

① 许毅主编《中央革命根据地财政经济史长编（下册）》，人民出版社，1982，第 46 - 63 页。

以外，还通过大力发展合作社繁荣苏区经济。1932 年 4 月，中央政府通过了《关于合作社暂行组织条例》的决议，提出了创办合作社运动的号召，并明确规定：合作社系由工农劳动群众集资组织，富农、资本家及剥削者均无权组织和参加。合作社的种类限于三种："（1）消费合作社，为便利工农群众贱价购买日常所用之必需品，以抵制投机商人之操纵；（2）生产合作社，制造各种工业用品，以抵制资本家之怠工；（3）信用合作社，为便利工农群众经济周转和借贷，以抵制私人的高利剥削。"生产合作社，指的是工业方面的合作社，而并非是农业等方面的合作社。条例还规定，"消费、生产、信用合作者之社员，不仅兼股东，并且是该社的直接消费者、生产者、借贷者"，"消费、信用合作社之消费者、信贷者，要以社员为主体，对于社员除享受红利外，还应享有低利之特别权利，对于非社员之价目与利息，最高的限度不能超过社会一般规定之上"。"凡工农劳动群众所组织之合作社，须先将章程、股本、社员人数、经营项目，向当地苏维埃政府报告，经审查登记后，领取合作社证书，才能开始营业。"① 在这些条例的引领指导下，中央苏区南部 17 县经济大会召开后，中央苏区掀起了规范化创办合作社的高潮。苏区的合作社经济是临时中央政府运用国有资本扶持的重点领域。中央政府以经济建设公债的置换转化，地方政府从财政收入中拨付专款，予以大力扶持发展，使苏区经济发展出现了欣欣向荣的景象。1933 年 8 月前，中央苏区的消费、粮食和生产合作社只有 950 个，1934 年 2 月发展到 12028 个。其中，消费合作社有 1140 个，社员 295993 人，股金 322525 元。县总社 17 个，省总社 2 个，还有中央苏区消费合作总社。基本实现了一乡一社。红军部队和国家机关及人数较多的企业中，也建立了规模不等的消费合作社。

---

① 中国社会科学院经济研究所中国现代经济史组：《革命根据地经济史料选编（上册）》，江西人民出版社，1986，第 87 - 88 页。

（一）各类合作社

1. 发展生产合作社

工业生产合作社组织在苏区的发展相当迅速。据1933年底不完全统计，各地的生产合作社约有数十种之多。工业生产合作社包括造纸、织布、染布、炼铁、石灰、采煤、采石膏、造船、制糖、榨油、制陶、烧砖瓦、农具、编织、刨烟、缝纫、木器、熬硝盐、熬樟油、熬樟脑、制豆腐等手工业的生产与经营。这类合作社小的只有几个人，大的有几十乃至百余人，共吸收了约50万的失业工人、独立劳动者以及雇农的加入。1933年9月，根据各地的经验，苏维埃政府颁布了《生产合作社标准章程》，对合作社的名称、宗旨、组织、社员权利、民主管理、决算制度、盈利分配原则都做了具体、统一的规定。

由于生产合作社的经营与群众生活紧密，比国营经济更为灵活，能够集中各方力量，是私人经济所不能比的，因此，当时苏维埃政府对这一经济成分期望值很高，甚至希望它成为苏区经济发展的枢纽，在苏区经济中逐步壮大并取得优势地位，从而为苏区经济过渡到社会主义经济创造条件。但合作社经济难以避免“合作”的不足，特别是在合作方式和利益分享问题上不容易达成共识。随着后期军事上的失利和苏维埃政权的转移，合作社经济的实验也就无法持续下去。

2. 发展消费合作社

消费合作社是群众自己集资组织商品交换的集体经济形式，在整个苏区的国民经济中占有十分重要的位置。

消费合作社这种集体商业经营形式，最早出现于东固根据地，是1928年10月由东固革命委员会拨款和群众集资建立起来的，经营布匹、药材、食盐、烟叶、鞋袜等商品。在闽西苏区，1929年10月上杭县上才溪乡、下才溪乡分别创办油盐肉合作社、布匹合作社以及屠宰合作社，随后又创办才溪区消费合作社。这种以保障供给、搞活流通、减少剥削、增加收入为目的的消费合作社，迅速在苏区各县推广。

表 6－3 中央苏区部分县、区消费合作社发展对照

	1933 年 8 月前	1934 年 2 月
社数/个	417	1140
社员/人	82940	295993
股金/元	91670	322525

苏区办得最为成功的是多次受到毛泽东表扬的兴国古林村消费合作社。第一次反“围剿”胜利以后，国民党加紧了封锁，苏区工业品奇缺，价格畸高，而大量的农副产品又卖不出去，价格极低，形成了严重的“剪刀差”现象。兴国古林村代表会上大家讨论决定，拿出1930 年打土豪剩下的 100 多块银圆作本钱，加上群众集股，创办古林村消费合作社，并由中共兴国县委地下交通员、善于应对突发事件的李奎应出任合作社社长。古林村消费合作社商品丰富、价廉物美，凡是入股的社员和红军家属实行优惠减价；非社员尽管不减价但合作社的价格还是比市面便宜，深受群众欢迎。1931 年春，国民党军队发动第二次“围剿”，兴国县一度被敌人占领，合作社人员不仅没有解散，而且依然坚守阵地。他们穿越敌军重重关卡，深入白区采购货物，源源不断输入食盐和军需用品，发挥了积极作用。第三次反“围剿”胜利后，毛泽东亲自带领工作人员考察古林村消费合作社创办经验，高度评价古林村消费合作社是兴国县合作社运动的“首创”，是办得最好的一个“模范合作社”。1932 年 1 月，古林村消费合作社改名为榔木乡消费合作社，9 月，又合并为上社区消费合作社。上社区消费合作社从 1932 年 9 月到 1933 年 3 月七个月，“400 多元本钱赚了 600 多元，以 50% 为公积金，10% 为营业者及管理委员、审查委员的奖励金，10% 为文化教育费（为俱乐部、学校及红属儿童买纸笔），30% 分红”。1933 年 8 月，李奎应出席了在瑞金沙洲坝召开的中央苏区南部 17 县经济建设大会，并在会上介绍了创办合作社的经验。临时中央

政府主席毛泽东在大会上再一次表扬了兴国的消费合作社，并号召："每个乡每个区都要学习长冈乡和上社区的消费合作社！"[①] 在同年12月5日召开的中央苏区消费合作社第一次代表大会上，上社区消费合作社被评为苏区4个模范合作社之一。1934年秋，在宁都成立了江西省消费合作总社，钟仁普任社长，李奎应任副社长。福建省积极创办消费合作社发展商业贸易，新泉的池溪、芷溪、庙前、南阳、乐江、小鱼潭等8个消费合作社，将烟叶、土纸、黄豆等土特产运到白区，换回大批盐、布等工业品。

3. 发展粮食合作社

为了调剂苏区粮食的余缺，1932年8月，临时中央政府人民委员会发布训令，要求在全苏区迅速创办粮食合作社，同时还颁布了《粮食合作社简章》。粮食合作社主要是调节粮食价格，减少"剪刀差"现象，是工农贫苦阶级抵抗奸商、富农商业资本剥削的经济组织。粮食合作社在粮食收获季节以稍高于市场的价格向社员收购谷子并加以存储，到次年青黄不接时，又以稍低于市场的价格出售给社员，剩余的则运往米价高的地方销售。中央苏区有300多万人口，粮食调剂局是政府部门，粮食合作社是集体组织。通过粮食调剂和合作社经营，"这样使粮多粮少的地方，得到互相调剂，使时多时少、时贱时贵的现象得到解决，有效地打击了奸商的不法活动，保护了消费者的利益"[②]。

（二）合作社的管理特点及其经验作用

在合作社组织建设的初始阶段，中央苏区对合作社的经营管理还处于摸索阶段，其规章制度、运营模式还不很完善。在实践过程中，

---

① 毛泽东：《长冈乡调查》，载《毛泽东农村调查文集》，人民出版社，1982，第316页。

② 吴亮平：《中央苏区北部十一县经济建设大会与国民经济工作的回忆》，载中共江西省委党史研究室、中共赣州地委党史工作办公室：《中央苏区风云录》，第181页。

苏维埃政府制定与颁布了《合作社条例》（1930 年 5 月）、《粮食合作社简章》（1932 年 8 月）、《生产合作社标准章程》、《消费合作社标准章程》、《信用合作社标准章程》（1933 年 9 月），这使得苏区的合作社经济组织逐渐有了统一规范的制度要求与管理规定。

粮食合作社、消费合作社、信用合作社等各自按照规章制度进行经济生产与管理，其管理与组织特点因其性质的不同而有所差异，但在整体上更有其一致性。以《信用合作社标准章程》为例分析合作社的组织与管理特点。中央政府颁布的《信用合作社标准章程》共包括 36 条，从宗旨、社员、股金与股票、借贷、管理机构及其运作、利益分配六个方面做了详细的规定。其宗旨规定：信用合作社以“便利工农群众经济的周转，与帮助发展生产，实行低利借贷，抵制高利贷的剥削为宗旨”。对于合作社社员的规定，“本社社员以工农劳苦群众为限，富农、资本家、商人及其他剥削者，不得加入”，“本社社员数量无限制，准许自由陆续加入，但成立以后迎新社员要经社员大会之通过”。关于管理机构及其运作，本章程规定：“本社以社员大会为最高组织，由全体社员组织之。社员大会每三个月开会一次，如有临时事故发生，或社员三分之一以上之要求时，可由管理委员会召集临时大会。社员大会须有三分之二社员出席方能开会。”社员大会有“选举罢免或处分管理委员会及审查委员”等权利。关于利益分配，其分配原则规定为：“每期纯利，以百分之五十为公积金，百分之十为管理委员及职员之奖励金，百分之十为办理社员公共事业，百分之三十照社员所付利息额为标准比例分还社员之借款者。”①

因此可以从中总结出中央苏区合作社的管理特点：

一是坚持党和政府对合作社领导的原则。

---

① 引自《信用合作社标准章程》（1933 年 9 月 10 日），载中国社会科学院经济研究所中国现代经济史组：《革命根据地经济史料选编（上册）》，江西人民出版社，1986，第 381 – 382 页。

二是坚持自愿原则。

三是坚持民主管理原则。

四是坚持集体利益与个人利益兼顾的分配原则。[①]

由此可以看出，中央苏区合作社经济建设是在党的领导下进行的，以抵制高利贷剥削、促进工农经济发展为目的。合作社社员坚持自愿加入的原则，其中，也要确保合作社的无产阶级阶级性的绝对性，这在紧张激烈的阶级斗争环境下是有其积极意义的，在国营企业的环境中，要确保无产阶级的优先性与先进性。这些可以说是中央苏区合作社经济形式取得成功的原因所在。合作社经济取得成功，主要体现在这一经济形式在当时所承担的作用上。合作社经济是中央苏区的主要经济形式之一，占据中央苏区的主体地位，在当时的根据地环境中合作社经济的作用不可替代。根据当时中央国民经济人民委员部颁布的《发展合作社大纲》的总结，其作用主要体现在："(1)抵抗商人资本家剥削，改善社员生活；(2)调节苏区内工业品和农业品价格的剪刀差现象，破除国民党的经济封锁；(3)发展苏区国民经济；(4)吸收广大农工劳苦群众参加革命战争，提高社员政治水平，巩固工农革命联盟；(5)抵制私人资本，准备将来社会主义建设的经济条件。"[②] 这些既是成立合作社的初衷所在，也是合作社经济在实践中所起到的作用。

四、重视财政金融活动

井冈山革命时期和中央苏区时期，中共实行了一系列财政金融政策，逐渐建立起了自己的财政金融体系，有了较稳定的、成系统的财

① 余伯流、凌步机:《中央苏区史》,江西人民出版社,2001,第751页。

② 余伯流、凌步机:《中央苏区史》,江西人民出版社,2001,第752－753页。

政收支运作系统，稳定了金融市场，促进了商品和货币流通，从而为中共的民主革命和军事战争提供了坚实的基础。

（一）成立苏维埃国家银行

中华苏维埃共和国临时中央政府运用国有资本创办红色金融业，在为期不长的时间里，主要做了两项具体工作：一是在地方银行的基础上创办国家银行；二是委托国家银行发行革命战争公债和经济建设公债。这两件大事的本质，都是代表人民的根本利益，创造国家信用，得到了苏区军民的真心拥护和支持。

中央革命根据地的金融机构是从无到有、从小到大逐步发展起来的。创办苏区银行，发行纸币，铸造银圆，建立新的信贷体系，具有社会主义国家财产性质的金融资产在苏区时期萌生。

红色政权最早发行的货币是井冈山根据地于1928年春发行的“工”（意为工农兵）字银圆，并流通了近一年时间，但未建立银行。赣西南苏区最早建立的红色银行，是1928年10月东固根据地建立的东固平民银行。为活跃根据地经济、克服根据地财政困难，以红军独立第二团捐助的4000块银圆为基础，加上根据地党团员和军民集资而建立起来的东固平民银行，先后发行了拾、贰拾、伍拾、壹佰四种面额纸质的铜圆票。这些纸币是江西苏维埃红色政权第一次发行的苏维埃纸币。闽西苏区自1929年夏建立红色政权后，一些县就陆续建立信用合作社，并且自行印发纸币，致使闽西苏区出现多种货币（或代金券）同时流通的局面，苏区群众深感不便。1930年11月7日，闽西工农银行在龙岩城正式宣告成立。闽西工农银行成立后，发行了自行印制的纸币，分1元、5角、1角三种面值。原各地信用社发行的纸币一律停止流通，并等值兑换成闽西工农银行纸币。此外，在其他革命根据地也相继建立了苏区银行，如湘鄂赣工农银行、闽浙赣工农银行、川陕工农银行等。1930年10月4日，红军攻克吉安城，赣西南苏区连成一片，革命形势迅猛发展，建立赣西南苏区统一的财政经济和银行货币，成为迫切需要解决的问题。中共赣西南特委遂决定将原东固平民银行扩大为江西工农银行。

1931 年 11 月，中华苏维埃共和国成立，为了巩固这个新生的工农民主专政的国家政权，必须建立自己统一、独立的金融货币体系。“一苏大会”通过的《关于经济政策的决议案》中明确要求“为着实行统一币制并帮助全体劳苦群众起见，苏维埃应开办工农银行并在苏维埃区域内设立分行，这个银行有发行货币之特权。工农银行对于各农民、家庭工业者、手工业者、合作社、小商人等实行借贷，以发展苏维埃经济，这个银行应实行兑换货币，其分行并带征税收。”①

根据“一苏大会”通过的决议，1932 年 2 月 1 日，在瑞金成立了中华苏维埃共和国国家银行，中央人民委员会任命毛泽民为苏维埃国家银行行长。

苏维埃国家银行开办时确定资本金 100 万元，由国库预算案拨给，但实际上并未筹足这个数额，仅有从中央财政部接收过来的现金 20 万元。1932 年红军东路军入闽攻打漳州时，银行行长毛泽民亲率红军大学供给班的 20 名学员，随军协助红军筹款。毛泽民被委任为红军筹款委员会副主任。此次共计筹款 100 万元，其中大部分拨付给银行作资本金，从而解决了银行资金不足的困难。②

中华苏维埃共和国国家银行是苏区财政金融建设的重要部门。国家银行直接隶属于财政人民委员部，由财政人民委员部监督国家银行的一切事务，指导与监督国家银行业务，核准国家银行各种营业规划、利率及经费的预算、决算，审查国家银行各项报告及资产负债表。国家银行的管理权属于管理委员会，该委员会由财政人民委员部呈请人民委员会任命 9 人组成。其职权为：规章制度的制定，纸币发行量和

---

① 《关于经济政策的决议案》(1931 年 11 月)，载中国社会科学院经济研究所中国现代经济史组:《革命根据地经济史料选编(上册)》，江西人民出版社，1986，第 84 页。

② 李小三主编《中央革命根据地简史》，江西人民出版社，2009，第 163 页。

现金准备的规则制定，分支机构的设立和撤销，预算决算的审定，利润的分配处理，资本的增加及内部事务的监管。管理委员会主任由财政人民委员部呈请中央政府人民委员会任命。

当时的国家银行其实是“政企合一”的金融部门。国家银行下设省分行、支行、兑换处等。国家银行的业务，依章程规定有6项：（1）帮助发展生产，对于国有工商业或合作社事业，分为有抵押或无抵押之放款，但私人企业之借款须有抵押；（2）商业确实票据之买卖贴现，或再贴现，但票据期限自贴现日起，至多不得逾6个月；（3）依照法律之许可，为生金银及外国货币、证券或汇票之买卖；（4）办理各种汇兑及发行期票；（5）收受各种存款；（6）代人保管贵重物品，但其期限不得逾五年。此外，苏维埃国家银行还受政府委托，代理国库出纳，代理政府发行公债及还本付息事宜。国家银行还曾发售过部分“银行股票”。

1932年7月，苏维埃国家银行纸币正式开始在中央革命根据地流通，各种杂币逐渐退出流通市场。中央革命根据地的货币得到统一。

1932年，中央政府在位于石城地区的烂泥坑建立了秘密金库，用来存放战斗中缴获、没收的大量金条、金锭、银圆、元宝、珠宝、金银首饰以及钻翠工艺品，国民党统治区发行的纸币，苏区铸造的银圆，甚至还有在金店作坊里才能看见的金扣子、金发卡等装饰品。1934年，国民党军逐渐向中央苏区核心地带压缩，毛泽民找到毛泽东，说他准备把金库搬到兴国附近去。毛泽东对毛泽民说：“还是分散给各部队保管吧。”于是，这些财宝在大规模军事转移前被分给了各军团，各军团又把部分金锭、金条、银圆以及钞票一一分给了官兵。在后来的长征途中，这些财宝竟对红军官兵的生死起到了重要作用：红军用它们向遇到的百姓购买食物和用品；而一旦他们受伤无法跟随部队行军被留下来时，这些东西可以让他们活下去。1934年10月，苏维埃国家银行的工作人员编入中央纵队第十五大队，监护国家总金库的资金，参加突围转移。

（二）加强信贷管理

信贷活动是苏区金融活动的重要内容之一，通过吸收社会闲散资金，然后用于根据地的革命和建设事业。苏维埃银行主要通过吸收金库存款，机关、企业和部队存款以及个人存款等方式吸收资金，转而用于根据地的工农业贷款、粮食调剂贷款、合作社贷款和对外贸易贷款等。为加强对苏区信贷活动的管理，1932 年 1 月颁布了《苏区借贷暂行条例》，国家银行成立之后，又相继颁布了《定期放款暂行规则》《定期抵押放款暂行规则》《贴现放款暂行规则》等相关法规制度，从而大大规范了苏区的借贷活动，使之随着苏区财政金融体系的不断完善而发展。在注重吸纳存款的同时，信贷活动同时还注重发放贷款，主要表现为对农业、工业、合作社，以及粮食调剂等的贷款。诸多贷款，苏区政府均收取较低的利息，苏区政府在《借贷暂行条例》中规定："苏区中借贷利率，高者短期不得超过一分二厘，长期周年不得超过一分，最短期利息以期终付给，长期利息每周年付给一次，或分季付给，一切利息都不得利上加利。"

（三）培养金融干部

中央苏区在财政金融领域培养了一批优秀的革命干部，毛泽民的成长经历可谓最突出的代表之一。

毛泽民生于 1896 年 4 月 3 日，字咏莲，后改为润莲。幼年曾读 4 年私塾，自小习农。在毛家三兄弟中，毛泽民在经营管理方面受父亲影响最深，他不仅随父亲学会了记账、珠算等技艺，还在经营父亲得以发家的"买青苗""卖猪仔"中参悟了理财之道。父母在 1919 和 1920 年相继去世，当时大哥毛泽东在外从事革命活动，弟弟毛泽覃在长沙上学，所有的家务和资助兄弟的重担，全部落在毛泽民一人身上。他把父母遗留下来的 20 来亩田地种得很好，家务管理得有条有理，过着温饱的日子。

1921 年春，正在为建党奔走的毛泽东顺道回到了韶山。在 2 月 5 日母亲冥诞这天晚上，毛家的兄弟姐妹围坐在一起拉起了家常。毛泽东告诉家人，遭遇官绅盘剥、土匪洗劫等不幸不只是在自家发生的事，天下大多数人都这样，正所谓国乱民不得安生，所以要舍小家为大家，出去做一些有利于大多数人的工作。在毛泽东这番教导下，毛泽民做出了一生中最为重大的决定，跟随兄长离开家乡，走上了革命道路。

毛泽民先在长沙省立第一师范学校附小任校务，同时在长沙工人补习学校学习。1922 年，他在毛泽东同志创办的湖南自修大学从事庶务。他一边工作，一边学习马列主义，思想进步很快，冬天，毛泽民光荣地加入了中国共产党。1925 年底，毛泽民在广州农民运动讲习所学习结束后，赶到上海，接任中共中央出版发行部经理，在全国奔波建立发行网。上海、武汉、广州、长沙、宁波等地都有了书店，就连中国香港和法国的巴黎也有了代售处。

1931 年 11 月，毛泽民在瑞金参加中华工农兵苏维埃第一次全国代表大会的筹备工作，负责管理后勤事务。大会决定成立国家银行，由毛泽民负责国家银行的筹备工作并担任行长。毛泽民担任第一任国家银行行长，不仅是因为他的工作能力强，善于创业，忠厚老实，还因他搞财政工作经验丰富。开始筹建国家银行工作时，毛泽民面临着统一财政、调整金融、加强苏区经济建设、保障红军作战的艰巨任务。但他仅仅用了两个多月的时间，国家银行便正式营业。开始，银行的全部人马，只有一个会计、一个记账、一个出纳，还有一个管总务的，连他自己在内也不过几个人。而且来银行工作的同志文化水平都不太高，业务也不熟悉，毛泽民就手把手地教这些同志记账、点钱。新中国成立后首任人民银行行长曹菊如，就是在他的培养帮助下成长起来的。

当时，中央苏区和其他苏区由于国民党军事“围剿”和经济封锁，财经形势非常严峻。毛泽民上任后，一面研究领会“一苏大会”通过的《关于经济政策的决议案》，一面详细调查苏区财政金融状况。不久，他就将财政部库存的20万元现金、库房及管理人员全部接收过来，成立了国家银行金库。也正是依靠这20万元，苏维埃国家银行开始了艰难的起步。此后，在毛泽民的带领下，苏区逐步建立起了财政收入统归国家银行经理的现代中央银行制度，彻底改变了以往红军战利品和各地财政自收自支、财力分散的局面，中国革命斗争也有了更好的财政经济支持。

这时，毛泽民深感自己从前的财会经验不足以建立系统、完善的银行制度体系，在无法延请专家也无先例可循的情况下，他另辟蹊径，要求银行工作人员深入红军各部，号召战士们在清理战利品时，将有关经济的表格、书籍、用具等一律收回，然后集中进行研究，并将规律综合归纳出来。仅用了几个月的时间，毛泽民等人就整理总结出《中华苏维埃共和国国家银行暂行章程》《国家银行往来存款暂行规则》《暂行汇兑规则》等一系列规章制度，规范了国家银行的运营管理。

面对当时货币品种繁杂、行市差价不一和白区派遣特务套购根据地物资、侵扰苏区货币市场的混乱局面，毛泽民从发行统一货币入手，重建苏区货币金融体系。统一货币的前提就是尽快印刷出纸币。在去上海、香港影制钞版、购置印制材料未果之后，毛泽民决计自己动手造纸。没有造纸原料，他就号召大家捡些烂麻袋、破棉絮，上山砍毛竹、剥树皮，收集鞋底、绳头。作为国家银行行长，毛泽民常常走在这支“捡破烂”队伍的最前头。捡回来的东西全部砸碎后在石灰池中浸泡，然后捣成纸浆用于造纸。

在大家的努力下，苏维埃国家银行在1932年7月7日印制出第一批纸币。1932年底，中央造币厂成立，以缴获的银器、首饰、铜材等生产银圆和铜元。经中央批准，规定以银圆为本位币，纸币为银币券，1 元银币券兑换 1 元银圆，银币券为国币。有了统一的货币，毛泽民会同苏区财政部门宣布一切交易和纳税均按国币计算，白区纸币禁止流通，原苏区银行发行的货币按比例限期收回，不再使用。

到 1932 年底，苏维埃国家银行印制、发行银币券 65 万元，在苏区顺利流通，一举清扫了昔日货币市场的混乱。时任中央政府副主席的项英称赞说："苏区财政金融的统一，是毛泽民同志的一大功劳。"

1933 年，国民党加紧了经济封锁，使得苏区物资匮乏，物价上涨，纸币贬值；同时大量假币流入苏区，扰乱了金融市场，而各级苏维埃政府对国家银行纸币的宣传还不够，纸币流通受阻，信誉严重降低，部分地区发生"挤兑"现象。毛泽民毅然决定从国家金库中拿出大批银圆兑换，同时，从石城秘密金库运来价值达 100 多万元的金银珠宝，在国家银行营业厅搭建了"金山银船"的展览造型，向广大群众展示国家银行的雄厚实力。只见营业厅柜台上，金条、金锭、金项链、金戒指等金器垒起来的"金山"足有二尺多高，围绕"山脚"的是用珍珠、玛瑙等贵重物品和银锭、银链搭建的"船队"，银锭如舟，银针如桅，银圆似帆，千帆竞发，熠熠生辉。由于果断采取了措施，从而及时稳定了民心，提高了国币的信誉，成功应对了这次"挤兑"风波，使苏维埃银行国币的优良信誉得以树立，成为苏区真正意义上的法币。

毛泽民在中央苏区时，不仅是国家银行的行长，而且兼任没收征集委员会的领导职务，他常常亲赴前线，随部队活动筹粮、筹款；他还兼任中华钨矿公司总经理，新增了 3 个矿场，扩大了产量，通过赤白贸易，换回苏区大量紧缺物资。由于银圆短缺，中央银行就只有在没有银圆支撑的情况下超发货币，最严重的时候甚至超发了 800 万的货币，导致了苏区内部物价的暴涨。当地商家看到如此情景，纷纷拒收苏区货币，而货币在苏区内部流通不畅又引发了老百姓对苏币的

"挤兑"。大家纷纷来到苏区银行，拿苏币兑换回银圆。到1933年最严重的时候，挤兑如果再多持续两三天，苏区中央银行就会因没有储备银圆而被迫倒闭。在这紧急关头，毛泽民等银行骨干召开紧急会议研究相应对策。当时银行会计曹菊如建议，应立即停止苏币与银圆的兑换。但毛泽民坚决反对。毛泽民认为此举等同于告诉老百姓银行已经没有银圆，会引发更为激烈的"挤兑"，甚至引发内乱。因此，在众人的商议之下，苏区银行一方面决定延长对老百姓的货币兑换，另一方面，把国库中的银圆尽数取出，派警卫部队挑着这些银圆在老百姓家门口敲锣打鼓，打出欢迎老百姓来兑换银圆的口号，给老百姓造成红军刚打了胜仗、中央银行不缺钱的错觉，以此来延缓严重的"挤兑"现象。为从根本上解决苏区内部的钱荒，中央银行从红军战利品中大量收集食盐和布匹，毛泽民在得到这两类物资后，随即宣布食盐和布匹等必需品只能用中央的苏币进行兑换，不收银圆。这样一来，所有的老百姓又纷纷拿着银圆去苏区银行兑换苏币，用苏币来购买生活所必需的食盐和布料。这一小变化后来却成为改变世界金融的壮举。①

到1934年，毛泽民在不到3年的时间里，白手起家，建立健全了中央苏区的财政金融体制，繁荣了苏区经济，保障了军民供给，沟通了苏区与白区之间的贸易往来。在毛泽民的带领下，中国红色金融事业步上坦途。

1934年10月，由于第五次反"围剿"失利，中央红军被迫实施战略转移，国家银行编入中央纵队第十五大队，随军长征。担任政委兼中央没收征集委员会副主任（林伯渠任主任）的毛泽民，率领警卫队伍挑着由黄金珠宝、苏区生产的银圆和票子、印钞机等组成的160多担国家银行资财，踏上了漫漫长征路。

---

① 杜吟滔：《论苏区银行的曲折发展与历史贡献》，《辽宁经济职业技术学院、辽宁经济管理干部学院学报》2017年第1期。

在长征路上毛泽民继续开展财政金融工作。1935 年 1 月，中央红军进驻市面上只流通银圆而不流通国家银行纸币的遵义。毛泽民与时任第十五大队大队长的曹根全商量，决定趁长征以来红军从未有过的 10 天休整之机，发行国家银行纸币，补充红军急需物资；做好货币回笼工作，不让人民受损，特在遵义新城商业中心区设立货币兑换处。当时遵义的食盐都来自四川自流井，路远且运输困难，一直为军阀、官僚、奸商所垄断，盐价昂贵。毛泽民将没收当地军阀王家烈的大批食盐以低价卖给民众，但规定只收国家银行发行的纸币。这样一来，当地民众卖出自己的物品获得纸币，再用纸币去购买珍贵而价廉的食盐，形成了一个货币流通的良性循环。红军长征到达陕北后，毛泽民出任工农民主政府国民经济部部长，继续为革命操持财经工作。

到陕北后，毛泽民任国民经济部部长。1937 年冬，毛泽民积劳成疾，胃病严重，身体极为虚弱。中央安排毛泽民取道新疆到苏联养病和学习。但到了乌鲁木齐后，因中苏边界发生鼠疫，暂断交通，毛泽民暂住八路军驻新疆办事处。当时，盛世才正要求中共派干部建设新疆。为团结新疆各族人民、扩大抗日民族统一战线，中央批准毛泽民等人留疆工作。毛泽民先担任财政厅厅长，后任民政厅厅长，为新疆人民的解放事业作出了很大贡献。1963 年，赛福鼎回忆说："当时的新疆，财政经济处于民穷财尽的绝境。为了迅速扭转这一情况，毛泽民以惊人的毅力带病工作，在短短的几年中，卓有成效地整顿了新疆的财经工作。"1942 年 9 月 17 日，盛世才借口所谓"共产党四·一二阴谋暴动案"，逮捕了毛泽民与陈潭秋等。次年 2 月 7 日，两人被关进迪化第二监狱，9 月 27 日在新疆狱中被秘密杀害。

自 1922 年起，毛泽民就为党为革命从事各种经济工作，他身处钱海，一尘不染、一丝不苟、一心一意为人民理好财。在出任国家银行行长之时，他白手起家，励精图治，被誉为心地清白、账目清楚、廉明清正的“三清财魁”，开辟了中国红色金融事业艰难而伟大的道路；在红军长征路上，他创造了国家银行在敌占区发行货币、回笼货币和率领国家银行长征二万五千里、边作战边筹粮筹款的世界金融史上绝无仅有的奇迹；在天山脚下，他大力整顿、废除苛税、发展生产，首创了在军阀统治下建政、理财、改革金融、造福人民的空前绝后的纪录。

五、大力发展公共事业

（一）交通运输业的发展

中央苏区地处山区，道路狭窄不平，河道淤塞难行，交通极为不便。“依山者多崩，傍溪者多缺，鸟道蚕丛，几不容趾，溪间之桥，概属独木。”为了适应红军军事行动和苏区经贸发展的需要，党和苏维埃政府动员苏区军民，逢山开路，遇水造船，疏通河道，架桥筑路，为发展苏区的交通事业进行了不懈的努力。

中华苏维埃共和国临时中央政府成立后，在人民委员会下设交通邮电人民委员部。实际上交通邮电人民委员部一直未设立，交通工作归内务人民委员部管理。内务部管理的事务极为广泛复杂。苏维埃政府的交通运输桥梁、道路、卫生、优待红军等工作，都由内务部负责。1933 年国民经济部成立后，运输职能划归国民经济部。基层苏维埃专门设立了桥路委员会，主要负责管理“桥梁、道路、船渡、茶亭等之修理与建设”。①

在党和苏维埃政府领导下，苏区有计划地修建了陆上交通干线。中央苏区形成了以瑞金为中心的交通网络，其中瑞金至赣州线，是苏区贸易的主要干线。由于陆地交通运输能力有限，加上国民党军事

① 《中华苏维埃共和国地方苏维埃暂行组织法（草案）》，载《中国新民主主义革命时期根据地法制文献选编（第二卷）》，中国社会科学出版社，1981，第 64 页。

“围剿”和封锁，陆地通道受阻，中央政府又加强了水路交通建设，疏浚河道，开辟水上经贸通道，形成了以贡江为主航道的苏区经贸航线。为加强与党中央和中心城市的联系，苏区还开辟了瑞金通往上海的秘密交通线，交通员穿行在千里交通线上，传送党的机密文件，护送往来干部，采购苏区紧缺物资。

1932 年 6 月 7 日，内务部代部长何叔衡继颁布关于修筑道路桥梁的第 1 号训令后，又颁布了内务部第 2 号训令。训令指出，“目前革命战争紧张时期，整顿交通要道，修筑桥梁以便利红军行动与兵站运输，是各级苏维埃政府现时最迫切的一种工作”，通令两省苏及瑞金县苏内务部，派人到各地清查道路桥梁，把县与县间、区与区间的干道修好，使军队便于前进。

各地按内务部的训令，开展修桥筑路工作，取得了显著成绩。据江西省苏 1932 年 11 月报告，兴国修好了道路 48 段计 520 里，桥梁 98 座，尚未修好的 41 座；宁都修好桥梁 80 余座，还有 40 余座尚未进行处理；永丰修好桥梁 43 座，尚有 3 座未修好；正在修筑之中的道路，万泰修好路 50%；安远修好桥 10%。如果按照中央政府的原定规划完全实现，中央苏区各县，各区、村的道路均可实现畅通。

毛泽东深入基层指导修路工作。1933 年 11 月 8 日他亲自参加了兴国县长冈乡代表会议，讨论修整河堤道路，并决定 10 天内修好通往江背洞宽 6 尺、长 6 公里的大路。他在访问群塘村犁田能手李玉英时，路过樟树塘小桥，见小桥的 5 根木头中有 2 根坏了，便要求乡干部把桥修好。毛泽东回瑞金后，仍去信询问小桥是否修好。

福建省苏维埃政府按中央内务部要求于 6 月颁布了第 9 号训令，对修桥筑路作了具体安排，要求各地必须迅速修筑省道与参战部队来往的县道、区道。桥梁太狭，也要重新架造，两个月内完成这一工作。凡属省道的渡船费由政府负责，预算在该区行政费中特别拨给。1933 年，福建省苏维埃政府多次召开专门会议并作出决定，对境内的道路桥梁渡口路亭路牌修整作出了部署安排。1933 年 11 月 12 日，临时中央政府发布第 18 号训令，统一部署中央苏区的修路运动。训令指出，现在苏区桥梁道路，一般太小太窄，损坏之处颇多，交通甚为不便。为了红军行动便利及运输迅速、发展经济、扩大贸易、方便群众往来，必须修理桥梁道路，粉碎敌人第五次“围剿”。“因为道路与军事经济不可分离，与群众生活非常密切，因此今年的修路运动，各级苏维埃必须提起最大的注意。现当冬季农事不甚紧张，更应该趁此时机，实行修路。”

临时中央政府的具体规划，是在中央苏区范围修筑 22 条干线道路：以瑞金为中心，包括了赣南、闽西苏区主要县城，形成纵横交错的公路交通网络。它东到连城、新泉，南到筠门岭、罗塘，西到江口、茅店，北到黄陂、招携，西北到富田、值夏，东北到建宁、泰宁，沟通了中央苏区版图中的江西、福建、闽赣、粤赣、赣南五个省辖苏区，邻接湘赣、赣东北省苏区，非常完备壮观。除上述 22 条干线公路外还有若干支路。“凡县内支路（贯通各区的），由县苏计划。区内支路（贯通各乡的），由区苏计划。乡内支路（贯通各村的），由乡村计划。”

为了实施这个规划，中央政府还作出了周密的部署，提出了具体的要求：

道路的宽度，一等干路为前 14 条路，路宽不得少于 1.7 米；二等干路为后 8 条路，路宽不得少于 1.3 米；县内支路不得少于 1 米，区内支路不得少于 0.8 米。桥路的宽度，不得少于路面的宽度。无论是石桥、土桥，还是木桥，若路宽 1.7 米，桥面也应宽 1.7 米，若路宽 0.6 米，桥面也应宽 0.6 米。规划对路基、路面、路线、桥涵等工程质量提出了具体标准；对拓宽路基或改直线路所占私人土地，要求征得私人同意或予以补偿，不能违反群众意愿；对所需经费均须动员沿线群众自带粮食器具完成，不支公家经费。如遇山石需要爆破，可将石工工资、爆破硝药及工具损耗由当地内务部作出预算，报省苏内务部核准发给；桥梁所需树木，从公山采伐。所需木工费用，由群众募款开支或报省苏内务部核发。期限从1933年11月至次年3月内完成修路计划，按期开通。

临时中央政府的修路运动，计划周密，措施得力，开了公路建设养护中“民工建勤”“民办公助”的先河。

中央政府的修路计划，因受战争环境及劳动力不足等因素的影响，没有全部实现。但是，它极大地改善了苏区的交通状况。在闽西，形成了以长汀为中心、14条通往中央苏区及闽西各县的四通八达的陆运路线网。在赣南，对原有的古道进行了修葺拓宽，形成了以瑞金为中心的8条主干道陆运路线网。上述陆路交通网的形成，构造了以瑞金为中心的5条主要经贸运输线：汀州—瑞金，由福建过来，100多里山路；广昌—宁都—瑞金，由抚州过来；高兴墟—兴国—瑞金，从吉安方向过来；筠门岭—会昌—瑞金，从广东方向过来；赣州—于都—瑞金，从赣州方向过来。这是中央苏区最主要的赤白经贸线。

临时中央政府在组织陆上交通建设的同时，高度重视水上交通建设。在陆上贸易受阻的情况下，水上运输成了赤白贸易的主要渠道。因此临时中央政府加强了水上通道的疏浚。1933年7月，中央内务部发出关于修理河道的训令，要求各级内务部必须与当地苦力运输工会组织修理河道委员会，共同进行疏浚河道的工作。动员群众筹措修河道经费，按每条船2块银圆向船主募捐。沿河一带严禁砍伐，以免洪水冲坏河岸、淤塞河道。

闽西苏区的水运航道主要是对汀江和雁石溪的整治疏浚。汀江主流发源于宁化县南部的杉岭山脉，流经长汀、上杭、永定等县，在永定峰市出广东汇入韩江。主要支流有濯田溪、桃兰溪、旧县河、黄潭河和永定河。河流总长600多公里，通航里程有300多公里。其中，长汀至峰市219公里全年均可通航。雁石溪发源于永定县北部，流经龙岩、铁石洋、景庄、雁石至漳平，汇入九龙江。闽西苏区大部分赤白贸易运输采取的是水陆接运的办法。其主要路线是两条：一是从粤东的潮汕地区秘密运进，或在永定筹集物资在峰市下船，运往大沽滩起岸，转陆路肩挑经上杭的庐丰、半迳、白沙、旧县、涧交石、才溪、官庄再转运至长汀。另一条为从上杭的涧交石陆运经通贤、南阳和河田运往长汀城关。闽西苏区的进出口物资主要靠汀江这条水运航道。

福建省苏维埃政府在两个月的时间内，筹集资金4万余元，对长汀至策武、河田、水口三段河道首先进行了疏浚。其中，汀州市苏维埃政府发动各单位和商人整修了水东桥、五通桥和车子关等处的码头。闽西苏区的水路经过疏浚整修，形成了以汀州为中心的水路货物集散地。

赣南的水运航道较多，主要航道有贡江、章江、绵江、梅江、寻乌水、濂江、平江和桃江。贡江全长278公里，流经宁都、石城、于都、瑞金、会昌、兴国、龙南、全南、信丰、安远、赣县、赣州等12个县市，是赣南的主要水运航道。章江是赣江上游的另一条河流，全长177公里，流经大余、崇义、上犹、南康、赣县、赣州，在赣州城墙下与贡江汇合成为赣江，扬波北上，直流鄱阳湖进入长江。

中央内务部发出修理河道的训令后，全国总工会刘少奇指示全国苦力运输工会筹组会主任谢瑞生调查赣南船运情况，并在全国苦力运输工会筹备会上决定成立“中央苏区河流修理委员会”，任命王贤选为主任。王贤选原计划两个月完成疏浚河道任务，但刘少奇考虑到苏区几次反“围剿”以来，国民党加紧了对中央苏区的经济封锁，导致赤白贸易陆路运输量锐减，水路贸易将变得十分重要，必须在一个半月内完成河道疏浚任务。王贤选立即与各县木船工会及各县、区委取得联系，广泛发动群众，采取各自包干的办法，开展河道疏浚工作。

从江口到瑞金的航道上，两岸杂树丛生，纤夫常被树枝拉下河去。

河流修理委员会便组织群众将河流两岸的杂枝清掉，既方便了船只通航，又保证了拉纤安全。疏浚河道的重点是瑞金县武阳区的绵江河。河面有一大岩礁坐落中间，致使河道狭窄，行船困难，稍一不慎就有撞礁沉船的危险。每当船行至此，大都将船上的货物卸岸，绕过这道航道，再改用更小的船运往瑞金。河流修理委员会决定炸掉岩礁。然而当地群众却持反对意见，认为炸掉岩礁会败坏风水。刘少奇指示做好群众思想工作，破除迷信。河流委员会主要领导来到武阳，召开了区党员大会，又召开了青、妇、农、幼大会，说明炸岩的意义。群众的思想通了，积极主动组织起来，配合中华钨矿公司派来的爆破工人，炸毁了岩礁，清除了航行障碍。

赣南原计划一个半月疏浚河道，实际上只用了一个月就完成了任务。经过疏浚河道，赣南以贡江为主，形成了 3 条主要的赤白贸易水上运输线。其中：第一条筠门岭河流向会昌后，上可通瑞金，下可至于都、江口，钨砂就是从于都运到筠门岭出广东的；第二条往返宁都—于都—江口—赣州—南昌；第三条往返高兴墟—兴国—江口—赣州—于都—会昌—瑞金。从而形成了以贡江为主航道的苏区赤白贸易航线。

苏区开展赤白贸易，仅疏浚河道还不够，为了解放劳力、提高运输效率，必须有一支属于苏区自己的船队。1933 年 9 月，在瑞金召开的全国苦力运输工会成立大会上，讨论了如何进一步发展赤白贸易、畅通贸易交通、搞好贸易运输的问题。会上决定，建造 300 条木船，其中 100 条分配给苦力运输工会会员使用，专门从事苏区的赤白贸易运输。苏区有了自己的船队，就不必依赖船帮老板的船。为此，中央财政和国家银行在资金十分困难的情况下，按每条船 100 块银圆的预算，拨付了造船订货专款。会后，苦力运输工会领导人分赴沿江沿河的各地船厂订货。刘少奇提出争取在两个月内完成任务。王贤选和苦力工会除了动员赣江流域船厂参加会战外，还通过动员闽西各地船厂和木工参与造船大会战。经过两个多月的努力，江西修造好了200条木船，福建完成了100条，加上原有的木船，苏区共有上千条船，形成了一支规模庞大的赤白贸易运输力量。

为确保苏区对外联络的畅通，1929年，毛泽东曾派闽南特委书记卢肇西前往上海，与党中央取得联系，建立秘密交通线与交通站。1930年底，中共中央根据革命斗争形势的需要，新开辟了从上海到闽西、赣南苏维埃区域的秘密交通线。沿线设若干交通站，分为大站、中站和小站。秘密交通线总站设瑞金，在香港和闽西设有大站。闽西大站最早设在闽西特委所在地永定县的虎岗，1932年以后，改设永定古木督。从事秘密交通线工作的闽西大站对外以“闽西工农通讯社”名义作掩护。

闽西大站下设十几个站点，每个站点人数不等。大站有20多人，中站10多人，小站3～4人。大站由苏区中央局直接管辖，下辖中、小站，各站保持单线联系，不发生横的关系。小站之间相距约二三十里，站点一般设在地下党员或可靠的老百姓家里。交通站配备武装交通员，以便越过敌人的封锁线。武装交通员都是调红军彭杨军事学校（即红军大学前身）毕业训练出来的学生或部队班长以上人员担任，且都是年轻机智、勇敢灵活、立场坚定的共产党员。

交通站的任务主要有三项：一是递送党中央与中央苏区之间的往来文件、书信、党报党刊等；二是负责将从白区采购来的重要物资、药品、食盐等安全运输到苏区；三是护送中央领导人和重要干部到瑞金，沿途安顿食宿并保障安全。

当时从上海到中央苏区的具体路线是：从上海乘船到香港，再乘船到汕头然后改乘火车到潮安，换乘汽船到大埔、多宝坑；然后步行经永定铁坑、桃坑、永定城、全溪圩、虎岗、大洋坝、坑口、白砂、旧县、南阳、涂坊、四都、茶坑，最后到达瑞金。1932年以后，从桃坑改道下金、中金、古木督、严坑、丰稔庄芬、太拔、茶地、白砂、旧县、南阳、涂坊、元亭、河田、长汀、古城，最后到达瑞金。

在中央苏区的边境线上，国民党反动派封锁非常严密。地下交通员在执行任务时，必须遵守《秘密工作条例》，且都携带驳壳枪，化装成赶圩、探亲、买卖东西的模样，多是两人作伴同行，一个在前，一个在后，相距一两里，前者空手，主要看风，后者身带文件，前面有情况，后面就马上逃脱，以保机密文件安全。1931 年底，大站站长李沛群等同志执行护送一批无线电器材和重要文件到中央苏区的任务，途经桃坑交通站时因叛徒告密被敌人发现。大家与派来接应的武装交通员一起，实行紧急突围，在激烈的战斗中，无线电器材和文件安全送到了中央苏区，而交通员丘寿科为了掩护大家，却身中 3 弹壮烈牺牲。

1931 年 12 月上旬，根据临时中央的决定，时任中共中央组织部部长兼军事部部长的周恩来，在肖桂昌的陪同下，离开上海前往中央苏区。离开上海后，周恩来搭乘一艘客货混装的小火轮先到汕头，然后化装坐火车到潮安，再换乘轮船溯江而上至大埔，换乘小船，在青溪上岸到达大埔交通站所在地，然后由武装交通员护送，翻山越岭，越过封锁线，12 月中旬到达永定境内的乌石下村，经合溪、上杭，于 21 日（或 22 日）下午抵达闽西汀州。月底周恩来在瑞金会见了毛泽东、朱德以及先期到达的项英、任弼时、王稼祥等同志。在周恩来进入中央苏区前后，通过闽西机要交通线进入中央苏区的还有刘少奇、邓小平、叶剑英、聂荣臻、张闻天、陈云、博古等一大批党的重要干部。

（二）邮政电信业的发展

为确保苏区信息传递，必须统一邮政建设。1930 年 3 月，赣西南苏维埃政府成立时，设立了苏区第一个苏维埃邮局——赣西南赤色邮政总局。1931 年 9 月底，为便于中央机关、红军部队的公文传递与信件交往，在叶坪村设立了中央邮政局。1932 年 4 月，人民委员会内务部第一号布告指出："从前闽赣两省所办的赤色邮政，都是各自为政，组织既不统一，办法亦各不同，况且组织涣散，致交通停滞，消息阻隔。两日可达之信，迟至十日才能送到，时常发现遗失邮件之事。"邮政管理的不统一，不仅影响了信息的正常传递，还影响到革命工作，在当时，"江西的邮票贴三分大洋，结果江西到福建的信，送到古城（闽赣交界地）就走不通了"。为解决邮政管理混乱的问题，临时中央政府将邮政建设及统一邮政规章提上了议事日程。

1932 年 3 月，闽赣两省代表在江西瑞金召开了邮政工作座谈会。在这次座谈会上，代表们借鉴了国统区的邮政制度，并结合苏区的实际制定了新的邮政规章制度，随后报请人民委员会内务部批准。内务部发布第一号布告，内容包括：

（1）建立中央邮政总局，统一中央苏区的邮政。在中央邮政之下，各省须设立邮政管理局，各县及各交通要道分设甲、乙两种邮局，在非交通要道之地则设立邮政分局和邮政代办所。这样，中央苏区就形成了中央、省、县垂直的邮政管理系统。

（2）制定邮件寄费新章和统一邮票式样。内务部要求，自当年 5 月 1 日起，一律按新票实行，以前闽赣两省所规定之邮章、邮票一律取消。统一的信章、票据、印信、邮戳及各种报表、表格等，都由中华苏维埃邮政总局统一发行。

（3）以后各机关及工农群众，凡邮寄信件、印刷物品及包裹等项，均照新章贴足邮票。信件分挂号、快信、特别快信和有限度的包裹。其中，特别快信只限省委、省苏维埃政府、省军区和军团以上的司、政、后部门使用，其他单位不得用特别快信。

（4）红军信件仍照红军优待条例办理，凡偷盖红军免费印记之非红军信件，一经查出，则加倍处罚。

这次会议的召开，标志着中央苏区内部的邮政管理开始走向统一。5 月 1 日，中华苏维埃共和国中央邮政总局在瑞金叶坪中石村成立，颁布了《中华苏维埃共和国邮政暂行章程》，统一了邮政规章制度和邮政资费。邮政总局内设总务处、财务处、邮务处、供应处和巡视员、秘书长及三个递信班。邮政总局确定了以中央机关所在地瑞金为起点，按交通要道和军事重心设立6条邮路干线：瑞金→宁都→广昌；瑞金→胜利→兴国→万泰；瑞金→会昌→寻乌→安远；瑞金→长汀；长汀→上坑→永定；长汀→新泉→龙岩。1932年7月，在苏区主要干线和军事要道上，设立了15条特别快递班次干线和特别快信。军事方面的特别快信，规定必须随收随送，昼夜兼程，风雨无阻，按时送达。经过有渡河的地方，指定船夫宿在规定处所，递信员随到随渡，不得有片刻延误。某处路线发生障碍时，地方政府应尽可能派武装护送，或找向导朝近路过去，免致邮件停留。

总局成立时发行了由黄亚光设计的面值为半分、1分、2分、3分和1角的“苏维埃邮政”邮票。苏维埃邮政对红军及其家属寄发信件实行优待。在加盖“红军家信，免贴邮票”图章后免费邮递。红军部队军、师、团级专门设立了红军信柜，为红军指战员投寄信件提供了方便。为便于红白区域间通信往来，苏区人员可购买白区邮票粘贴在信封背面，由各该地邮局加封寄至白色邮局转递。交寄信件时，寄件人除应付足白区邮票外，须照苏维埃邮寄清单付足普通邮资。苏维埃邮政开办了邮寄新闻稿件和投递报纸书刊等项业务，对投寄稿件实行减免资费，投递报刊以其重量计收资费，但比其他信件资费便宜。

中央邮政总局建立了各省邮政管理局及其下属分支局的工会，1933年统一了邮递员着装，各级邮局按工资总额的1%提取培训教育经费，普遍设立了列宁室、办起了墙报，开展了识字读报活动。总局先后举办了两期邮政业务训练班，培养邮政骨干。至1934年，建立了6个省级邮政管理局和瑞金县直属邮局，有95个县设有支局，中央苏区邮务人员达4772人。为鼓励邮务工人为革命作贡献，在1934年7月召开的国家企业工人代表大会上，规定邮务工人享受苏维埃政府工作人员同等待遇。广大邮务工人踊跃购买公债，积极慰劳红军，参加节省运动，为革命作出了重要贡献。

随着邮政管理规章的统一，苏区的邮政建设得到了迅速发展。到1933年底，从苏维埃共和国首府瑞金到江西、福建、闽赣、粤赣四省都开通了直达邮路，即使是闽浙赣省苏区的邮路，也可以经闽赣省进行联系或组织武装护送来实现，而到湘赣苏区，亦可由地下交通或武装交通接通，这样，就形成了一个在中央邮政领导下军地互联的邮政管理服务体系。据有关资料统计，到1933年10月止，中央邮政总局共辖有95个县邮政局，江西、福建、闽赣、粤赣四省邮政人员达4000多人。有些省局，还设立了中心县局，各分管三四个县局，县局下面又设分局，分局下再设支局。江西瑞金邮局因为业务多，总局就有30多个递信员。

那时虽然没有现代化的交通工具，但是邮政总局科学安排邮件发送，邮件周转快，邮局效率高，信息传速比以往更加快捷、便利。如闽浙赣苏区，邮政局到处都有，寄信比在白区要快得多。只要贴上两分苏维埃邮票，任凭从前没人知道的村头山角，都能够直接寄到。快信、特快不必说，就平信而论，每日早晨6点钟开始发送平信，到了下午1点又有班快信，如果有平信和包裹则跟快信走。特快信件随到随送，送特快时平信可以跟着走。因此，尽管平信比较多，基本上当天都发走了。

随着苏区的巩固和发展，为保证内部消息传递的顺畅、及时，同时也为了便于军事行动，临时中央政府在统一邮政管理的同时，重视加强了邮政线路和电话线路的建设。

——邮政线路方面。1932年4月召开的闽赣两省邮政联席会议决定重点建设邮路干线，即“以瑞金为起点，按军事重心与交通要道，分设6条邮路干线：瑞金—宁都—广昌为第一干线；瑞金—胜利—兴国—万泰为第二干线；瑞金—会昌—寻乌—安远为第三干线；瑞金—

长汀为第四干线；长汀—上杭—永定为第五干线；长汀—新泉—龙岩为第六干线”。各省邮政管理局的干线又有所不同，如闽赣省，因局址在福建宁化，因此，邮政干线是从宁化到归化、清流、将乐、建宁、泰宁、黎川、资溪、光泽等县，而粤赣省，因局址在江西于都，因而干线是从于都到胜利、信丰、寻乌、安远、会昌等县。各省苏之间的邮政线路建设也得到重视，像闽浙赣苏区到中央苏区，就开设了两条干线，一条是铅山—崇安—绍武—光泽—黎川；另一条是金溪—资溪—黎川。黎川是中心局，闽浙赣苏区到瑞金的信都可以通过闽赣省转递。干线上的邮政分支机构一般 40 华里设一处，特殊情况 30 ~ 50 里设一处。除干线外，临时中央政府还非常重视对邮政支线的建设。早在 1930 年 5 月，毛泽东在江西寻乌调查时就发现：“县城是三等邮局。一路走古潭，澄江通门岭。一路走斗光通八尺，再由八尺通梅县；另由八尺分一路通平远。一路走三标通安远。澄江、吉潭、牛斗光三处有代办所，三标下、石排下二处有代收所。赣州的信走安远，送于都，兴国的信走门岭。”所以临时中央政府要求：“关于局所设立之距离，有些支线如安远、寻乌、武平、新泉、广昌、乐安等处，邮件很少，快信亦不多，所以不需一般的都照主干线的局所距离（30 里到 40 里）设立，特决定从 8 月 1 日起将有些支线上的邮政分局，改为相隔 60 里至 80 里，由邮政局分别通告执行。至于邮件寄递，仍需尽力求得迅速，不得借故延误。”

——电话线路方面。根据临时中央政府内务部的规定，邮政管理局负责全国的有线电报、无线电报、长途电话等事业的管理发展。为满足各苏区和中央所在地各机关单位的通信需要，临时中央政府在瑞金沙洲坝设立了中央电话局，统一领导和管理中央党政机关的有线电话。在瑞金叶坪、沙洲坝、云石山等地设有 30 ~ 50 门的总机，中央各机关都设有电话，军委会、工农检查部、总务等重要机关还安装了总机。以瑞金为中心，建设了从瑞金到于都、长汀、会昌的长途有线电话网，中央至部分县以及许多县与县之间都可以通电话。各苏区都非常重视电话事业。如闽浙赣苏区，利用从敌军那里缴获的两台军用电话，正式在江西弋阳葛源建立了电话局。福建省苏报告："在革命战争中必要做的交通话干线完成，计共435里，并又完成70里的支线，另有应完成的支线，正在计划中。"

——电信方面。由于当时的战争环境和经济的困难，总局没有电报业务。从1932年始，中革军委在瑞金叶坪坪山岗开办了红军通信学校，开设了邮政业务、无线电服务、机务、电话、旗语、司号等专业，培养了一批通信人才。[①]

① 杨会清：《中华苏维埃共和国的社会建设及基本经验》，中央党史出版社，2014，第142－149页。

第七章　中央苏区管理红色央企的肇始

一、中央苏区红色央企的传承

“红色央企”，指的是由中华苏维埃共和国临时中央政府筹措国有资本，直接投资经营的企业和事业。相对于省、县苏区的地方国有企业，“红色央企”大多集中在中央苏区关系国计民生的重要业态和领域。这些企业主要有中央兵工厂、中华钨矿公司、中央被服厂、中央造币厂、中央印刷厂、中央卫生材料厂、中华商业公司、中华纸业公司、中华织布厂、苏维埃国家银行（政企合一）等。中央政府还投资设立了中华樟脑厂、中华造船厂、中央无线电通讯材料厂等。

经过新中国70年的探索和实践，以中央企业为代表的国有经济已经成为我国国民经济的重要支柱，是国有经济发挥主导作用的骨干力量。对于中央企业而言，履行社会责任更是与生俱来的使命。中央企业承担了一系列国家科技创新项目，在优化产业结构、培育增长动能等方面发挥了不可替代的重要作用。国务院国资委发布的数据表明，2017年，中央企业资产总额达到54.5万亿元，净资产总额18.4万亿元，资产总额超过千亿元的企业有65家。2017年中央企业实现利润14230.8亿元。国有企业不仅是国民经济的主导力量，还勇于承担时代赋予的历史使命。无论是中央企业还是地方国有企业，都是维护和巩固社会主义公有制性质的主导力量，承担了大量社会功能和责任，提供了大量的就业岗位。支持公益事业、开展对外援助。在遭遇特重大自然灾害和重大突发事件时，国有企业总是冲在最前线。几十年来，国有企业创造了“大庆精神”“铁人精神”“两弹一星精神”“载人航天精神”“青藏铁路精神”等，为经济和社会发展提供了强大的精神力量。中央企业还是脱贫攻坚的主力军，在参与定点扶贫的300多家中央单位中，中央企业占了将近1/3，中央企业结对帮扶的246个国家扶贫开发工作重点县，占全国592个扶贫开发工作重点县的42%。据不完全统计，党的十八大以来，中央企业投入定点扶贫资金超过了75亿元。

而中央企业的这些与生俱来的使命和责任是与它的红色基因紧密相关的，历史的传承并不会因为时间的流逝而有太多的改变。

二、中央苏区红色央企的特点

考察中央苏区成立的十余家红色央企可以发现，它们具有以下共同特点：

（1）中央苏区创办的央企有十余家，总体数量有限，却关乎苏区的经济发展和国计民生，决定苏区的经济命脉，发挥的作用不可或缺。

（2）这些红色央企在行业分布上基本都是服务于战争时期的物资供应和后勤保障，有力地支撑了中央苏区的政权建设。

（3）中央企业的建立并不排斥地方政府和其他根据地建立类似性质的企业，这也反映了苏维埃政府为了维持政权，在国有资产的构成和分布层面上具有一定程度的灵活性。

（4）中央企业的领导人属于任命制，接受相应机构的监督和审计，在相当程度上保证了红色基因的传承和延续。

（5）考察这些企业，可以发现，其设立和运营大多与当时的战争环境相关，一切服务于作战的军需和后勤保障，还谈不上合理的产业规划、配套及可持续发展，应急特点明显。

三、红色央企的行业分布

（一）中央兵工厂

中央兵工厂设立于1931年，其管理方式具有其独特性。1931年9月下旬，红一方面军在兴国的水头庄一带休整。此时全军通过反“围剿”战斗已有上万支损坏了的步枪，部队无法携带这些枪支长途转战。中革军委决定合并白石红军修械处、红三军团后方军械处和江西省苏维埃修械处等军械机构，在兴国县的官田村设立中央兵工厂（又称中央红军兵工厂、中革军委兵工厂、红军官田兵工厂）。

朱德等同志在中央兵工厂的成立过程中起到了重要的领导作用。朱德同志曾亲自到官田村勘查定址。这里群山环抱、易于隐蔽；古木参天、利于防空；一条小路沿官田河穿村而过，便于警戒；官田村附近有煤矿、硫黄矿和铁矿，山上林木可烧木炭，方便制造火药硝料；而且这里远离敌占区，相对安全。在后来近三年的时间里，事实证明也确实没有受到过敌军袭扰破坏。近千名军工在这里工作生活，胜利地完成了各项生产任务。厂部设在一户陈姓地主的大宅子里。厂部大院余坪宽敞，可容纳数百人集会。这里是中央兵工厂的各种纪念日和文娱活动的集会的场所。后院马棚养20多匹马，用来运输物资。中央兵工厂有完善的组织结构。工厂设党委、团委、职工委员会，还建有反帝拥苏大同盟、互济会、特务连等组织。厂长：吴汉杰（后为韩日升）；党委书记：张健（后为范启明）；特派员：陆宗昌（后为谢石林）；职工委员会委员长：马文（后为郑家通）；事务长：罗朝榜。工人参加互济会，每月要交1个铜板的会费。

中央兵工厂制定了较为完善的职工学习制度以及工资、业务管理制度。每星期晚上各举办一次政治、文化、技术课，其他几个晚上安排开会或文娱活动。青年工人朱志听进厂时是个文盲，经过半年多的文化学习，不仅能写信，而且能看懂《红色中华》《斗争》等报纸。工厂实行月薪制。学徒、青工、师傅分别为6.5元、12元、32元不等。为吸引和留住人才，党组织对从上海动员过来的6位技师实行高薪。如技师蒋长寿擅长修理机关枪，月薪为60元。工人每天口粮为2斤米，干部口粮为每天12两米。

业务上，兵工厂成立之初设枪炮科和弹药科。

枪炮科内设：制造股，平均每天能配制10多支枪，生产10多支枪，到1933年每天可以修造五六十支枪；木壳股，专门制造各种枪支的木托和木壳，每天生产200件左右；牛皮股，负责制革和缝制军械用具，如皮带、炮盒、马鞍等；刺刀股，专门打制刺刀，每天生产100把左右。枪炮科驻官田村陈氏宗祠。主要工具是200把锉刀、100多把台钳，机械设备有钻床10多台、车床1台、打铁炉1座、鼓风机1台、七匹马力的卧式柴油发电机1台。红军攻克漳州后，缴获了敌张贞部的修械厂，动员了20多名工人来官田，又带来了2台车床，还有1台10匹马力的发电机、1台鼓风机。接着，党组织从沈阳奉天兵工厂调来地下党员崔鼎武（朝鲜族）、韩日升、郝希英等三名同志在枪炮科工作。随着技术力量的增强，成立了机器组、修配组、打铁组、木工组、皮革组。不但能修理步枪、驳壳枪、机枪、迫击炮，甚至可以生产步枪。

弹药科内设：炸弹股，主要制造马尾炸弹、地雷、火药和熬制土硝；子弹股，主要是翻造子弹，由部队集中送交弹壳，但打过两次的弹壳不能再翻造。子弹头用一枚铜板做一颗，再充铅，没铅就用锡代替，用冲床冲压。起初翻造的子弹射出去会冒烟，甚至横着飞，后来改进得比国民党部队的子弹还厉害。弹药科驻陈氏文华公祠。

枪炮科于1932年初分设出利铁科。利铁科生产锉刀、刺刀、砂布等。随着人数和设备的增加，中央兵工厂又开设枪炮厂、弹药厂、杂械厂3个分厂。枪炮分厂留在官田，弹药分厂和杂械分厂陆续迁往于都银坑和兴国古龙冈镇寨上村。1933 年冬，三个分厂先后迁往瑞金县冈面乡。1934 年 10 月，红军主力长征。中央兵工厂奉命化整为零，就地隐蔽。一部分人员随军长征，其余人员跟随江西军区和福建军区以及瑞金游击队，留在中央苏区坚持游击战争。

中央兵工厂存续期间，克服了重重困难，为工农红军修造了 4 万多支枪、40 多万发子弹，修理了 100 多门迫击炮、2 门山炮、2000 多挺机枪，制造了 6 万多枚手雷、5000 多枚地雷，有力地支援了红军的反“围剿”斗争，为中央革命根据地的巩固和发展作出了巨大贡献。

（二）中华钨矿公司

钨是不可再生的战略资源。中国的储量和产量均居世界之首，江西的钨矿大部分出于赣南，故赣南素有世界“钨都”之称。中华钨矿公司于 1932 年初，由财政人民委员部在铁山垅大窝里成立。大会宣布：中华钨矿公司直接领导铁山垅、仁风山两个钨矿场和白鹅洗砂厂、渔翁埠转运站，迅速恢复并扩大钨矿生产；由公司统一经销钨砂，稳定钨砂价格，并负责生产资料的采购和供应；为扶持扩大生产，苏维埃国家银行给予无息贷款。

中华钨矿公司所辖各矿区都建立了党组织，坚持在党的领导下开展生产活动。公司实行总经理负责制，胡功克、毛泽民、丘金山、谢日东相继出任公司总经理。公司设立财务科、总务科、组织科、供给部、护矿队、苦力运输工会和妇女委员会。为提高财务人员的业务素质，毛泽民特地从国家银行请来会计讲授业务知识。总务科负责在铁山垅矿区办好两个食堂；组织科、供给部办公室设在丰田圩，负责物资供应和产品购销，供给部还组织筑灶熬制硝盐；护矿队（即特务队）共一个连 100 多人，60 多支枪，分别驻扎在铁山垅矿区和白鹅洗砂厂，负责安全保卫、看管劳改犯人、帮助农村发展农民武装、配合部队打游击；苦力运输工会有会员 600 多人，主要任务是组织工人上夜校，负责钨砂转运，开展生产竞赛；妇女委员会主要任务是宣传婚姻自由，反对买卖婚姻，帮助红军做军鞋、缝补衣服，动员亲人参加红军“工人师”。

临时中央政府非常重视钨砂的生产，以规章制度的形式实现对钨矿公司的领导。1933 年 9 月，临时中央政府劳动部发出第 6 号训令，决定在 1933 年 12 月至 1934 年 3 月的 4 个月内，增招 1.5 万名钨矿工人，进一步扩大钨矿的开采量。由于第五次反“围剿”的形势日趋严峻，计划未全部实现。但钨砂产量仍稳步发展，成为苏区重要的国营工贸企业。中华钨矿公司的确切产销量缺少可考史料，从一些局部资料分析中可知大概。如铁山垅矿区产量：1931 年为 280 吨；1932 年为 408 吨；1933 年比 1931 年翻了一番，为 612 吨；1934 年秋天尽管主力红军撤出苏区，但矿工仍坚持生产到年底，产量达 601 吨。上坪矿区 1932 年产量为 617 吨；1933 年高达 1988 吨；1934 年产量不详。仁风山矿区 1931 年刚恢复生产时，月产量只有几万斤，1932 年成立生产合作社后，月产量上升到 50 多吨，最高月产量曾突破 100 吨，1931 年 10 月至 1934 年 10 月，共生产钨砂 2000 多吨。小垅钨矿 1933 年生产钨砂 47 吨；1934 年产量不详。据不完全统计，历年中华钨矿公司的产量：1932 年为 648 吨；1933 年上升到 1800 吨；迄 1934 年 10 月止，共生产钨砂 4193 吨。而江西省全省从 1931 年到 1934 年共产钨 28568 吨。中华钨矿公司 4 年的钨产量占江西全省钨产量的七分之一。

1933 年发生福建事变，10 月 26 日苏维埃中央政府与十九路军签订协议，规定“双方恢复输出输入之商品贸易，并采取互助合作之原则”，此后又签订了《闽西边界及交通条约》，正式恢复通商，准许双方商人自由买卖。苏区白鹅的钨精矿经西江石门运往长汀，再转运福建新泉外贸分局，由新泉外贸分局在芷溪附近的桃源庵销售给十九路军。

钨矿生产是基础，但钨矿的运输也是很重要的步骤。苏区钨砂运输一般靠小船和竹排，通过水路从于都经会昌运到筠门岭进入广东销外商。由于国民党加紧对中央苏区的封锁，同时钨砂产量上升，原销售渠道外销困难很大。周恩来要求外贸总局与全国苦力运输工会设法解决钨砂销路问题。刘少奇也要求工会利用国民党军队做生意。于是，江口外贸分局打通了与有粤军背景的赣州商家的联系，开辟了新的钨砂销路。赣江在赣州城下由贡江和章江合流而成。贡江与江口、于都、会昌、瑞金四季可通船舶。白鹅洗砂厂的钨精矿通过这条水路，从于都运往江口。1933 年 5 月，全国苦力运输工会在江口设立赣江办事处，与江口外贸分局签订了每月运量约 200 吨的运输合同，并于 8 月正式承运白鹅至江口的钨精矿。1934 年，赣江办事处船只往来穿梭于白鹅、江口之间，赣州商家和粤军各派代表长住江口，与赣江办事处和江口贸易分局进行大宗贸易。双方约定，交货都以“武装抢劫”为名。中华钨矿公司每月 60～200 吨的钨精矿就是这样通过江口外贸分局销给驻赣粤军的。

钨砂的销售价格是钨矿生产管理的重要方式。钨砂卖给粤军是每百斤 52 块银圆，卖给十九路军为每百斤 50 块银圆。1931 年至 1934 年 10 月，中华钨矿公司共生产钨砂 4193 吨，出口总值 400 多万元，换回了大量苏区急需的盐、布、药品等紧缺物资。

（三）中央被服厂

据史料统计，当年在中央苏区先后建立了 10 多个被服厂，其中较大的是第一、第二和第三被服厂。但从开始生产的时间顺序上看，却是第二被服厂最先成立。

中央被服厂是在党的领导下组建而成的。1929 年 3 月中旬，毛泽东、朱德率领红四军首次入闽作战，胜利攻占长汀城，消灭了国民党地方军阀郭凤鸣旅，收缴了其被服厂和设备、布匹等。于是在长汀城里办起了红军被服厂，厂长刘广，政委毛月新。红军被服厂利用原有厂房设备（主要是日本进口的新式缝纫机）及 60 名工人，为红军赶制了军衣、军帽、绑腿、军被、夹被、子弹袋、干粮袋等。因为大批新战士入伍，为保证有衣穿，工人们自愿加班加点，且捐助了42条毯子、16套军服送给红军。1932年长汀被服厂正式命名为中央被服二厂。厂址设长汀城东门周祠和新万寿宫，共有60多名员工，下分6个组，每组配备了3～4台缝纫机，每台缝纫机分配3～4个工人共同操作，为红军剪裁缝制军用品。1931年9月，根据中革军委总经理部决定，从长汀红军被服厂抽调了一部分干部和工人到瑞金县叶坪乡彭坛村，组成了中央被服厂（亦称中革军委被服厂或第一被服厂）。1933年8月，迁沙洲坝七堡乡白麻垅刘氏珍珠公祠。建厂之初，有100多名工人，三四十台缝纫机，后来发展到700多名工人，100多台缝纫机。厂长胡良俊，党支书兼工会委员长刘凯夫。工厂设业务科、总务科和裁工车间、车工车间、手工车间、青工车间等。

当时工厂的生产用布等资源，一部分是打仗缴获和没收地主、资本家的，一部分是通过苏区贸易采购的。被服厂的工人，大都是家在农村的裁缝。革命理想将大家紧紧联系在一起，不管任务多重，只要支部动员号召，大家就千方百计突击完成。工人们除了完成生产任务外，还时常到附近农村帮助红军家属耕作、砍柴和挑水。

中央被服厂制定了工资制度、上下班制度、领发料手续制度、检查产品数量和质量制度、学习政治技术制度，还有批评和月评制度。这些制度确保了生产任务的完成。被服厂的生活比较艰苦，大家集中吃住，打地铺。工资按技术高低3元至6元不等，发的是苏维埃钞票。伙食实行供给制，每人每天菜金5分钱，大米12两，各人用席草编织的饭包，将米装入包里，用绳子扎口，挂上写有名字小牌，一齐放入大锅里煮。开饭时，8个人围在一起共吃一盆菜。生产有定额，如车工成年班，每天要车30件上衣，学徒每天车8件上衣。褥子用手工做，成年工每天4条。班与班、组与组开展劳动竞赛，优胜者获奖旗，年终评劳模，劳模的帽子上用丝线绣着“模范工人”的字样。

在中央红军撤离苏区时，部分工人参加红军，汇入了长征的洪流。

（四）中央造币厂

1931 年冬，在江西省苏维埃政府造币厂的基础上，在瑞金成立了中央造币厂（亦称中央政府造币厂）。厂长谢里仁。中央造币厂隶属中华苏维埃国家银行。厂长之下设行政处和业务处。行政处设有文书、会计、出纳等，业务处设熔银部、绞皮部、冲床部、绲边部、洗银部、印花部、包装部、修理部及银库等。全厂有干部和工人 120 余人，每天能生产银币 1 万余元。

中央造币厂是为打破敌人经济封锁、发展苏区经济而建立的造币机构。主要任务是：制造苏维埃自己的银质、铜质货币和仿民国三年的“大头洋”“小头洋”及“雕边子”等红白区通用的银币。中央造币厂首先造出的是铸有“中华苏维埃共和国”字样的苏维埃“贰角”银币。此后制造了面值为“一分”“五分”并铸有“中华苏维埃共和国”字样的铜币。

利用红军攻克福建上杭缴获的全套铸币机器，造币厂开始了机械化生产。起初这套设备只能生产面值“贰角”的银币，工人通过努力，将它改造成了能铸造高质量银洋的设备。造币厂曾创造日铸银币超万元的历史。一段时期，国民党反动派铸造假币，骚扰苏区经济，诋毁苏维埃国币的信誉。面对民国党的诋毁和破坏，一方面，中央政府主席毛泽东指示苏维埃政府有关部门发布文告予以通报，教育广大苏区民众识别真假银币，从而堵塞了假币在苏区流通的渠道。毛泽东还专门在《红色中华》报上发表了《开展拥护国币的群众运动》一文，要求各级苏维埃政府要向群众宣传解释好拥护国币的重要意义，严厉打击破坏国币信用的行为。另一方面，中央政府采取措施改铸“老鹰头”银圆。通过对外贸易局从上海购置了铸造“老鹰头”银圆的铸币机以及一大批刻铜模用的钢材“马金钢”。中央造币厂很快成功组织了新的银币生产。

1934 年 10 月，中央造币厂奉命转移到于都龙山。由于国民党的进攻，环境十分险恶，造币机器被埋藏起来。后来中央造币厂的人员编入红军第二十四师，投入到了艰苦卓绝的三年游击战争之中。

（五）中央印刷厂

中央印刷厂又称中央政府印刷厂，隶属于中央印刷局和中央出版局，是苏区规模最大的国有企业之一。1931 年农历八月十六日（公历 9 月 2 日），从宁都青塘迁到瑞金叶坪下陂坞村正式建厂。厂长陈祥生（吉安人），副厂长杨其鑫；1931 年底，陈祥生调中央造币厂，杨其鑫接任厂长；1934 年 8 月，印刷厂搬迁到云石山沿坝新屋家村时，由古远来继任厂长；同年 10 月，古远来率部分人员参加长征，由邹武、朱荣生先后接任厂长。

中央印刷厂下设编辑、铅印、石印、排字、铸字、刻字、裁纸装订、油墨等 8 个部。各部的工作人员不等，最多的是铅印部和石印部，有 20 多人。厂在叶坪下陂坞村时，全厂有 100 多人。工人中除四五人是从上海来的外，多数是江西、福建的同志。1933 年 7 月，为防空袭，印刷厂从叶坪迁往沙洲坝腊梨督下村，同年 10—11 月，石印部的一部分从中央印刷厂分出去，成立了中央财政部印刷厂，负责印刷纸币，厂址设叶坪的新隆村。1934 年 8 月，中央印刷厂搬瑞金云石山沿坝的新屋家村。同年 10 月，部分人员带着机器设备随同红军主力和中央机关参加长征，其他人员和设备迁移到于都县的桐树坪村。1935 年 1 月，全厂人员被迫掩埋设备，上山打游击。

中央印刷厂是中央政府的国有印刷企业，主要承印苏维埃中央政府机关报《红色中华》、中共苏区中央局机关报《斗争》和全总苏区中央执行局机关报《苏区工人》等报刊以及重要书籍，印制苏维埃纸币、公债券等各种票证，还印刷有关布告、文件等。

铅印部原有 2 台老式印刷机，后来从毛铭新印刷所搬来 2 台，从龙岩购来 1 台新式印刷机，这样就有了 5 台印刷机。石印部主要负责印刷钞票、公债券、借谷票等各种票据以及布告。该部有石印机 11

台。后来石印部分为纸币股和布告公文股，其中4台石印机印刷布告、公文，其余7台印刷纸币、公债券、借谷票等。

印纸币的工序以及领料、移交的过程控制非常严格。钞票印好后，交整理员清点验收，装进铁皮箱，须当天监护送国家银行，交中央财政部曹菊如会计验收。苏区纸币票面有四种：壹元、贰角、壹角、伍分；加印邓子恢、毛泽民的印章。公债票也有四种票面：拾元、伍元、叁元、贰元，加印邓子恢或林伯渠的印章。

（六）中央卫生材料厂

为满足革命战争和群众医疗的需要，中革军委总卫生部决定，创办中央卫生材料厂，生产急需的药品和简单的医疗器械。1931年冬，中央卫生材料厂在于都县银坑的琵琶垅村正式建立，1933年迁驻瑞金叶坪新院村。曾在苏联医科大学学习过的唐义贞任厂长。

唐义贞，湖北武昌人。1931年冬进入中央苏区。1932年加入中国共产党。曾任中央革命军事委员会卫生部材料厂厂长、药材局局长。红军主力长征后，她留在中央苏区坚持斗争。同年底，因叛徒告密被捕，1935年1月壮烈牺牲。

中央卫生材料厂是生产卫生材料和配制中西药的国有军需企业，设有酒精车间、敷料车间和药品车间。1933年时全厂人员由最初的百余人已增加到数百人。据1934年5月25日《苏区工人》第17期介绍：起初工人们“可以自制硫酸钠、安福消肿膏、煮棉花、丸丹、八卦丹等”。后来，生产打丸机、压气机、蒸汽消毒机等医疗器械，同时生产酒精纱布、绷带等敷料以及中、西药丸等。为了降低生产成本，工人们“煮纱布，过去每次要用洋皂四十块，发现石灰可以代替洋皂，现在就可以不用洋皂了。在新的创造中，每月计算起来可以节省二百元”。

中央卫生材料厂生产的药品和医疗器械，由中革军委总卫生部统购分配到苏区和红军各医院。

（七）中华商业公司

1933 年初，中华商业公司由苏维埃政府出资在汀州设立，是以购销为主的公营商业公司。公司负责收购根据地出产的毛边纸、草纸、条丝烟、茶叶、香菇、木材、药材、樟脑油等土特产，运到白区销售；又从白区购回西药、布匹、煤油、食盐、印刷材料、手电筒等紧缺物资，销往根据地各县供军需民用。公司沟通了汀州市与邻近的瑞金、石城、宁都、会昌、宁化、上杭、连城等县的经济往来，使汀州成为赣南、闽西主要的农副产品集散地。

苏维埃国家银行福建分行行长、金库主任赖祖烈曾兼任中华商业公司总经理。

（八）中华纸业公司

1932 年冬，中华苏维埃共和国临时中央政府国民经济部投资 20 万元，在长汀城关设立了中华纸业公司。这是一家工贸性质的纸张专业经营机构。负责组织纸业合作社和手工纸槽户的生产购销。公司采取与汀州市纸业合作社和各纸行合股的方式经营。纸业合作社发行了纸业合作社股票。每年春天纸业公司将生产资金发放给纸业合作社，由合作社转贷给各个纸槽，并与之订购土纸。夏季后合作社与公司通过收购土纸还贷。公司把收购来的土纸，一部分供应苏区自用外，其余突破封锁线外运到广东潮汕一带销售。

资料显示，当时，仅汀州市四都区就有纸槽 60 余个，年产纸 1 万余担，中华纸业公司经营的土纸年销量约 8570 担。由于畅通了购销渠道，纸业工人的工资由革命前的每月 3 元提高到了近 30 元。纸业工会支部负责人吴斗生（江西兴国人）兼任公司经理。

（九）中华织布厂

1934 年约 2 月，根据“二苏大会”经济建设决议，中华织布厂由中华苏维埃共和国临时中央政府国民经济部投资 10 万元设立。厂址设汀州，共有织布机30余台，主要生产坯布和纱布。

四、作用和影响

（一）提供了有力的物资支持

红色央企的产生与发展为苏区生产或交换了大量急需的紧缺物资，有力地支援了革命斗争，为中央革命根据地的稳定、巩固和发展作出了巨大贡献。在革命战争环境中，红色央企因陋就简，艰苦创业，经常举行各种形式的劳动竞赛，向先进人物颁发荣誉与奖品，激发了工人们的劳动热情，提高了劳动效率。红色央企制定了严格的管理制度，这些制度除了确保生产任务的完成，还为我国国有企业的发展提供了实践经验。

（二）培养造就了一大批党的经济管理干部

在毛泽东的领导下，刘少奇、陈云、张闻天等党和国家领导人，广泛开展调查研究，积极探索国有资产监管规律，为苏区国有资产监管工作的开展，协助毛泽东提出并制定了正确的方针政策；新中国成立后，从中华苏维埃经济建设的杰出管理者中，走出了大批治国安邦的领导人才，他们在中央担任着重要职务。如：出任中央人民政府秘书长、全国人大常委会副委员长的林伯渠；出任中共农村工作部部长、国务院副总理、全国政协副主席的邓子恢；出任纺织工业部、商业部、中共交通工作部、内务部部长的曾山；出任华东军政委员会主席、中共中央组织部第一副部长的张鼎丞；出任轻工业部、纺织工业部部长、中顾委委员的钱之光；出任化工部副部长、中顾委委员、第五届政协常委的吴亮平；出任中共财经部副部长、最高检察院副检察长、政协常委的李六如；出任人民银行行长兼党组书记的曹菊如；曾派往国外、后在中共广东省委和中共中央直属机关工作，连任全国政协第四届、第五届委员的毛钟鸣；曾任红军总供给部部长兼政委的叶季壮，出任贸易部部长、对外贸易部部长兼党组书记；曾任红军总供给部部长的开国上将杨至成；曾任苏维埃湘鄂川黔省国有财产科科长的开国少将、商业部部长范子瑜……

当年，针对苏区缺乏经济管理干部的状况，毛泽东的观点是："经济建设运动的开展，需要有很大数量的工作干部。这不是几十几百人的事，而是要有几千人几万人，要把他们组织起来，训练起来，送到经济建设的阵地上去。他们是经济战线上的指挥员，而广大群众则是战斗员。人民常常叹气没有干部。同志们，真的没有干部吗？从土地斗争、经济斗争、革命战争中锻炼出来的群众，涌出来了无数的干部，怎么好说没有干部呢？丢掉错误的观点，干部就站在面前了。"从实践中不拘一格选用人才，一大批优秀的经济管理人才从工作中脱颖而出。1930 年 11 月 7 日，闽西工农银行正式成立，曹菊如任会计科科长。当时没有办银行的经验，也没有银行的规章制度，他们采用的是中式账簿和旧的记账方法。后来部队从豪绅家得到一本银行簿记讲义，曹菊如就把一张复杂的记账表画下来，进行研究。后来，毛泽民托人从广东买来一本《银行簿记实践》，他们才初步懂得了现代银行的一些制度和记账方法。1932 年初，曹菊如调国家银行任业务处长，就是用的闽西工农银行的这套制度。

从苏区国有资产监管的实践中涌现出的无数优秀人才，为苏维埃国有资产的壮大发展作出了巨大牺牲和贡献。

毛泽民，毛泽东同志的胞弟。他从一个只读过私塾的农民，被毛泽东领上革命道路后，成为杰出的红色金融家。他总是受命于危难之中，出现在革命最需要的关键时刻。他曾出任银行行长，白手起家，创办苏维埃国家银行；他曾兼任中华钨矿公司经理，撑起中央财政收入半壁江山；在非常时期他甚至还代理对外贸易总局局长……毛泽民为革命理财，呕心沥血，积劳成疾，最后身陷狼窝，英勇就义。

毛月生，曾任中央军委军事工业局局长。1926 年加入中国共产党，1928 年参加平江起义。1934 年 10 月，随中央军委第二野战纵队第二梯队参加长征。途中不幸被俘，在狱中宁死不屈，惨遭杀害。

唐义贞，曾任中央卫生材料厂长、药材局局长。陆定一同志夫人。从苏联留学归国后于 1931 年冬进入中央苏区。在极端困难的条件下，她领导职工为红军生产合格的消毒纱布、消毒棉花和药品。1935 年 1 月 28 日，唐义贞和战友们被国民党 36 师围困被捕。敌人对她进行了残酷的刑讯，右腿被打跛，强迫她交出已吞下肚子里的机密文件。最后无计可施的禽兽竟惨绝人寰地剥光她的衣衫，用刺刀剖开肚子，挖出内脏。唐义贞英勇就义时年仅 25 岁。

黄亚光，曾任中华苏维埃共和国临时中央政府总务厅文书、出版处处长，国家银行调查处处长。设计了中华苏维埃共和国国家银行的纸币、第一枚苏区邮票。新中国成立后曾任中国人民银行副行长、福建省委书记等职。

吴汉杰，中央兵工厂第一任厂长。1928 年 1 月参加湘南起义，井冈山斗争时期任红四军军需处处长、总供给部财政处处长；在中央苏区时，由毛泽东亲自调其任兵工厂厂长。在厂时与职工打成一片，深受群众爱戴，为兵工事业作出了重要贡献。吴汉杰参加了长征。新中国成立后，历任广东省财政厅副厅长、粮食厅厅长、中共广东省监委副书记等职。

钱希钧，毛泽民夫人，为发展苏区经济、增加财政收入，在中央苏区曾任合作社主任、《红色中华》发行科科长、国家银行会计，协助毛泽民办工厂、开钨矿，统一苏区货币，是 30 名参加长征的著名的女红军之一。新中国成立后，曾任食品工业管理局副局长，第三至五届全国政协委员。

赖祖烈，出生于福建省永定县湖雷镇石城坑，是地道的客家人。1932 年与毛泽民、李六如等人一起，筹建中华苏维埃国家银行及福建分行。曾任福建分行行长兼福建金库主任及中华商业公司总经理。

1933年中央指派他组织工作团随军筹款，成绩显著，受到中央财政部表彰。新中国成立后，历任中共中央办公厅特别会计室主任兼周恩来的财政秘书、政务院参事、国务院外国专家招待处处长、中南海管理局局长、中央警卫局局长等职。

当年，财政人民委员部、国民经济部所有的机构都分别设在沙洲坝的祠堂民居里办公，无论是国产管理局还是国有企业管理局，都只占一个约10平方米的小间。人员之简，工作量之大，作风之实，生活之苦，令人叹为观止。在各级苏维埃部门工作的人员当中，有的是曾喝过“洋墨水”的知识分子，有的是曾身经百战的将士，有的是曾手拿榔头、足穿草鞋的工人、农民和放牛娃。为着共同的信念，他们从五湖四海无怨无悔地汇集在这里。然而，正是他们，领导和组织了波澜壮阔的苏区建设运动，创建和积累了前所未有的国有资产，奠定了中国共产党的执政之基。

结语　辉煌的历史 无尽的回响

一、中央苏区国有资产管理的深远影响

（一）丰富了毛泽东经济建设思想

从1931年11月7日苏维埃中央政府成立开始，到1934年10月中旬红军长征，在三年轰轰烈烈的经济建设中，党和苏维埃政府进行了大量的卓有成效的组织领导工作，苏维埃中央政府主席毛泽东作出了杰出的贡献。毛泽东在中央苏区形成的经济思想，培育了党在苏区时期的一代革命者，影响了党和苏维埃政府的重大决策，推进了苏区经济的发展，支撑了革命战争。毛泽东在中央苏区时期的经济思想主要有以下方面。

1. *以革命战争为中心，进行一切可能和必要的经济建设*

中央苏区的经济建设，是在一个以小生产为基础、被敌人长期包围和分割、处于频繁战争的农村根据地进行的，苏区经济处在敌人的严密封锁之中的特殊社会环境，迫使中央革命根据地必须发展工农业生产、搞活商业流通以自救。国民党反动派为了消灭红军和苏维埃，自1932年以来就开始对中央苏区实行经济封锁，在白区设立“公卖会”，计口售油（煤油）、售盐（每人每天三四钱），在赤白交界处设立“封锁卡”，严禁商品进出，并把群众的粮食搜掠到封锁网的堡垒中，妄图使苏区“无粒米勺水之接济，无蚍蜉蚊蚁之通报”。敌人的严密封锁，严重阻滞了苏区经济发展，根据地内的军需供应和群众的日常生活陷入困境，这就注定了根据地开展经济建设的必要性。

毛泽东从根据地的实际出发，充分地估计到苏区经济斗争的长期性和复杂性，正确地处理了革命战争和经济建设的关系，阐述了“一要打仗，二要建设”的思想。他严肃地批评了当时党和红军干部中的两种错误观点：

一种观点认为在革命战争环境中不可能进行经济建设工作。有些同志认为革命战争已经忙不过来，哪里还有工夫顾及经济工作，因此见到谁谈经济建设，就要骂谁为“右倾”。他们认为在革命战争环境中没有进行经济建设的条件与可能，要等战争最后胜利了，有了和平安静的环境，才能搞建设。为此，毛泽东批评这种观点说：“同志们，这些意见是不对的。抱着这些意见的同志，他们不了解如果不进行经济建设，革命战争的物质条件就不能有保障，人民在长期的战争中就会感觉疲惫……工农群众如果对于他们的生活发生不满意，这不是要影响到我们的扩大红军、动员群众参加革命战争的工作吗？”毛泽东在充分说理后深刻指出：“只有开展经济战线方面的工作，发展红色区域的经济，才能使革命战争得到相当的物质基础，才能顺利地开展我们军事上的进攻，给敌人的‘围剿’以有力的打击；才能使我们有力量去扩大红军，把我们的战线开展到几千里路的地方去。”毛泽东号召根据地军民说：“我们一定要在全体政府工作人员中，在广大工农群众中，造成一种热烈的经济建设的空气，要使大家懂得经济建设在革命战争中的重要性。”

另一种观点则忽视革命战争，把经济建设看成一切任务的中心。然而，在敌人疯狂的“围剿”面前，若战之不胜，建设何用？国之不存，家犹何在？因此，经济建设必须围绕党的中心任务——夺取反“围剿”战争胜利来开展。毛泽东明确提出：“在现在的阶段上，经济建设必须是环绕着革命战争这个中心任务的。革命战争是当前的中心任务，经济建设事业是为着它的，是环绕着它的，是服从于它的。那种以为经济建设已经是当前一切任务的中心，而忽视革命战争，离开革命战争去进行经济建设，同样是错误的观点。只有在国内战争完结之后，才说得上也才应该说以经济建设为一切任务的中心。”

毛泽东所批评的以上两种错误观点，都是因为没有看到二者之间的辩证统一关系，把经济建设同革命战争对立起来、割裂开来所致。在统一党内外认识的基础上，毛泽东针对根据地农村的实际情况，提出和制定了苏区经济建设的正确方针。这就是：“我们的经济政策的原则，是进行一切可能的和必需的经济方面的建设，集中经济力量供给战争，同时极力改良民众的生活，巩固工农在经济方面的联合，保证无产阶级对于农民的领导，争取国营经济对私人经济的领导，造成将来发展到社会主义的前提”，“我们的经济建设的中心是发展农业生产，发展工业生产，发展对外贸易和发展合作社”。毛泽东制定的这个苏区经济建设的总方针，阐明了经济建设与革命战争的辩证统一关系，提出了苏区经济建设的目标、方向和中心任务，是完全切合苏区实际的科学方针。

2. 国营经济对合作社经济、私人经济起到引领带动作用

尽可能地发展国营经济和大规模地发展合作社经济，坚持国营经济、合作社经济和私人经济“同时并进”，发挥国有资本引领其他经济成分发展的能动作用。毛泽东在《我们的经济政策》中指出：现在我们的国民经济，是由国营事业、合作社事业和私人事业三方面组成的。对这三方面的经济成分，毛泽东和苏维埃政府采取了不同的政策。总的方针是：尽可能地发展国营经济和大规模地发展合作社经济，应该是与奖励私人经济发展同时并进的。

尽可能地发展国营经济。苏区的国营经济，是指各级苏维埃政府直接经营管理的工矿企业和商业，属于苏维埃全民所有。根据战争需要和实际条件，苏区国营企业在“尽可能”和“必要”的原则下发

展，主要兴办了军需工业、金融业、钨矿、纸业以及粮食、外贸商业和引领发展各种合作社。苏维埃的国营工业虽然数量有限，却是苏区经济的领导中坚。

大规模地发展合作社经济。合作社经济的性质是以群众性以集资为纽带的集体经济。创建之初，苏维埃中央政府在设立合作社指导委员会这个专门机构予以政策指导的同时，还通过发行经济建设公债，将其一部分用于扶持其发展，使国有资本从中发挥引领示范作用。加上地方政府大多以实物资产的形式投入，因此各地的合作社也带有股份制或混合所有制的性质。毛泽东和苏维埃中央政府对合作社事业十分重视，曾先后颁布了《合作社暂行组织条例》《合作社工作纲要》《合作社标准章程》等，对合作社的组织原则、社员权利、民主管理、盈利分配等方面作了明确规定，使苏区的合作社事业大规模地蓬勃发展起来。据 1933 年 9 月江西福建两省 17 个县的统计，当时有各种合作社 1423 个，股金 30 余万元。广大群众从合作社运动中得到实惠，由衷地称赞说：合作社第一好！对此，毛泽东曾欣喜地指出："合作社经济和国营经济配合起来，经过长期的发展，将成为经济方面的巨大力量，将对私人经济逐渐占优势并取得领导的地位。"

提倡和奖励私人经济。毛泽东和苏维埃中央政府一贯主张保护根据地私营工商业的发展。"一苏大会"时，苏维埃中央政府《关于经济政策的决议案》中明确规定：苏维埃对于中国资本家的企业及手工业，现尚保留在旧业主手中，而并不实行国有。1932 年 1 月又颁布了《工商业投资暂行条例》，鼓励私人资本的投资，保护私人营业自由。"二苏大会"时，毛泽东在总结根据地经济建设经验时指出："我们对于私人经济，只要不出于政府法律范围之外，不但不加阻止，而且加以提倡和奖励。因为目前私人经济的发展，是国家的利益和人民的利益所需要的。"

从根据地国营、集体与私人"三位一体"的经济结构中可以看出，国营和集体经济属于结构中的“增量”部分，是无先例可循的开拓性事业。为获得这种“增量式”的发展和成就，党和苏维埃政府在一穷二白的底子上，一方面积极筹措资本并有效经营国有资产，另一方面充分发挥有限国有资本的主观能动性，引领并扶持群众性的合作社事业发展，为此苏维埃付出了卓越的努力，描绘了壮阔的画卷。

3. 开放对外贸易，搞活根据地的商品流通

根据地的对外贸易即赤白贸易，是苏区对白区的一种商品交换关系。由于敌人实行严密经济封锁，中央苏区出现工业品奇缺、农副产品滞销、价格上涨和“剪刀差”扩大现象，军民经济生活发生严重困难。为打破困境，毛泽东和苏维埃中央政府决定成立对外贸易局，开放赤白贸易，搞活商品流通。毛泽东指出：“我们有计划地组织人民的对外贸易，并且由国家直接经营若干项必要的商品流通，例如食盐和布匹的输入，食粮和钨砂的输出，以及粮食在内部的调剂等，现在是异常需要的了。”1933 年春，根据毛泽东的指示，苏维埃中央政府在国民经济部设立了对外贸易总局，以赣县江口、闽西汀州、会昌箱门岭、寻乌罗塘等分局为支点，在赤白交界地带组成了对外贸易网络。其中最重要、最活跃的是赣县江口贸易分局。中央苏区对外贸易网络建成后，以苏区富余的产品出口，换回急需的工业品。在赤白贸易中，党和苏维埃政府实行灵活的商品流通政策，既允许私商自由贸易，又进行必要的监督管理；大宗出口产品由对外贸易局直接经营，但又不统制所有的进出口货物，苏维埃主要运用关税的手段来调节商品的输出和输入，并不实行贸易垄断。据统计，从 1933 年 2 月对外贸易局成立后的半年时间内，就以 1 万多元现金和 2000 多担稻谷的国有资本，完成了 32 万元的商品流通额。为平抑粮价、抵制奸商盘剥、确保军民用粮，苏维埃中央政府成立了粮食调剂总局。据统计，仅 1933 年 4—8 月 5 个月调剂的粮食，就实现了 27 万元的流转量和 7000 余元的盈余。毛泽东将苏区对外贸易称为发展国民经济的枢纽，可见其作用之

重要、效果之显著。

4. 坚持通过发展经济来增加财政收入和坚持节省的原则安排财政支出

苏维埃的财政来源，既取之于敌（向一切剥削者筹款、征发），又取之于民（建立人民税收）、取之于己（发展国民经济）。这一财政政策的基本原则，不仅为当时的财政工作指明了方向，而且对以后革命战争时期的财政工作，亦具指导意义。在财政支出方面，毛泽东指出，“财政的使用，应该根据节省的方针，应该使一切政府工作人员明白，贪污和浪费是极大的犯罪”，“节省每一个铜板为着战争和革命事业，为着我们的经济建设”。在毛泽东的倡导号召下，中央苏区1934年春掀起了一场群众性的节省运动，成绩十分可观。仅4—7月，中央苏区经费开支就节省了130万元，中央机关精简了20%～35%的工作人员，大大提高了工作效率。

5. 动员群众参加经济建设，依靠人民力量解决发展资本金不足和民生等问题

中央苏区三年的经济建设，是一场轰轰烈烈的群众运动。动员和依靠广大人民群众参加经济建设，是毛泽东一贯倡导的重要思想。为动员和组织苏区广大群众参加经济建设，毛泽东和苏维埃中央政府于1933年8月先后召开了两次经济建设大会：一次是中央苏区南部17县经济建设大会；另一次是中央苏区北部11县经济建设大会。苏维埃中央政府主席毛泽东，国民经济部部长林伯渠、副部长吴亮平等出席会议。毛泽东在南部17县经济建设大会上作了《粉碎五次“围剿”与苏维埃经济建设任务》的报告，吴亮平在北部11县经济建设大会上传达了毛泽东的这一报告。两次经济建设大会的主要任务是：迅速推销经济建设公债，广泛发展合作社运动，努力进行粮食调剂与收集工作，扩大对内对外贸易，加紧筹款等。在毛泽东和中央政府经济建设

正确思想的指引下，这两次经济建设大会开得非常成功，圆满并超额完成原定任务。如推销300万元经济建设公债完成后，大会又要求中央政府增发经济建设公债200万元，以增强经济建设的力量。对发行经济建设公债以解决发展经济资本金不足问题，毛泽东认为："为着发展国营经济和帮助发展合作社经济，我们在群众拥护之下，发行了三百万经济建设公债。这种依靠群众的力量来解决经济建设的资金问题，乃是目前唯一的和可能的方法。"

在动员和依靠广大群众参加经济建设的同时，切实关注和解决民生问题。毛泽东在1934年1月"二苏大会"总结根据地经济建设经验时着重指出：革命战争是群众的战争，只有动员群众才能进行战争，只有依靠群众才能进行战争。但是，"如果我们单单动员人民进行战争，一点别的工作也不做，能不能达到战胜敌人的目的呢？当然不能。我们要胜利，一定还要做很多的工作。领导农民的土地斗争，分土地给农民；提高农民的劳动热情，增加农业生产；保障工人的利益；建立合作社；发展对外贸易；解决群众的穿衣问题，吃饭问题，住房问题，柴米油盐问题，疾病卫生问题，婚姻问题。总之，一切群众的实际生活问题，都是我们应当注意的问题。假如我们对这些问题注意了，解决了，满足了群众的需要，我们就真正成了群众生活的组织者，群众就会真正围绕在我们的周围，热烈地拥护我们"。这是一段重要而精彩的论述，它生动地显示了毛泽东群众路线的思想在根据地革命战争和经济建设中的具体运用。毛泽东在全苏"二大"的讲话中还反复告诫："我郑重地向大会提出，我们应该深刻地注意群众生活的问题，从土地、劳动问题，到柴米油盐问题，妇女群众要学习犁耙，找什么人去教她们呢？小孩子要求读书，小学办起了没有呢？对面的木桥太小会跌倒行人，要不要修理一下呢？许多人生疮害病，想个什么办法呢？一切这些群众生活上的问题，都应该把它提到自己的议事日程上。应该讨论，应该决定，应该实行，应该检查。要使广大群众认识我们是代表他们的利益的，是和他们呼吸相通的。”关心群众的痛痒，体察群众的疾苦，切实解决民生问题，始终代表人民群众的利益，勤政为民，执政为民，这就是毛泽东的宗旨。在毛泽东的倡导下，中央苏区广大干部关心群众生活蔚然成风，涌现出“兴国模范县”及长冈、才溪“模范乡”的先进典型。长冈乡的群众说：“共产党真正好，什么事情都替我们想到了。”毛泽东并号召说：“要造成几千个长冈乡，几十个兴国县。这些就是我们的巩固的阵地。”

（二）对国有资产管理进行了有益探索

中华苏维埃共和国时期国有企业的发展和国有资产监管的卓越工作，初步探索了国有资产监管规律，孕育形成了红色政权国有资产监管的优良传统和作风，支援了革命战争，打破了经济封锁，巩固了红色政权，改善了军民生活，不仅为当年的反“围剿”战争、巩固苏维埃政权提供了物质支撑与保障，而且为以后陕甘宁边区、解放战争时期解放区的经济建设，为新中国成立后大规模建立国有企业、监管国有资产积累了经验。这些经验，是以毛泽东为代表的中国共产党人的首创性、原创性贡献。

1. 深入调查研究，尊重客观规律

毛泽东非常注重调查研究，不论是在军事斗争还是经济建设方面，都是身体力行，从而把中国革命与建设逐步引上了马列主义中国化的正确路线。从中央苏区实行国有、集体与私人经济“三位一体”经济体制的重大决策，再到苏区钨业的开发、赤白贸易的开放、粮食调剂的开展、国家银行的开办等政策措施的正确制定，都绝非出自偶然。从中我们不仅可以看到毛泽东作寻乌调查、仁风山调查的身影，更可以看到他长期作调查研究的科学沉淀与艰辛探索。刘少奇、陈云以及邓子恢、林伯渠、吴亮平等同志在协助毛泽东领导苏区经济建设中，也是把调查研究放在首位，从来就不是靠“拍脑袋”“拍大腿”

“拍桌子”决定事情，他们坚持从大处着眼、从细处着手，把决策建立在调查研究的基础之上，在将各种情况与问题研判透彻后，再提出并制定符合根据地实际的政策建议。

2. 构建体制机制，分级分类监管

从领导苏区经济建设的实际出发，在中华苏维埃临时中央政府成立之初，就在总供给部、财政部等综合性的部门中设立了军事工业局、国产管理局等专门机构管理国有企业和国有资产。后来根据经济发展需要，为加强对经济工作的领导，及时调整制定各项经济政策，协调处理好经济发展中的繁重事务，又成立了国民经济部作为综合部门，部里设立了一系列分工明确、联系紧密的专业性管理部门。如国有企业管理局、对外贸易总局、粮食调剂总局、合作社指导委员会等机构，完全是从根据地的实际需要出发而设立的，发挥了重要作用。经过近三年的实践，到1934年10月为止，从中央到地方，形成了较完整的苏维埃国有资产管理体系。

在“一切为了战争胜利”的口号下，苏维埃的国有资产监督管理实行“统分结合”，调动中央和地方两个积极性。关系中央财政收入和战争大局的企业由中央政府直接管理和经营，大量的企业则由地方苏维埃政府管理。实践证明，各地采取了许多行之有效的办法创办小型工商企业，千方百计搞活商品流通，星罗棋布的小作坊、小商店、修械所、被服厂、砖瓦厂、石灰厂、碗厂、纸槽等等，同样为苏区财政提供了税源、租金和就业机会，缓解或满足了苏区军需民用的需要。

3. 抓住主要矛盾，管好关键环节

在战时的环境下，对于点多面广的经济管理工作，充满智慧的中国共产党人没有眉毛胡子一把抓，也没有纠缠在那些既管不了也管不好的具体事务中，而是从关系国计民生的大局和市场需求出发，对经济结构进行布局。对各部门、各行业主要是管资本、管制度、管干部、管监督，在抓住这些主要矛盾的前提下，创造性地开展各项具体工作。例如，通过建立组织制度，苏区所有企业都成立了工会，广大工人群众通过工会组织参与企业管理，从计划制订、经济核算、考核计酬等各环节，全过程发挥工人群众当家作主、民主监督管理的作用。广大工人群众自觉开展以增产节约、支援前线为中心内容的劳动竞赛，使苏区工商企业处处充满蓬勃生机。

4. 支部建在企业，探索党建新路

当年苏区的国有企业沿袭红军建制组织生产经营，所有企业都建立了党的支部组织。1934 年 4 月 10 日，中央组织局颁布了中国共产党历史上第一个《苏维埃国家工厂支部工作条例》。从条例的内容可以得知，这是对《苏维埃国有工厂管理条例》的补充与完善。支部工作条例对国有企业党组织的基本任务，完成任务的方式、程序，加强对工会、共青团的领导，与地方党组织的关系等作出了详细的规定。国有企业在实行党政工“三人团”的领导体制后，除军事工业企业依然实行政委负责制外，在其他实行厂长负责制的企业，党的负责人如持不同意见，可提交上级解决；国有企业党组织实行属地化领导管理，“一律直接受地方党的区委或县委的领导，经常向所在地的党委员会作报告，请求讨论本厂支部工作”。根据颁布的条例，各企业党的组织在编制企业生产计划、组织生产模范队、建立经济核算、提高生产技术、改善工人政治文化生活、领导工会共青团工作和加强支部自身建设等各个方面，努力开展工作，有力地支持了厂长履行职责，促进了企业党建工作上水平。苏区国有企业的党建工作，为后来不同时期加强和改进党对国有企业的领导开启了有益的探索，为国有企业正确处理党政工关系提供了借鉴。

（三）提高了国有资产管理的经济效益

从 1931 年 11 月 7 日苏维埃中央政府成立开始，到 1934 年 10 月中旬红军长征，在三年轰轰烈烈的经济建设中，党和苏维埃政府进行了大量的卓有成效的组织领导工作。苏维埃中央政府主席毛泽东作出了以革命战争为中心、进行一切可能和必要的经济建设的论断，坚持通过发展经济来增加财政收入和坚持节省的原则安排财政支出。在这一经济思想引领下，国有资产管理的经济效益必然会得到保障。

苏维埃的财政来源，既取之于敌（向一切剥削者筹款、征发），又取之于民（建立人民税收）、取之于己（发展国民经济）。这一财政政策的基本原则，不仅为当时的财政工作指明了方向，而且对以后革命战争时期的财政工作，亦具指导意义。在财政支出方面，毛泽东指出，“财政的使用，应该根据节省的方针，应该使一切政府工作人员明白，贪污和浪费是极大的犯罪”，“节省每一个铜板为着战争和革命事业，为着我们的经济建设”。在毛泽东的倡导号召下，中央苏区1934年春掀起了一场群众性的节省运动，成绩十分可观。仅4—7月，中央苏区经费开支就节省了130万元，中央机关精简了20%～35%的工作人员，大大提高了工作效率。

（四）体现了宝贵的“苏区精神”

“在革命根据地的创建与发展中，在建立红色政权、探索革命道路的实践中，无数革命先辈用鲜血和生命铸就了以坚定信念、求真务实、一心为民、清正廉洁、艰苦奋斗、争创一流、无私奉献等为主要内涵的苏区精神。这一精神既蕴含了中国共产党人革命精神的共性，又显示了苏区时期的特色和个性，是中国共产党人政治本色和精神特质的集中体现，是中华民族精神新的升华，也是我们今天正在建设的社会主义核心价值体系的重要来源。”

习近平总书记指出，中央革命根据地和中华苏维埃共和国的历史，已经成为我们党的历史和近代中国革命斗争历史非常重要的一页，是一部非常丰富生动的教科书，广大干部和党员应该不断从中得到教益，受到启迪，获得力量。

新中国成立以来，我国已经积累起了数额巨大的国有资产，其中经营性国有资产是国有经济的主要载体，国有企业是中国特色社会主义的重要物质基础和政治基础，是我们党执政兴国的重要支柱和依靠力量。

新中国成立以来特别是改革开放以来，国有企业发展取得巨大成就。我国国有企业为我国经济社会发展、科技进步、国防建设、民生改善作出了历史性贡献，功勋卓著，功不可没。奋进正当时，创新天地宽。今天，我们高举习近平新时代中国特色社会主义思想伟大旗帜，就是要坚持党对国有企业的领导不动摇，从坚持和发展中国特色社会主义、巩固党的执政基础执政地位的高度，守正创新，做强做优做大国有企业；就是要发挥国有企业的独特优势和光荣传统，扎牢红色基因之"根"，坚守理想信念之"魂"；就是要坚持改革开放，全面深化国有企业改革，不断完善国有资产监管体制机制，推进政府机构职能转变，提高国有资本运营和配置效率。成就伟大梦想和光荣使命，我们依然任重道远。

二、中国共产党治国理政的有益实践

加强国有资产管理有助于提高执政能力，巩固执政党的执政地位。重视国有资产管理能力的建设，是加强中国共产党的执政能力建设的本质要求。

（一）管理国有资产是中国共产党执政能力的具体体现

中国共产党一贯重视国有资产管理，注重通过提高管理国有资产的能力来提高党的执政能力。

在大革命时期，中国共产党就注重提高管理资产的能力。从1927年井冈山根据地初创，到1931年11月中华苏维埃共和国中央临时政府成立，政府工作人员克己奉公，勤于政事，机构精干，办事认真高效。中华苏维埃中央工农民主政府执行委员只有63人，中央执行委员会下设的办事机构只有极少数几个部。每个部设部长1人、副部长1～2人和极少数办事员，大家挤在十几平方米的小房间里办公。

中华苏维埃中央政府实行党政企分开，禁止政府机关办企业。1930年10月，中共中央政治局在《关于苏维埃区域目前工作计划》中明确规定："苏区各级党部与政权的关系，是要经过党团的活动从中起领导作用的。这一工作方式，从中央苏维埃政府直到乡村苏维埃政府，各级党部都应一致遵守，一致的肃清党代政府的根本错误。在政府中，要尽量的吸引非党工农群众来参加工作，要使广大群众了解党是党，政权是政权，党在政权中的领导作用，只是司舵的对于全船的作用一样，而保卫和管理这只船的责任还是属于群众自己。"①

1933年初，中华苏维埃共和国临时中央政府副主席项英在中央政府机关报《红色中华》上发表《反对浪费，严惩贪污》的文章指出："后方的同志，除了积极领导群众去参加革命……战争，建立巩固的后方外，最重要的就是节俭经济来供给红军，帮助红军去进行革命战争。""这个时候，谁要使浪费一文钱，都是罪恶，若是随意浪费，那实际上是破坏革命战争。至于吞没公款，营私舞弊等贪污行为，简直是反革命。"

随着国有财产规模的不断扩大，1933年初中华苏维埃共和国临时中央政府财政人民委员会内部设立了国有财产管理局，专司国有财产的管理职责。地方政府的国有资产管理机构的建立，是在1933年末中华苏维埃共和国中央执行委员会发布《中华苏维埃共和国地方苏维埃暂行组织法》后建立的。中华苏维埃共和国《关于地方苏维埃暂行组织法》规定，"省、县、区、市各级财政部之下，设会计科、税务科、国有财产科"，"国有财产科之下可以组织国有财产管理委员会"，"市

① 中央档案馆：《中共中央文件选集（第六册）》，中共中央党校出版社，1989，第450－451页。

苏维埃组织设国有财产委员会，委员三到五人”，“乡苏维埃设国有财产委员会，委员三到五人”。此后，地方各级均设立了国有资产管理机构，形成了完整的国有资产管理体系。

1934 年 1 月，毛泽东在“二苏大会”报告中指出：“财政的支出，应该根据节省的方针。应该使一切政府工作人员明白，贪污和浪费是极大的犯罪。”“节省每一个铜板为着战争和革命事业，为着我们的经济建设，是我们的会计制度的原则。”① 中央苏区也发表训令，号召“各级苏维埃政府要领导群众团体做节省一切开支，以充裕战争经费的运动，政府中一切可以节省的开支，如客饭、办公费、灯油杂费都须尽量减少，尤其纸张信套，更可以节省使用。这一切节省，虽在各部门为数甚少，但积少成多，并可以养成苏区中更加刻苦更加节省的苏维埃工作——这是万分必要的。”② 在中央苏维埃的号召下，中央苏区上上下下以革命竞赛精神来节省。中央苏区的最高领导人之一的张闻天，自带伙食去办公，连下基层也自带干粮。有一次，他去瑞金消费合作总社检查食盐采购情况。开饭时，他谢绝了客饭，而是从饭包里掏出冻得又冷又硬的几个番薯热后吃掉了，让干部们极为感动。“尤其在 1934 年 3 月人民委员会提出在四个月内节省 80 万元以后，在很短的时间里，除了各级党与政府及各团体机关的行政经费平均较以前减少了 30% 以外，各国营企业机关工厂的工人节省工资，党政机关工作人员自带伙食及其他种种节省的数目已有很大的成绩……”③

1934 年红军主力长征后，陈毅成为领导苏区游击战争的最高领导人之一。他身上带着一批金条，是党组织发展游击队的活动经费。为了安全，也为了减轻同志们的负担，他一直秘密带着。他虽然在战争

① 毛泽东:《中华苏维埃共和国中央执行委员会与人民委员会对第二次全国苏维埃代表大会的报告》,1934 年 1 月。

② 《中华苏维埃中央执行委员会令(第 14 号)——关于战争动员与后方工作》,《红色中华》1932 年 7 月 21 日。

③ 《中央审计委员会稽核瑞金经济开支的总结》,《红色中华》1934 年 5 月 5 日。

中腿部受过重伤并常复发，但他确实“腰缠万贯不医伤”，舍不得花一分钱为自己买药。后来，随着斗争越来越艰险，陈毅怕自己发生意外，便把秘密带金条的事公开了。一天夜里，他把队伍集合起来，深情地对大家说：“这些金条是党的钱，是党给赣南游击队的活动经费，过去都是由我自己秘密保管。党让我保管了这么多的金子，我从来没敢乱用，我们党的事业需要这笔钱，我们部队的发展也靠这笔钱。今天，我有责任当面郑重地告诉大家，万一我在战斗中被打死，我的尸体同志们可以不考虑，但这些党的经费千万不能落在敌人手里……”①

赣东北根据地的创始人方志敏“经手的款项，总在数百万元；但为革命而筹集的金钱，是一点一滴的用之于革命事业”，“从没有奢侈过”②。当有人劝他给家里寄点钱的时候，他笑着回答说：“我管的都是公款，一分一厘都要用在革命事业上！我个人哪来钱寄给家里呀!”被俘后，国民党对他施展一切招数劝降。在金钱、地位、美女面前，方志敏丝毫不为所动。他说：“我们共产党人不爱金钱，也不爱官职。为了共产主义牺牲，为了革命而流血，我心甘情愿。”③

（二）管理国有资产是中国共产党管理国家的重要手段

新中国成立以后，经过多年探索，我国已经初步建立了适应社会主义市场经济需要的国有资产管理体制。但是，完善各类国有资产管理体制仍然任重而道远。党的十七大、十八大报告一再提出完善国有资产管理体制的要求，因为完善国有资产管理体制是中国共产党执政兴国的战略举措。

我国现行“国家所有、分级代表”的经营性国有资产管理体制是我国国有资产管理体制改革的一大突破，大大地促进了我国国有企业的发展。但是现行经营性国有资产管理体制存在国有资产委托代理链

① 张玉润等主编《风范录》，档案出版社，1991，第22页。

② 方志敏：《清贫》，载《方志敏文集》，人民出版社，1985，第166页。

③ 江西省革命烈士纪念堂编《方志敏狱中遗著》，江西人民出版社，1977，第47页。

条长、过分依赖行政管理体制、各链条之间缺乏内在的链接机制、管理方式上政企不分、直接干预过多、国有企业组织体制不完善、法制不健全、政府公共预算和国有资产经营预算不分等问题。由于委托链过长，导致作为经营性国有资产的最终所有者——人民无法有效地监督国有企业，也无法有效地参与国企利润的分红，普遍享受国有企业发展的成果。这些问题的存在，招致了一些人对国有企业的攻击，也成为少数人鼓吹私有化的重要借口。国有企业是社会主义公有制的最主要的组成部分，关系到中国共产党执政的经济基础，决定着我国社会主义制度的安危。如何完善经营性国有资产管理体制，关系到中国特色社会主义的成败，更是关系到中国共产党能否长期执政的大计。

非经营性国有资产管理体制的改革相比经营性国有资产管理体制改革更显得滞后，影响到中国共产党和政府在人民中的形象。进入21世纪以后，由于中国财力的增强，中国政府成为强政府，国家机关和事业单位行政支出越来越多，奢侈现象越来越厉害，“三公”消费成为每年“两会”关注的热点话题。由于政治体制改革和事业单位改革滞后，官本位意识愈演愈烈，官僚主义成为中国社会当前一大危害。虽然中央一再强调做好新形势下群众工作的重要性，脱离群众问题仍然是摆在全党面前的一个严重问题。国家财政支出越来越大，而民众急需的公共产品、公共服务却越来越难。处理好这些问题关系到中国共产党会不会变色、中国改革会不会走上歧途。

中国共产党作为中国唯一的执政党，拥有9000多万名党员。中国政治的运行，实行双轨制。无论在国家机关，还是事业单位，中国共产党的组织覆盖到社会的方方面面。为了维持党的运行，需要庞大的国有资产作为支撑。除了党自身的机构需要凭借国家资产支撑外，还有众多的群众组织的运行也靠国有资产运行。这导致我国存在庞大的靠财政吃饭的队伍。这严重影响了公共服务和公共产品的提供。可以说，完善国有资产管理体制，在一定程度上关系到中国共产党的领导地位。

（三）管理国有资产是中国共产党执政为民的重要保障

中国共产党通过的《中共中央关于国有企业改革和发展若干重大问题的决定》指出："包括国有经济在内的公有制经济，是我国社会主义制度的经济基础，是国家引导、推动、调控经济和社会发展的基本力量，实现广大人民群众根本利益和共同富裕的重要保证。"国有资产是中国共产党服务人民的物质保障。

国有资产有助于中国共产党为人民服务，有利于中国共产党保障人民的民主权利和经济利益。我国是社会主义国家，国有资产属于全体人民所有，经营资产的利润最终用于全体人民，非经营性资产使中国共产党更有条件为人民提供公共服务。国有资产是中国共产党保证人民当家作主的物质基础。我国实行生产资料社会主义公有制，人民实现了在生产资料面前占有的平等。正是生产资料公有制，保证了我国是人民当家作主的国家，保证了我国的国有资产真正是属于人民的资产，为人民管理国家和社会提供了物质条件。国有资产有助于中国共产党保证人民生活水平提高，维护社会公平和正义，最终实现共同富裕。在中国建设社会主义市场经济中，国有资产的一个重要作用，就是保证中国共产党追求的共同富裕的社会公平目标的实现。只有完善国有资产，特别是坚持和完善以国有经济为核心的公有制经济，才能实现社会主义的本质要求，才能消灭剥削，消除两极分化，实现共同富裕。市场在社会资源配置中的经济作用有助于提高经济效率，但市场的盲目性容易造成"市场失灵"，偏向强者和富人，容易造成社会两极分化。国有资产能够克服市场失灵，防止两极分化；特别是经营性国有资产，能够在产业调整中起到示范、带动作用，保证执政党的宏观调控政策落实，促进国民经济平稳较快发展。

没有国有资产的保证，中国共产党就失去了服务于人民群众的物质手段，满足人民群众的需要、保证人民群众的权利，就成为一句空话。

附录一　毛泽东同志论苏区经济的三篇文章

必须注意经济工作

毛泽东

（一九三三年八月十二日）

革命战争的激烈发展，要求我们动员群众，立即开展经济战线上的运动，进行各项必要和可能的经济建设事业。为什么？现在我们的一切工作，都应当为着革命战争的胜利，首先是粉碎敌人第五次“围剿”的战争的彻底胜利；为着争取物质上的条件去保障红军的给养和供给；为着改善人民群众的生活，由此更加激发人民群众参加革命战争的积极性；为着在经济战线上把广大人民群众组织起来，并且教育他们，使战争得着新的群众力量；为着从经济建设去巩固工人和农民联盟，去巩固工农民主专政，去加强无产阶级的领导。为着这一切，就需要进行经济方面的建设工作。这是每个革命工作人员必须认识清楚的。过去有些同志认为革命战争已经忙不了，哪里还有闲工夫去做经济建设工作，因此见到谁谈经济建设，就要骂为“右倾”。他们认为在革命战争环境中没有进行经济建设的可能，要等战争最后胜利了，有了和平的安静的环境，才能进行经济建设。同志们，这些意见是不对的。抱着这些意见的同志，他们不了解如果不进行经济建设，革命战争的物质条件就不能有保障，人民在长期的战争中就会感到疲惫。你们看，敌人在进行经济封锁，奸商和反动派在破坏我们的金融和商业，我们红色区域的对外贸易，受到极大的妨碍。我们如果不把这些困难克服，革命战争不是要受到很大的影响吗？盐很贵，有时买不到。谷子秋冬便宜，春夏又贵得厉害。这些情形，立即影响到工农的生活，使工农生活不能改良。这不是要影响到工农联盟这一个基本路线吗？工农群众如果对于他们的生活发生不满意，这不是要影响到我们的扩大红军、动员群众参加革命战争的工作吗？所以，这种以为革命战争的环境不应该进行经济建设的意见，是极端错误的。有这种意见的人，也常说一切应服从战争，他们不知道如果取消了经济建设，这就不是服从战争，而是削弱战争。只有开展经济战线方面的工作，发展红色区域的经济，才能使革命战争得到相当的物质基础，才能顺利地开展我们军事上的进攻，给敌人的“围剿”以有力的打击；才能使我们有力量去扩大红军，把我们的战线开展到几千里路的地方去，使我们的红军毫无顾虑地在将来顺利的条件下去打南昌，打九江，使我们的红军减少自己找给养的这一部分工作，专心一意去打敌人；也才能使我们的广大群众都得到生活的相当的满足，而更加高兴地去当红军，去做各项革命工作。必须这样干才叫作服从战争。现在各地革命工作人员中，还有许多人不明了经济建设工作在革命战争中的重要性，还有许多地方政府没有着重讨论经济建设的问题。各地政府的国民经济部的组织还不健全，有些连部长还没有找到，或者也只拿工作较差的人去凑数。合作社的发展还只在开始的阶段，调剂粮食的工作也还只在一部分地方做起来。各地还没有把经济建设这个任务宣传到广大群众中去（这是十分紧要的），还没有在群众中造成为着经济建设而斗争的热烈的空气。这些情形，都是由于忽视经济建设的重要性而来的。我们一定要经过同志们在这次会议上的讨论和会后回去的传达，在全体政府工作人员中，在广大工农群众中，造成一种热烈的经济建设的空气。要大家懂得经济建设在革命战争中的重要性，努力推销经济建设公债，发展合作社运动，普遍建设谷仓，建设备荒仓。每个县要设立一个粮食调剂分局，重要的区，重要的圩场，要设粮食调剂支局。一方面要使我们的粮食，在红色区域内由有余的地方流通到不足的地方，不使有的地方成了堆，有的地方买不到，有的地方价格过低，有的地方价格又过高；一方面要把我区多余的粮食，有计划地（不是无限制地）运输出口，不受奸商的中间剥削，从白区购买必需品进来。大家要努力去发展农业和手工业的生产，多造农具，多产石灰，使明年的收获增多，恢复钨砂、木头、樟脑、纸张、烟叶、夏布、香菇、薄荷油等特产过去的产量，并把它们大批地输出到白区去。

从出入口贸易的数量来看，我们第一个大宗出口是粮食。每年大约有三百万担谷子出口，三百万群众中每人平均输出一担谷交换必需品进来，不会是更少的吧。这笔生意是什么人做的？全是商人在做，商人在这中间进行了残酷的剥削。去年万安、泰和两县的农民五角钱一担谷卖给商人，而商人运到赣州卖四块钱一担，赚去了七倍。又看三百万群众每年要吃差不多九百万块钱的盐，要穿差不多六百万块钱的布。这一千五百万元盐、布的进口，过去不消说都是商人在那里做的，我们没有去管过。商人在这中间的剥削真是大得很。比如商人到梅县买盐，一块钱七斤，运到我区，一块钱卖十二两。这不是吓死人的剥削吗？像这样的事情，我们再不能不管了，以后是一定要管起来。我们的对外贸易局在这方面要尽很大的努力。

三百万元经济建设公债的发行怎样使用呢？我们打算这样使用：一百万供给红军作战费，两百万借给合作社、粮食调剂局、对外贸易局作本钱。其中又以小部分用去发展生产，大部分用去发展出入口贸易。我们的目的不但要发展生产，并且要使生产品出口卖得适当的价钱，又从白区用低价买得盐布进来，分配给人民群众，这样去打破敌人的封锁，抵制商人的剥削。我们要使人民经济一天一天发展起来，大大改良群众生活，大大增加我们的财政收入，把革命战争和经济建设的物质基础确切地建立起来。

这是一个伟大的任务，一个伟大的阶级斗争。但是我们问一问，这个任务在激烈的战争环境内，是不是能完成呢？我想是能完成的。我们并不是说要修一条铁路通龙岩，暂时也不是说要修一条汽车道通赣州。我们不是说粮食完全专卖，也不是说一千五百万元盐布生意都由政府经管不准商人插手。我们不是这样说，也不是这样做的。我们说的做的，是发展农业和手工业生产，输出粮食和钨砂，输入食盐和布匹，暂时从两百万资金再加上群众的股本做起。这些是不应做、不能做、做不到的事吗？这些工作我们已经开始做了，并且已经做出了成绩。今年秋收比去年秋收增加了百分之二十至二十五，超过了增加两成秋收的预计。手工业方面，农具和石灰的生产在恢复过程中，钨砂的生产开始恢复。烟、纸和木头的生产也开始有了生气。粮食调剂今年有了不少的成绩。食盐入口也开始有部分的工作了。这些成绩，就是我们坚信将来能够发展的基础。人们说要到战争完结了才能进行经济建设，而在现在则是不可能的，这不是明显的错误观点吗？

因此也就明白，在现在的阶段上，经济建设必须是环绕着革命战争这个中心任务的。革命战争是当前的中心任务，经济建设事业是为着它的，是环绕着它的，是服从于它的。那种以为经济建设已经是当前一切任务的中心，而忽视革命战争，离开革命战争去进行经济建设，同样是错误的观点。只有在国内战争完结之后，才说得上也才应该说以经济建设为一切任务的中心。在国内战争中企图进行和平的，为将来所应有而现在所不应有的，为将来的环境所许可而现在的环境不许可的那些经济建设工作，只是一种瞎想。当前的工作是战争所迫切地要求的一些工作。这些工作每件都是为着战争，而不是离开战争的和平事业。如果同志们中间有离开战争进行经济建设的想法，那就应立刻改正。

没有正确的领导方式和工作方法，要迅速地开展经济战线上的运动，是不可能的。这也是一个重要的问题，也要在这次会议得到解决。因为同志们回去，不但要立即动手去做许多工作，并且要指导许多工作人员一道去做。尤其是乡和市这一级的同志，以及合作社、粮食局、贸易局、采办处这些机关里的同志，他们是亲手动员群众组织合作社、调剂和运输粮食、管理出入口贸易的实际工作人员，如果他们的领导方式不对，不能采取各种正确的有效的工作方法，那就会立刻影响到工作的成效，使我们各项工作不能得到广大群众的拥护，不能在今年秋冬和明年春夏完成中央政府在经济建设上的整个计划。因此，我要向同志们指出下面的几点：

第一，从组织上动员群众。首先是各级政府的主席团、国民经济部和财政部的同志，要把发行公债，发展合作社，调剂粮食，发展生产，发展贸易这些工作，经常地放在议事日程上面去讨论，去督促，去检查。其次，要推动群众团体，主要的是工会和贫农团。要使工会动员它的会员群众都加入经济战线上来。贫农团是动员群众发展合作社、购买公债的一个有力的基础，区政府和乡政府要用大力去领导它。其次，要经过以村子、屋子为单位的群众大会去做经济建设的宣传，在宣传中要把革命战争和经济建设的关系讲得十分明白，要把改良群众的生活，增加斗争的力量，讲得十分实际。号召群众购买公债，发展合作社，调剂粮食，巩固金融，发展贸易，号召他们为着这些口号而斗争，把群众的热情提高起来。假如不这样地从组织上去动员群众和宣传群众，即是说，各级政府的主席团、国民经济部和财政部不着力抓着经济建设的工作去讨论、检查，不注意推动群众团体，不注意开群众大会做宣传，那末，要达到目的是不可能的。

第二，动员群众的方式，不应该是官僚主义的。官僚主义的领导方式，是任何革命工作所不应有的，经济建设工作同样来不得官僚主义。要把官僚主义方式这个极坏的家伙抛到粪缸里去，因为没有一个同志喜欢它。每一个同志喜欢的应该是群众化的方式，即是每一个工人、农民所喜欢接受的方式。官僚主义的表现，一种是不理不睬或敷衍塞责的怠工现象。我们要同这种现象作严厉的斗争。另一种是命令主义。命令主义者表面上不怠工，好像在那里努力干。实际上，命令主义地发展合作社，是不能成功的；暂时在形式上发展了，也是不能巩固的。结果是失去信用，妨碍了合作社的发展。命令主义地推销公债，不管群众了解不了解，买不买得这样多，只是蛮横地要照自己的数目字去派，结果是群众不喜欢，公债不能好好地推销。我们一定不能要命令主义，我们要的是努力宣传，说服群众，按照具体的环境、具体地表现出来的群众情绪，去发展合作社，去推销公债，去做一切经济动员的工作。

第三，经济建设运动的开展，需要有很大数量的工作干部。这不是几十几百人的事，而是要有几千人几万人，要把他们组织起来，训练起来，送到经济建设的阵地上去。他们是经济战线上的指挥员，而广大群众则是战斗员。人们常常叹气没有干部。同志们，真的没有干部吗？从土地斗争、经济斗争、革命战争中锻炼出来的群众，涌出来了无数的干部，怎么好说没有干部呢？丢掉错误的观点，干部就站在面前了。

第四，经济建设在今天不但和战争的总任务不能分离，和其他的任务也是不能分离的。只有深入查田运动，才能彻底地消灭封建半封建的土地所有制，发展农民的生产的积极性，使广大农民迅速地走入经济建设的战线上来。只有坚决地实行劳动法，才能改善工人群众的生活，使工人群众积极地迅速地参加经济建设事业，而加强他们对于农民的领导作用。只有正确地领导选举运动和跟着查田运动的开展而开展的检举运动，才能健全我们的政府机关，使我们的政府更有力地领导革命战争，领导各方面的工作，领导经济工作。用文化教育工作提高群众的政治和文化的水平，这对于发展国民经济同样有极大的重要性。至于一天也不要忽略扩大红军的工作，那更不待说了。大家都明白，没有红军的胜利，经济封锁就要更加厉害。另一方面，发展了国民经济，改良了群众生活，无疑地就会极大地帮助扩大红军的工作，使广大群众踊跃地开向前线上去。总起来说，假如我们争取了上述的一切条件，包括经济建设这个新的极重要的条件，并且使这一切的条件都服务于革命战争，那末，革命战争的胜利，无疑是属于我们的。

我们的经济政策

毛泽东

（一九三四年一月）

只有最无耻的国民党军阀，才会在他们自己统治的区域内弄到差不多民穷财尽的地步，还会天天造谣，说红色区域如何破坏不堪。帝国主义和国民党的目的，在于破坏红色区域，破坏正在前进的红色区域的经济建设工作，破坏已经得到解放的千百万工农民众的福利。因此，他们不但组织了武装力量进行军事上的“围剿”，而且在经济上实行残酷的封锁政策。然而我们领导广大的群众和红军，不但屡次击溃了敌人的“围剿”，而且从事于一切可能的和必须的经济建设，去冲破敌人的经济封锁的毒计。我们的这一个步骤，现在也着着胜利了。

我们的经济政策的原则，是进行一切可能的和必须的经济方面的建设，集中经济力量供给战争，同时极力改良民众的生活，巩固工农在经济方面的联合，保证无产阶级对于农民的领导，争取国营经济对私人经济的领导，造成将来发展到社会主义的前提。

我们的经济建设的中心是发展农业生产，发展工业生产，发展对外贸易和发展合作社。

红色区域的农业，现在显然是在向前发展中。一九三三年的农产，在赣南闽西区域，比较一九三二年增加了百分之十五（一成半），而在闽浙赣边区则增加了百分之二十。川陕边区的农业收成良好。红色区域在建立的头一二年，农业生产往往是下降的。但是经过分配土地后确定了地权，加以我们提倡生产，农民群众的劳动热情增长了，生产便有恢复的形势了。现在有些地方不但恢复了而且超过了革命前的生产量。有些地方不但恢复了在革命起义过程中荒废了的土地，而且开发了新的土地。很多的地方组织了劳动互助社和耕田队，以调剂农村中的劳动力；组织了犁牛合作社，以解决耕牛缺乏的问题。同时，广大的妇女群众参加了生产工作。这种情形，在国民党时代是决然做不到的。在国民党时代，土地是地主的，农民不愿意也不可能用自己的力量去改良土地。只有在我们把土地分配给农民，对农民的生产加以提倡奖励以后，农民群众的劳动热情才爆发了起来，伟大的生产胜利才能得到。这里应当指出：在目前的条件之下，农业生产是我们经济建设工作的第一位，它不但需要解决最重要的粮食问题，而且需要解决衣服、砂糖、纸张等项日常用品的原料即棉、麻、蔗、竹等的供给问题。森林的培养，畜产的增殖，也是农业的重要部分。在小农经济的基础上面，对于某些重要农产作出相当的生产计划，动员农民为着这样的计划而努力，这是容许的，而且是必须的。我们在这一方面，应该有进一步的注意和努力。关于农业生产的必要条件方面的困难问题，如劳动力问题，耕牛问题，肥料问题，种子问题，水利问题等，我们必须用力领导农民求得解决。这里，有组织地调剂劳动力和推动妇女参加生产，是我们农业生产方面的最基本的任务。而劳动互助社和耕田队的组织，在春耕夏耕等重要季节我们对于整个农村民众的动员和督促，则是解决劳动力问题的必要的方法。不少的一部分农民（大约百分之二十五）缺乏耕牛，也是一个很大的问题。组织犁牛合作社，动员一切无牛人家自动地合股买牛共同使用，是我们应该注意的事。水利是农业的命脉，我们也应予以极大的注意。目前自然还不能提出国家农业和集体农业的问题，但是为着促进农业的发展，在各地组织小范围的农事试验场，并设立农业研究学校和农产品展览所，却是迫切地需要的。

因为敌人的封锁，使得我们的货物出口发生困难。红色区域的许多手工业生产是衰弱了，烟、纸等项是其最著者。但是这种出口困难，不是完全不可克服的。因为广大群众的需要，我们自己即有广泛的市场。应该首先为着自给，其次也为着出口，有计划地恢复和发展手工业和某些工业。两年以来，特别是一九三三年上半年起，因为我们开始注意，因为群众生产合作社的逐渐发展，许多手工业和个别的工业现在是在开始走向恢复。这里重要的是烟、纸、钨砂、樟脑、农具和肥料（石灰等）。而且自己织布，自己制药和自己制糖，也是目前环境中不可忽视的。在闽浙赣边区方面，有些当地从来就缺乏的工业，例如造纸、织布、制糖等，现在居然发展起来，并且取得了成效。他们为了解决食盐的缺乏，进行了硝盐的制造。工业的进行需要有适当的计划。在散漫的手工业基础上，全部的精密计划当然不可能。但是关于某些主要的事业，首先是国家经营和合作社经营的事业，相当精密的生产计划，却是完全必需的。确切地计算原料的生产，计算到敌区和我区的销场，是我们每一种国营工业和合作社工业从开始进行的时候就必须注意的。

我们有计划地组织人民的对外贸易，并且由国家直接经营若干项必要的商品流通，例如食盐和布匹的输入，食粮和钨砂的输出，以及粮食在内部的调剂等，现在是异常需要的了。这一工作，闽浙赣边区方面实行得较早，中央区则开始于一九三三年的春季。由于对外贸易局等机关的设立，已经得到初步的成绩。

现在我们的国民经济，是由国营事业、合作社事业和私人事业这三方面组成的。

国家经营的经济事业，在目前，只限于可能的和必要的一部分。国营的工业或商业，都已经开始发展，它们的前途是不可限量的。

我们对于私人经济，只要不出于政府法律范围之外，不但不加阻止，而且加以提倡和奖励。因为目前私人经济的发展，是国家的利益和人民的利益所需要的。私人经济，不待说，现时是占着绝对的优势，并且在相当长的期间内也必然还是优势。目前私人经济在红色区域是取着小规模经营的形式。

合作社事业，是在极迅速的发展中。据一九三三年九月江西福建两省十七个县的统计，共有各种合作社一千四百二十三个，股金三十余万元。发展得最盛的是消费合作社和粮食合作社，其次是生产合作社。信用合作社的活动刚才开始。合作社经济和国营经济配合起来，经过长期的发展，将成为经济方面的巨大力量，将对私人经济逐渐占优势并取得领导的地位。所以，尽可能地发展国营经济和大规模地发展合作社经济，应该是与奖励私人经济发展，同时并进的。

为着发展国营经济和帮助合作社经济，我们在群众拥护之下，发行了三百万元经济建设公债。这样依靠群众的力量来解决经济建设的资金问题，乃是目前唯一的和可能的方法。

从发展国民经济来增加我们财政的收入，是我们财政政策的基本方针，明显的效验已在闽浙赣边区表现出来，在中央区也已开始表现出来了。这一方针的着重的执行，是我们财政机关和经济机关的责任。这里必须充分注意：国家银行发行纸币，基本上应该根据国民经济发展的需要，单纯财政的需要只能放在次要的地位。

财政的支出，应该根据节省的方针。应该使一切政府工作人员明白，贪污和浪费是极大的犯罪。反对贪污和浪费的斗争，过去有了些成绩，以后还应用力。节省每一个铜板为着战争和革命事业，为着我们的经济建设，是我们的会计制度的原则。我们对于国家收入的使用方法，应该和国民党的方法有严格的区别。

在全中国卷入经济浩劫，数万万民众陷入饥寒交迫的困难地位的时候，我们人民的政府却不顾一切困难，为了革命战争，为了民族利益，认真地进行经济建设工作。事情是非常明白的，只有我们战胜了帝国主义和国民党，只有我们实行了有计划的有组织的经济建设工作，才能挽救全国人民出于空前的浩劫。

关心群众生活，注重工作方法

毛泽东

（一九三四年一月二十七日）

有两个问题，同志们在讨论中没有着重注意，我觉得应该提出来说一说。

第一个问题是关于群众生活的问题。

我们现在的中心任务是动员广大群众参加革命战争，以革命战争打倒帝国主义和国民党，把革命发展到全国去，把帝国主义赶出中国去。谁要是看轻了这个中心任务，谁就不是一个很好的革命工作人员。我们的同志如果把这个中心任务真正看清楚了，懂得无论如何要把革命发展到全国去，那末，我们对于广大群众的切身利益问题，群众的生活问题，就一点也不能疏忽，一点也不能看轻。因为革命战争是群众的战争，只有动员群众才能进行战争，只有依靠群众才能进行战争。

如果我们单单动员人民进行战争，一点别的工作也不做，能不能达到战胜敌人的目的呢？当然不能。我们要胜利，一定还要做很多的工作。领导农民的土地斗争，分土地给农民；提高农民的劳动热情，增加农业生产；保障工人的利益；建立合作社；发展对外贸易；解决群众的穿衣问题，吃饭问题，住房问题，柴米油盐问题，疾病卫生问题，婚姻问题。总之，一切群众的实际生活问题，都是我们应当注意的问题。假如我们对这些问题注意了，解决了，满足了群众的需要，我们就真正成了群众生活的组织者，群众就会真正围绕在我们的周围，热烈地拥护我们。同志们，那时候，我们号召群众参加革命战争，能够不能够呢？能够的，完全能够的。

在我们的工作人员中，曾经看见这样的情形：他们只讲扩大红军，扩充运输队，收土地税，推销公债，其他事情呢，不讲也不管，甚至一切都不管。比如以前有一个时期，汀州市政府只管扩大红军和动员运输队，对于群众生活问题一点不理。汀州市群众的问题是没有柴烧，资本家把盐藏起来没有盐买，有些群众没有房子住，那里缺米，米价又贵。这些是汀州市人民群众的实际问题，十分盼望我们帮助他们去解决。但是汀州市政府一点也不讨论。所以，那时，汀州市工农代表会议改选了以后，一百多个代表，因为几次会都只讨论扩大红军和动员运输队，完全不理群众生活，后来就不高兴到会了，会议也召集不成了。扩大红军、动员运输队呢，因此也就极少成绩。这是一种情形。

同志们，送给你们的两个模范乡的小册子，你们大概看到了吧。那里是相反的情形。江西的长冈乡，福建的才溪乡，扩大红军多得很呀！长冈乡青年壮年男子百个人中有八十个当红军去了，才溪乡百个人中有八十八个当红军去了。公债也销得很多，长冈乡全乡一千五百人，销了五千四百块钱公债。其他工作也得到了很大的成绩。什么理由呢？举几个例子就明白了。长冈乡有一个贫苦农民被火烧掉了一间半房子，乡政府就发动群众捐钱帮助他。有三个人没有饭吃，乡政府和互济会就马上捐米救济他们。去年夏荒，乡政府从二百多里的公略县办了米来救济群众。才溪乡的这类工作也做得非常之好。这样的乡政府，是真正模范的乡政府。他们和汀州市的官僚主义的领导方法，是绝对的不相同。我们要学习长冈乡、才溪乡，反对汀州市那样的官僚主义的领导者！

我郑重地向大会提出，我们应该深刻地注意群众生活的问题，从土地、劳动问题，到柴米油盐问题。妇女群众要学习犁耙，找什么人去教她们呢？小孩子要求读书，小学办起了没有呢？对面的木桥太小会跌倒行人，要不要修理一下呢？许多人生疮害病，想个什么办法呢？一切这些群众生活上的问题，都应该把它提到自己的议事日程上。应该讨论，应该决定，应该实行，应该检查。要使广大群众认识我们是代表他们的利益的，是和他们呼吸相通的。要使他们从这些事情出发，了解我们提出来的更高的任务，革命战争的任务，拥护革命，把革命推到全国去，接受我们的政治号召，为革命的胜利斗争到底。长冈乡的群众说："共产党真正好，什么事情都替我们想到了。"模范的长冈乡工作人员，可尊敬的长冈乡工作人员！他们得到了广大群众的真心实意的爱戴，他们的战争动员的号召得到广大群众的拥护。要得到群众的拥护吗？要群众拿出他们的全力放到战线上去吗？那末，就得和群众在一起，就得去发动群众的积极性，就得关心群众的痛痒，就得真心实意地为群众谋利益，解决群众的生产和生活的问题，盐的问题，米的问题，房子的问题，衣的问题，生小孩子的问题，解决群众的一切问题。我们是这样做了么，广大群众就必定拥护我们，把革命当作他们的生命，把革命当作他们无上光荣的旗帜。国民党要来进攻红色区域，广大群众就要用生命同国民党决斗。这是无疑的，敌人的第一、二、三、四次"围剿"不是实实在在地被我们粉碎了吗？

国民党现在实行他们的堡垒政策，大筑其乌龟壳，以为这是他们的铜墙铁壁。同志们，这果然是铜墙铁壁吗？一点也不是！你们看，几千年来，那些封建皇帝的城池宫殿还不坚固吗？群众一起来，一个个都倒了。俄国皇帝是世界上最凶恶的一个统治者；当无产阶级和农民的革命起来的时候，那个皇帝还有没有呢？没有了。铜墙铁壁呢？倒掉了。同志们，真正的铜墙铁壁是什么？是群众，是千百万真心实意地拥护革命的群众。这是真正的铜墙铁壁，什么力量也打不破的，完全打不破的。反革命打不破我们，我们却要打破反革命。在革命政府的周围团结起千百万群众来，发展我们的革命战争，我们就能消灭一切反革命，我们就能夺取全中国。

第二个问题是关于工作方法的问题。

我们是革命战争的领导者、组织者，我们又是群众生活的领导者、组织者。组织革命战争，改良群众生活，这是我们的两大任务。在这里，工作方法的问题，就严重地摆在我们的面前。我们不但要提出任务，而且要解决完成任务的方法问题。我们的任务是过河，但是没有桥或没有船就不能过。不解决桥或船的问题，过河就是一句空话。不解决方法问题，任务也只是瞎说一顿。不注意扩大红军的领导，不讲究扩大红军的方法，尽管把扩大红军念一千遍，结果还是不能成功。其他如查田工作、经济建设工作、文化教育工作、新区边区的工作，一切工作，如果仅仅提出任务而不注意实行时候的工作方法，不反对官僚主义的工作方法而采取实际的具体的工作方法，不抛弃命令主义的工作方法而采取耐心说服的工作方法，那末，什么任务也是不能实现的。

兴国的同志们创造了第一等的工作，值得我们称赞他们为模范工作者。同样，赣东北的同志们也有很好的创造，他们同样是模范工作者。像兴国和赣东北的同志们，他们把群众生活和革命战争联系起来了，他们把革命的工作方法问题和革命的工作任务问题同时解决了。他们是认真地在那里进行工作，他们是仔细地在那里解决问题，他们在革命面前是真正负起了责任，他们是革命战争的良好的组织者和领导者，他们又是群众生活的良好的组织者和领导者。其他，如福建的上杭、长汀、永定等县的一些地方，赣南的西江等处地方，湘赣边区的茶陵、永新、吉安等县的一些地方，湘鄂赣边区阳新县的一些地方，以及江西还有许多县里的区乡，加上瑞金直属县，那里的同志们都有进步的工作，同样值得我们大家称赞。

一切我们领导的地方，无疑有不少的积极干部，群众中涌现出来的很好的工作同志。这些同志负担着一种责任，就是应该帮助那些工作薄弱的地方，帮助那些还不善于工作的同志们作好工作。我们是在伟大的革命的战争面前，我们要冲破敌人的大规模的“围剿”，我们要把革命推广到全国去。全体革命工作人员负担着绝大的责任。大会以后，我们一定要用切实的办法来改善我们的工作，先进的地方应该更加前进，落后的地方应该赶上先进的地方。要造成几千个长冈乡，几十个兴国县。这些就是我们的巩固的阵地。我们占据了这些阵地，我们就能从这些阵地出发去粉碎敌人的“围剿”，去打倒帝国主义和国民党在全国的统治。

附录二　中华苏维埃共和国时期国有资产监管大事记

1928 年

4 月，工农革命军建立“桃寮被服厂”，厂址井冈山宁冈桃寮村张家祠，余赍民负责，30—80 人，6 架缝纫机。

5 月 25 日，中共中央发出《中央通告第五十一号——军事工作大纲》规定：“在割据区域所建立的红军，可正式定名为红军，取消以前工农革命军的名义。”中国工农革命军第四军改称中国工农红军第四军。

5 月，建立“红军印刷厂”，厂址井冈山茅坪象山庵，1 台石印机。8 月迁茨坪。

5 月，建立“红军造币厂”，厂址井冈山上井村的牛路坑。

7 月，建立“红军军械处”，厂址井冈山茨坪；有 20 多名工人；用铁砧、铁锤、钳子、风箱等简陋工具土法修理枪支，制造梭镖、大刀和单响枪等武器。

8 月，“桃寮被服厂”迁至茨坪李家祠，30—40 人。

1929 年

1 月 14 日，毛泽东、朱德率红四军主力从井冈山向赣南、闽西进军。

2月，建立“养军山修械处”，地址吉安县东固，由东固步云山淘金坑铁工厂和东固养军山修械所合并而成，是东固革命根据地的兵器维修基地。

3月14日，红四军占领福建省长汀县城。创办“红军被服厂”，60多人，多架新式缝纫机。赶制了4000多套军装。

3月20日，红四军前委在长汀县城“辛耕别墅”召开会议，确定了在赣南闽西开辟根据地，建立红色政权的战略计划。

6月，创办“红军斗笠厂”，厂址长汀西门张家祠。

12月28—29日，红四军第九次党代表大会在福建省上杭县古田召开，“古田决议”确立了党对军队的绝对领导原则，确立了红军的性质、宗旨和任务。毛泽东重新当选为红四军前委书记。

本年，创办“长汀弹棉厂”，20多人，日产约4000斤棉絮。

1930年

1月4日，中共中央发出《关于召集全国苏维埃区域代表大会》通告。

1月15日，中共中央与全总联合发表宣言，决定5月召开全国苏维埃区域代表大会，随后成立了筹备委员会。

2月23日，中共闽西特委颁布《关于山林水利问题决议案》规定：在苏维埃区域内所有山林树木一律归苏维埃所有。

4月22日，毛泽东在会昌县城接见中共盘古山特委书记刘义顺一行，根据其汇报，整理出调查报告《仁风山及其附近》；同时，红四军前委决定以盘古山为中心，成立中共安（远）于（都）会（昌）赣（县）四县边界特区委员会，任命刘义顺为特委书记；在会昌陈家祠宣布成立赣南红军第二十二纵队。6月4日，赣西南特委翻印《仁风山及其附近》。

5月4日，毛泽东以红四军前委名义致信安于会赣四县边界特区委，就反对流氓的政治主张，派出仁风山有训练的工人党员到各地创建党支部、领导农民分田地、建立地方武装“赤卫队”、组织成立苏维埃等工作发出了指示。

5月20日，全国苏维埃区域代表大会和全国红军代表大会在上海秘密举行，决定11月7日召开第一次全国工农兵苏维埃代表大会，成立中华苏维埃共和国临时中央政府。

6月14日，闽西苏维埃政府发布《关于组织粮食调剂局问题》第十号公告，正式成立闽西苏维埃政府粮食调剂局，这是苏区具有首创意义的第一个粮食调剂机构。

7月，闽西工农银行在福建龙岩成立。

9月，闽西第二次工农兵代表大会《修正山林矿产法令》规定：一切山场归苏维埃政府公有，大的山场进行拍卖，小的山场出租与原耕山人或其他农民耕种，政府按照租山多少，征收其卖得青山价款20%~40%的所得金。

10月7日，毛泽东率红一方面军攻克江西吉安，建立了江西省苏维埃政府，初步形成中央苏区。

本月，创办“江西省苏维埃政府造币厂”，厂址兴国东村石角背，后迁至东村东龙庵，20多人，每天能生产“小头洋”“雕子边”“大袁头”三种银圆500个。

11月，“苏维埃代表大会中央准备委员会”公布《全国苏维埃大会各级准备委员会组织及工作大纲》。

12月30日到次年1月3日，红一方面军获龙冈和东韶大捷，粉碎国民党军第一次“围剿”。

本年，创办“长汀县苏维埃织布厂”，厂址三官堂前苏家祠，60多人，40多台织布机，生产军装、背带、药布、药棉、纱布。

1931年

2月20日，中共中央政治局确定党内参加苏维埃政府候选名单，确定毛泽东为苏维埃中央政府主席候选人。

3月，蒋介石调集20万兵力开始对中央苏区发动第二次“围剿”。

6月20日，中华苏维埃中央革命军事委员会发出通令，决定将“一苏大会”推迟至11月7日开幕。

8月16日，创办“中央印刷厂”。先后设在兴国县东固、宁都青塘下陂坞、瑞金沙洲坝。

9月15日，红一方面军取得第三次反“围剿”胜利。

9月下旬，创建“中央红军兵工厂”。苏维埃中央军委决定合并兴国苏区周围的主要修械组织，在兴国县莲塘乡官田村建立中央红军兵工厂（又称中央军委兵工厂或红军官田兵工厂）。创办之初是先将成立不久的白石红军修械厂与红三军团修械处实行合并，接着又并入了于都平安的江西省苏修械处、东固的养军山修械处、赣县的龙头修械处。

本月，织布厂迁至瑞金县西门外肖家祠，200多人，手摇纺机，100多台织布机，生产布、纱布。

10月，中共临时中央致电苏区中央局，要求加紧筹备召开“一苏大会”并批准毛泽东任中共苏区中央局书记。共产国际于同年11月3日批准了这一任命。

11月7日，中华工农兵苏维埃第一次全国代表大会在瑞金叶坪村隆重开幕。大会通过的《中华苏维埃共和国宪法大纲》规定：在苏维埃区域内“帝国主义手中的银行，海关，铁路，商业，矿山，工厂等，一律收归国有”。

11月20日，“一苏大会”胜利闭幕，选出第一届苏维埃中央执行委员会委员63人。

11月25日，中华苏维埃共和国中央革命军事委员会在瑞金成立，朱德任主席，彭德怀、王稼祥任副主席。

11月27日，苏维埃中央执行委员会召开第一次会议，选举毛泽东为中央执行委员会主席，项英、张国焘为副主席；同时成立中央人民委员会，选举毛泽东为中央人民委员会主席，项英、张国焘为副主席；邓子恢被选为中央人民委员兼财政部部长。

12月14日，驻宁都县城的国民党第二十六路军1.7万余人举行起义加入红军，成立了红五军团。

12月，中央政府颁布《中华苏维埃共和国暂行财政条例》。此后建立了各级财政预算制度。至1933年秋，中央苏区已建立较完备的统一财政制度、会计制度、国库制度和财政收支运作规则。

本年，创办“中央政府造币厂”，厂址瑞金县，170余人，拥有“老鹰头”铸币机、银毫子铸币机，可日铸银圆10000多个。

本年，创办“濯田炼铁厂”，厂址长汀县，200余人，12名技工，日产铁3000余斤，供应兵工厂、造农具。

1932年

2月1日，中华苏维埃共和国国家银行在瑞金叶坪成立，毛泽民任行长。

本月，苏维埃中央政府决定在于都县铁山垅成立中华苏维埃钨矿公司。成立之初，辖国营丰田（铁山垅）矿和民营仁风山（盘古山）、上坪矿场，后来又开办了国营泰和县小垅矿场。

3月7日，中央苏区红军攻打赣州失败，被迫撤出战斗。

4月12日，苏维埃中央政府颁布《合作社暂行组织条例》。

4月24日，中央内务人民委员部决定成立中央邮政总局。

6月，红军撤离漳州时，中央财政人民委员部部长邓子恢随军回到瑞金，主持财政部工作。

7月，苏维埃国家银行纸币开始在中央革命根据地流通，各种杂币逐渐退出流通市场。

8月17日，人民委员会第22次常会通过《财政部暂行组织纲要》。纲要规定财政部的职能是“执行国家经济政策，计划岁入岁出，并管理国库税收权公债钱币会计银行国有财产合作社等事项”。纲要的颁布表明，在中央革命根据地的红色政权中第一次明确设立了国有资产管理机构。

8月，财政人民委员部《店房没收和租借条例》规定：“凡属军阀、官僚、豪绅地主、反动派、祠堂、庙宇、福会、公产及一切反动机关团体等所有的店房、作坊、摊寮，一律没收为苏维埃所有”；《关于矿产开采出租办法》规定：“一切矿产的所有权与开采权都属于国家”。

9月，成立中央革命军事委员会总供给部军事工业管理局。总供给部（原称总经理部）主要承担军需、军械等军用物资的计划征收、采买、生产和供应，经费的筹措和管理以及供给标准的制定和制度执行等任务。军事工业管理局为总供给部下设部门，负责各军需企业的生产管理。

10月上旬，中共苏区中央局在宁都县小源村召开全体会议（史称“宁都会议”）。会后调毛泽东专做政府工作。

12月14日，中央财政部在《整理旧帐手续》中要求，从1933年1月1日起实行国库制度，将此前“收入数目分开税款、租款、国有财产收入款”进行登记造册。

本年，创办“中央被服厂”，生产毛巾、袜子、麻布。

本年，创办“瑞金纺织厂”，厂址瑞金七堡，180多人。

本年，“中央卫生材料厂”从于都县琵琶垅村迁至瑞金县新院村。

1933年

1月，中共临时中央领导人博古、张闻天（洛甫）、陈云等撤离上海，进入红都瑞金，成立了新的中共中央局。

本月，毛泽东结束在福音医院的休养返回瑞金，主持临时中央政府工作。

本月，蒋介石在南昌部署对中央苏区进行第四次“围剿”。

3 月 21 日，红军通过黄陂、草鞋冈战役，取得了第四次反“围剿”胜利。

3 月 28 日，财政人民委员部部长邓子恢签发《省县市区财政部暂行组织纲要》。纲要规定省财政部之下设国有财产管理科，人员为 5 人至 7 人。

4 月 11 日，中华苏维埃共和国中央执行委员会批准中央人民委员会 2 月 26 日第 36 次常会呈请的决定，中央政府国民经济部于当日正式宣布成立，部长先后由邓子恢、林伯渠、吴亮平等担任。下设国有企业局、设计局、调查统计局、粮食调剂局、合作社指导委员会、对外贸易局和总务处等工作机构。钱之光任中央对外贸易总局局长。中央和地方各级国民经济部的成立，统一了苏区经济建设的领导和管理，建立了国有资产监督管理架构，对苏维埃经济建设的发展起了重要作用。

4 月 28 日，临时中央人民政府人民委员会发布“关于设立各级国民经济部”的第 10 号训令，训令附录《中华苏维埃共和国各级国民经济部暂行组织纲要》明确规定：“国有企业管理局，管理各种国有企业度量衡事宜。”

4 月，中央政府国民经济部决定在赣县江口设立对外贸易分局，地址为原江口圩老街。

6 月，对外贸易局在赣县江口成立赣江办事处。办事处的主要任务是发展苏区对外贸易，采办、运输苏区急需物资。

7 月，苏维埃中央执行委员会作出《发行经济建设公债的决议》，同时颁布《发行经济建设公债条例》。

8 月 1 日，根据中华全国总工会执行局年初召开的两次工人代表大会作出的“创建工人师”的决议，工人师在瑞金正式宣告成立，全师1.2万人，梁广任师长兼政委，受中革军委直接指挥，担负中央机关警卫任务，故又称“红军中央警卫师”。

8月12—15日，在瑞金叶坪召开“中央苏区南部17县经济建设工作会议”。12日，毛泽东在会上作题为《粉碎五次“围剿”与苏维埃经济建设任务》的报告（这个报告的一部分编入《毛泽东选集》时，题为《必须注意经济工作》）。13日，林伯渠作关于发行300万元经济建设公债与发展合作社的报告。14日，国民经济部副部长吴亮平作关于粮食调剂问题的报告。会上17县共认定推销经济建设公债350万元。会议通过了《中央苏区南部17县经济建设大会的决议》。

8月20—23日，中央苏区北部11县经济建设大会在博生县召开。吴亮平宣读了毛泽东在南部17县经济建设大会上的报告。会议一致表示拥护中央苏区南部17县经济建设大会的决议，形成和通过了《竞赛条约》。

9月25日，蒋介石调集重兵向中央苏区发动第五次军事“围剿”。

10月15日，苏维埃中央执行委员会作出《关于重新公布劳动法的决议》，同时颁布了新的《劳动法》。

10月，创办“中央印刷厂铅印分厂”，厂址瑞金沙洲坝，6台铅印机，主印报纸、文件。

本月，创办“中央印刷厂石印分厂”，厂址瑞金新龙坝，12台铅印机，主印钞票。

本月，中央国民经济部增设运输管理局，专管水陆运输和航道、道路建设。

11月18日，毛泽东在兴国县上社区的长冈乡作调查，其中问及并亲自记录了乡苏“国有财产委员会”工作情况。

12月12日，《中华苏维埃共和国地方苏维埃暂行组织法（草案）》发布。该组织法（草案）对地方各级国有财产管理委员会，各级财政委员会及其内设国有财产科，各级国民经济部及其内设设计科、工业科、商业科、调查统计科、合作社指导委员会、运输局、贸易局和国有企业科等机构的组织设置、职责任务作出了规定。该组织法（草案）发布后，地方各级均设立了国有资产管理机构，从而形成了苏区较为完整的国有资产管理体系。

本月，江西省苏维埃政府创办博生纸业股份有限公司。

本月，创办“棉布纺织厂”，厂址公略县。

本月，创办“夏布纺织厂”，厂址博生县。

本月，创办“博生草鞋厂”，厂址博生县。

本年，兆征县设立中华苏维埃第十九樟脑厂，工人 30 多人，熬制樟脑对外销售，采购煤油、食盐、药品等供应苏区军民使用。

1934 年

1 月 21 日—2 月 2 日，中华工农兵苏维埃第二次全国代表大会在瑞金沙洲坝临时中央政府大礼堂隆重召开。毛泽东致开幕词。

1 月 24 日、25 日，毛泽东代表中华苏维埃共和国中央执行委员会与人民委员会向大会作报告。报告全文约 4 万字（其中《苏维埃的经济政策》一节，编入《毛泽东选集》时，题为《我们的经济政策》）。朱德作红军建设报告，林伯渠作经济报告，吴亮平作苏维埃建设报告。27 日，毛泽东向大会作结论报告（其中一部分编入《毛泽东选集》时，题为《关心群众生活，注意工作方法》）。

大会通过了修改后的《中华苏维埃共和国宪法大纲》；选举毛泽东、周恩来、朱德、叶剑英等 175 人为中央执行委员会委员；毛泽东为中华苏维埃共和国中央政府主席，项英、张国焘为副主席；选举张闻天为中央人民委员会主席；中央政府人民委员会下设的部、委、局及其他机构为：外交（部长王稼祥），军事（部长朱德），劳动（部长邓振询），土地（部长高自立），财政（部长林伯渠），国民经济部（部长吴亮平），粮食（部长陈潭秋），司法（部长梁柏台），内务

（部长曾山），教育（部长瞿秋白），查田运动指导委员会（主任王观澜），国家政治保卫局（局长邓发），国家银行（行长毛泽民），邮政总局（局长赖绍尧），外贸总局（局长钱之光），中央审计委员会（主任阮啸仙），中央消费合作社（主任徐长山），最高法院（院长董必武），总务厅（厅长赵宝成），中央防疫委员会（主任贺成），中央妇女生活改善委员会（主任周月林）。大会还选举朱德为中央革命军事委员会主席，周恩来、王稼祥为副主席。

这次大会通过的《关于苏维埃经济建设的决议》，重申了苏维埃的工业、农业、商业、税收、投资、租借等经济政策。

本月，苏维埃中央政府创办中华商业公司。

本月，苏维埃中革军委开始筹建规模更大的“中央红军兵工厂”。厂址设在宁都、于都、瑞金三县交界的长胜县渡头区冈面乡竹园村（今属瑞金县冈面乡），构建了8栋厂房；4月，官田兵工厂开始往冈面乡动迁；8月，各分厂迁移工作完成。冈面中央红军兵工厂可月产手榴弹8万枚，修枪2000余支，复制子弹40多万发。

2月17日，苏维埃中央执行委员会公布《中华苏维埃共和国中央苏维埃组织法》。

2月28日，国民经济人民委员部吴亮平签发的《关于中央印刷厂工作的决定》，在3月3日出版的《红色中华》第157期第3版公开了该厂“浪费的不可容忍的事实”，并对前任负责人予以严重警告处分。

本月，中央国民经济部在汀州投资10万元，建立了中华织布厂，共有织布机30余台；同时投资20万元，建立了中华纸业公司。

本月，项英率中央工作组赴于都县检查工作，发现并查处了县苏原领导贪污公款、营私谋利案件，枪决了4名贪污犯，改组了中共于都县委和县苏维埃政府。

3月8日，《红色中华》报第159期公布了“于都事件”处理结果，从而掀起了中央苏区的肃贪风暴。

3月31日，《中央审计委员会审查国家企业会计的初步结论》在《红色中华》第169期第6版公布。审计委员会分别召集中央印刷厂、邮政总局、中央造币厂、粮食调剂总局、贸易总局负责人开会，通报了审计结论情况。

3月，《斗争》第53期发表刘少奇《论国家工厂的管理》。

4月10日，《红色中华》第175期刊登苏维埃共和国人民委员会命令（中字第十六号）发布《苏维埃国有工厂条例》。

4月21日，颁发《苏维埃国家工厂支部工作条例》（载《斗争》第56期，1934年9月21日）。

4月24日，中央财政部召开各省县国有财产管理科长联席会议。颁布《中华苏维埃共和国临时中央政府财政人民委员部训令第十号——整理国有财产建立国有财产管理科工作》。联席会议部署了国有财产科的中心工作。

5月下旬，中共中央书记处决定中央红军退出中央苏区，并电告共产国际请求批准。

7月1日，苏维埃国家企业工人第一次代表大会在瑞金沙洲坝召开，到会代表160余人，除2名为湘鄂赣苏区的代表外，其余均来自中央苏区工厂。5日大会通过了《苏维埃国家企业工人工会第一次代表大会决议》《苏维埃国家企业工人工会工厂委员会暂时的组织与工作条例》。会议选举成立了国家企业工人工会临时中央委员会。刘少奇致开幕词和闭幕词。

10月10日，中共中央、中革军委率领中央红军主力86800余人，从江西瑞金、石城等地出发开始长征。

1935年

1月15—17日，中共中央在遵义召开政治局扩大会议。会议结束了王明“左”倾冒险主义在中共中央的统治，确立了以毛泽东为代表的新的中央的领导。

10 月 19 日，中央红军陕甘支队到达吴起镇，胜利结束长征。

12 月 17 日，中共中央召开瓦窑堡会议，决定将中华苏维埃共和国改为中华苏维埃人民共和国，以适应建立抗日民族统一战线需要。

主要参考文献

[1]中共中央文献研究室,中国井冈山干部学院. 毛泽东江西革命斗争时期著作选编[M]. 北京:中央文献出版社,2010.

[2]中共江西省委党史研究室,中共赣州市委党史工作办公室,中共龙岩市委党史研究室. 中央革命根据地历史资料文库[M]. 北京:中央文献出版社,南昌:江西人民出版社,2013.

[3]许毅. 中央革命根据地财政经济史长编[M]. 北京:人民出版社,1982.

[4]赵效民. 中国革命根据地经济史[M]. 广州:广东人民出版社,1982.

[5]江西档案馆,中共江西省委党校党史教研室. 中央革命根据地史料选编[M]. 南昌:江西人民出版社,1982.

[6]陈少晖,廖添土,等. 国有资产管理:制度变迁与改革模式[M]. 北京:社会科学文献出版社,2010.

[7]李小三. 中央革命根据地简史[M]. 南昌:江西人民出版社,2009.

[8]陈毅,肖华,等. 回忆中央苏区[M]. 南昌:江西人民出版社,1981.

[9]中共江西省委党史研究室,中共赣州地委党史办公室. 中央苏区风云录[M]. 1991.

[10]舒龙,谢一彪. 中央苏区贸易史[M]. 北京:中国社会科学出版社,2009.

[11]江西省文化厅革命文化史料征集工作委员会,福建省文化厅革命文化史料征集工作委员会. 中央苏区革命文化史料汇编[M]. 南昌:江西人民出版社,1994.

[12]江西省文化厅革命文化史料征集工作委员会. 江西苏区文化研究

[M].南昌:江西人民出版社,2001.

[13]余伯流,何友良.中国苏区史[M].南昌:江西人民出版社,2010.

[14]中共江西省委党史研究室.江西党史集萃[M].南昌:江西人民出版社,2011.

[15]廖正本,余伯流.中央苏区简史[M].南昌:江西高校出版社,1999.

[16]中央苏区革命传统主题展览组委员会.苏区传统 代代相传[M].北京:当代中国出版社,2011.

[17]黄马金.长汀纸史[M].北京:中国轻工业出版社,1992.

[18]余伯流.中央苏区经济建设[M].北京:中央文献出版社,世界图书出版公司,2009.

[19]《邓子恢传》编辑委员会.邓子恢传[M].北京:人民出版社,2006.

[20]邓子恢.邓子恢自述[M].北京:人民出版社,2007.

[21]苏多寿,刘勉玉.曾山传[M].南昌:江西人民出版社,1999.

[22]余伯流,凌步机.中央苏区史[M].南昌:江西人民出版社,2001.

后记

（一）

赣州，原中华苏维埃共和国所在地，中国共产党人在此进行了建立红色政权的初步尝试，在中国近现代史和中国共产党历史上留下浓墨重彩的一笔。历史的车轮渐行渐远，大量珍贵的史料史实在岁月中逐渐湮没，亟待发掘整理。2017 年 2 月，国务院国资委党委书记郝鹏调研瑞金市，参观了苏区“国产管理局”旧址。在座谈会上，指示要全面系统地收集整理苏区时期国有资产管理有关情况。中共江西省委副书记、赣州市委书记李炳军指示，要充分发挥赣南红色资源丰富的优势，抓好相关工作，支持在瑞金市建立国资系统爱国主义教育基地。

鉴于此，江西省国资委党委迅速成立了由江西省国资委党委书记、主任陈德勤任组长，副巡视员淦勇、赣州市国资委党委原书记黄志标任副组长的中华苏维埃共和国国有资产管理史料征集工作领导小组，下拨专项研究经费，抽调精干人员和有关党史专家，广泛收集史料，深化历史研究。

在本书的编写过程中，国务院国资委，江西省国资委，赣州市委、市政府，赣州市国资委等有关领导和相关部门从各方面给予了大力支持和无私帮助。江西省国资委党委书记、主任陈德勤，赣州市国资委原党委书记黄志标和赣州市国资委党委书记、主任高志坚，多次召开苏区国资监管史料征集、编写等有关工作调度会，对如何编写《中央苏区国有资产管理》爱国主义教育读本进行了专题研究，明确了基本工作思路与要求，有力地推动了国资国企爱国主义教育读本的顺利完稿。赣州市国资委党委委员、副主任黄晓东，两年多来加强衔接调度，承担了具体的协调推进工作，为本书的成稿贡献了智慧和汗水。特别是赣州市国资委原副调研员、史料征集办副主任彭传生同志，在前期国资史料收集、编撰方面，付出了极大的努力和巨大的心血，在此一并致谢！

（二）

发掘苏区国资监管史料，弘扬苏区国资监管精神，建立国资国企爱国主义教育基地，对于贯彻落实党的十九大精神，坚定理想信念，做强做优做大国有企业具有重要意义。为深入推进苏区国资史料征集研究工作，省、市国资委成立“中央苏区国有资产监管研究”课题组，安排出版反映苏区国企和国资监管史实的爱国主义教育读本，该书的突出特点表现在史料丰富、可读性强，向新中国成立70周年献礼。

“中央苏区国有资产监管研究”课题组成员：

陈德勤　卢正大　李少华　淦　勇　陈申祥　赵学军
隋福民　肜新春　程　蛟　姜长青　于文浩　李天健
蔡正孙　高志坚　黄志标　黄晓东　李　勃　彭传生
谢　斌　谢达迎　夏小青　刘志刚

（三）

爱国主义教育读本《执政之基——中央苏区国有资产管理》，于2018年12月初完成初稿，2019年1月完成第二稿，2019年11